活动2　大写金额书写规范

【基本知识】

中文大写金额数字应用正楷或行书填写，大写金额由数字（壹、贰、叁、肆、伍、陆、柒、捌、玖、零）和数位（人民币、拾、佰、仟、万、亿、圆（元）、角、分、零、整（正）以及数量单位等）组成。不得用一、二（两）、三、四、五、六、七、八、九、十、毛、另（或0）填写，不得自造简化字。如果金额数字书写中使用繁体字，也应受理。

人民币大写金额书写规范：

（1）中文大写金额数字到“元”为止的，在“元”之后应写“整”（或“正”）字，在“角”之后可以不写“整”（或“正”）字；大写金额数字有“分”的，“分”后面不写“整”（或“正”）字。

（2）在票据和结算凭证大写金额栏内不得预印固定的“万、仟、佰、拾、元、角、分”字样。

微课1-4

金额数字大写规范

（3）大写金额前未印有货币名称（如“人民币”）的，应填加货币名称，货币名称与金额数字之间不得留有空白。

（4）有关“零”的写法：阿拉伯数字小写金额数字中有“0”时，中文大写应按照汉语语言规律、金额数字构成和防止涂改的要求进行书写。举例如下：

①阿拉伯数字中间有“0”时，中文大写要写“零”字，如￥1 409.50，应写成人民币壹仟肆佰零玖元伍角。

②阿拉伯数字中间连续有几个“0”时，中文大写金额中间可以只写一个“零”字，如￥6 007.14应写成人民币陆仟零柒元壹角肆分。

③阿拉伯金额数字万位和元位是“0”，或者数字中间连续有几个“0”，万位、元位也是“0”，但千位、角位不是“0”时，中文大写金额中可以只写一个“零”字，也可以不写“零”字，如￥107 000.53，应写成人民币壹拾万柒仟元零伍角叁分，或者写成人民币壹拾万零柒仟元伍角叁分。

④阿拉伯金额数字角位是“0”而分位不是“0”时，中文大写金额“元”后面应写“零”字，如￥16 409.02，应写成人民币壹万陆仟肆佰零玖元零贰分；又如￥325.04，应写成人民币叁佰贰拾伍元零肆分。

（5）壹拾几的“壹”字，不得遗漏。例如，￥180 000.00，大写应为人民币壹拾捌万元整。

【实践操作】

1. 实践内容

（1）练习中文数字大写。

壹	贰	叁	肆	伍	陆	柒	捌	玖	拾	佰	仟	万	亿	元	角	分	零	整

续表

壹	贰	叁	肆	伍	陆	柒	捌	玖	拾	佰	仟	万	亿	元	角	分	零	整

（2）将下列小写金额写成大写金额。

小写金额	大写金额	小写金额	大写金额
￥74 056.70		￥4 000 000.05	
￥85 921.67		￥207 000.46	
￥500 000.08		￥500.00	
￥47 000.50		￥8 006.80	
￥1 039.57		￥200 300.07	

（3）审核下列的大小写金额是否一致，有无书写错误。

① ￥17 600.20　人民币壹万柒仟陆佰元贰角

② ￥7 210.45　人民币柒千贰佰壹拾元肆角伍分

③ ￥560 371.82　人民币伍拾陆万叁佰柒拾壹元捌角贰分

④ ￥4 809.06　人民币肆仟捌佰零玖元零陆分

⑤ ￥3 395.87　人民币叁仟叁佰玖拾伍元捌角柒分

⑥ ￥15.00　人民币拾伍元整

2. 实践目标

掌握大写金额书写规范。

3. 考核标准

书写规范化达标，考核标准如下：

考核过程	评分标准	分值	学生得分	扣分说明
数字中文大写书写（20分）	是否完成数字中文大写书写	10		
	是否完成小写金额转换成大写金额的书写	10		
书写检验（80分）	数字中文大写书写是否正确完成	20		
	小写金额写成大写金额是否正确完成	20		
	是否能准确指出小写金额写成大写金额错误点	10		
	货币名称与金额数字之间是否有空白	10		
	是否有自造简化字	10		
	书写是否流畅、有无涂抹	10		
得分合计		分		

续表

考核过程	评分标准	分值	学生得分	扣分说明
教师评价				

活动3 票据日期书写规范

【基本知识】

票据和结算凭证是银行、单位和个人凭以记载账务的会计凭证，是记载经济业务和明确经济责任的一种书面证明。因此，填写票据和结算凭证必须做到标准化、规范化、要素齐全、数字正确、字迹清晰、不错漏、不潦草、防止涂改。

1.票据的出票日期必须使用中文大写数字来书写

填制凭证应用蓝黑墨水钢笔书写，套写凭证可用圆珠笔、双面复写纸书写，签发支票应使用碳素墨水或墨汁填写（机打票据银行亦可受理，风险由出票人自行承担）。票据的出票日期使用小写数字填写的，银行不予受理。大写日期未按要求的规范填写的，银行可予受理，但由此造成损失的，由出票人自行承担。票据和结算凭证金额以中文大写和阿拉伯数码同时记载的，二者必须一致，否则票据无效，银行不予受理。

2.票据出票日期的书写要求

为防止变造票据的出票日期，票据的出票日期应按照以下要求书写：

（1）月的写法规定：

1月、2月前加“零”，如1月，写作“零壹月”。

11月、12月前加“壹”，如11月，写作“壹拾壹月”。

10月前加“零壹”，写作“零壹拾月”。

（2）日的写法规定：

1日至10日，20日，30日前加“零”，如30日，写作“零叁拾日”。

11日至19日前加“壹”，如11日，写作“壹拾壹日”。

【实践操作】

1.实践内容

（1）请写出下列日期的中文大写写法。

微课1-5

票据日期大写规范

① 2023年12月30日。

② 2022年10月8日。

③ 2023年3月21日。

④ 2022年11月20日。

⑤ 2023年2月5日。

⑥ 2023年4月10日。

（2）银行签发了一张2023年2月8日的银行汇票（如下图），请填写出票日期。

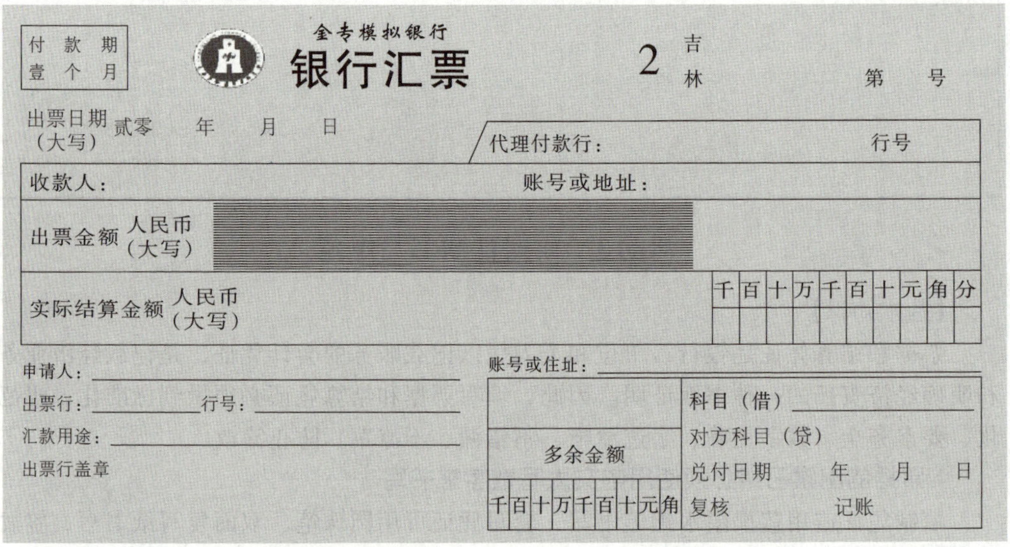
付款期 壹个月
全专模拟银行
银行汇票
2 吉林
第 号
出票日期（大写） 贰零 年 月 日
代理付款行： 行号
收款人： 账号或地址：
出票金额 人民币（大写）
实际结算金额 人民币（大写） 千 百 十 万 千 百 十 元 角 分
申请人： 账号或住址：
出票行： 行号：
汇款用途：
出票行盖章
多余金额 千 百 十 万 千 百 十 元 角
科目（借）
对方科目（贷）
兑付日期 年 月 日
复核 记账

2. 实践目标

掌握票据日期书写规范。

3. 考核标准

票据日期书写准确性达100%，考核标准如下：

考核过程	评分标准	分值	学生得分	扣分说明
票据日期书写（40分）	日期中文大写是否完成	20		
	票据日期书写是否完成	20		
书写检验（60分）	完成日期中文大写是否正确	20		
	票据日期书写是否正确、有无涂改	10		
	1—9月前是否加“零”	10		
	11月、12月前是否加“壹”	5		
	1—10日、20日、30日前是否加“零”	10		
	11日至19日前是否加“壹”	5		
得分合计		分		

续表

教师评价

学思践悟 1-2

苦练本领 彰显匠人精神

——记“全国十大金融工匠”李莉

中国银行陕西省分行营业部柜员李莉，自2011年入行以来，为了提升服务质量和水平，苦练本领，钻研点钞技能。她研究了多种点钞手法，在提升业务技能的同时，也将其经验在行业推广。她不断突破自我，挑战不可能，曾打破了点钞的世界纪录，在业内获得诸多认可，彰显了当代金融人的匠人精神。李莉先后获得“陕西省金融杰出职工”“全国金融青年岗位能手”“全国金融系统青年五四奖章”“全国五一劳动奖章”等诸多荣誉。获评“2019—2020年度全国十大金融工匠”。“作为一名青年金融人，如何在新时代更好地为国家为人民提供金融服务、金融产品，是新时代赋予我们金融人的伟大使命。”李莉说，她将继续在专业领域攻坚克难，用青年人的热情和斗志展现青春担当，为国家的金融事业奉献力量。

资料来源：佚名．苦练本领 彰显匠人精神——记“全国十大金融工匠”李莉［EB/OL］.［2021-02-05］. https：//finance.jrj.com.cn/people/2021/02/05135932880560.shtml.

启示：

党的二十大报告指出：“加快建设国家战略人才力量，努力培养造就更多大师、战略科学家、一流科技领军人才和创新团队、青年科技人才、卓越工程师、大国工匠、高技能人才。”不论是传统制造业还是新兴制造业，不论是工业经济还是数字经济，高技能人才始终是中国制造业的重要力量，他们身上蕴藏的工匠精神始终是创新创业的重要精神源泉。实践充分证明，技术工人队伍是支撑中国制造、中国创造、中国建造的重要基础，对推动经济高质量发展具有重要作用。大力弘扬工匠精神，培养更多高素质技术技能人才、能工巧匠、大国工匠，才能为全面建设社会主义现代化国家、实现中华民族伟大复兴的中国梦提供有力的人才和技能支撑。

任务三　重要物品管理规范

【基本知识】

银行的重要物品主要包括银行业务印章、重要单证、手工密押器（含IC卡）、密押卡、印模、金库密钥及相关系统软件等需要作为重要物品管理的物品。

重要物品管理除会计结算专用印章、重要单证外，主要包括申请、审批、领用、保管使用、作废回收和销毁五个环节。由各级行向总行会计结算部申请；总行会计结算部汇总审批统一订购；经办人员登记领用物品；重要物品须由专人保管、使用；由总行、分行会计结算部组织实施重要物品的作废回收和销毁。

重要单证、会计结算专用印章因其特殊性与重要性原因，需单独管理。

1.重要单证分类及管理

（1）重要单证包括有价单证和重要空白凭证。

有价单证是指经批准发行的印有固定面额的特殊凭证，主要包括银行发行或银行代理发行的实物债券、旅行支票、定额存单以及印有固定面额的其他单证。

重要空白凭证是指无面额的经银行或客户填写金额并签章后，具有支付票款效力的空白凭证，以及按监管部门要求或因其他特殊原因纳入重要空白凭证管理的空白凭证。

重要空白凭证包括各类存折、存单、存款开户证实书、存款证明、支票、汇票、本票、银行卡、USB Key盾、外汇兑换水单、债券收款凭证及其他重要空白凭证等。

（2）银行重要单证的使用和管理规定：

①各种重要单证必须由专人负责保管，建立严密的进出库和领用制度，坚持章证分管的原则。

②柜员领用重要单证时，每开启一箱（包）重要单证，必须逐捆（本）清点，每开启一捆（本）重要单证时，必须逐本（份）进行清点，不能只点大数，防止印刷重号、跳号、漏号。

③柜员每班使用重要单证时，必须顺号使用，不得跳号使用。

④各种重要单证应纳入表外核算，重要空白凭证以1份1元的假定价格记账，有价单证以面额记账，按有价单证号码控制，定期进行账实核对。

⑤重要单证保管人员变动时，应按会计人员变动的有关规定办理交接手续，经监交人员、接管人员核对，达到账簿、账表、账证（实）三相符后，方可办理交接手续离岗。

⑥不得事先在重要空白凭证上加盖业务印章或经办人名章，任何部门和个人不得以任何名义将重要单证挪作他用。

⑦柜员领用的重要空白凭证和有价单证，日间应放置在专用保管箱或现金尾箱内，临时离岗或午休时应入箱上锁保管。轮休柜员的重要空白凭证，可由双人保管放入保险柜内。

⑧柜员每日营业终了前自行对所保管重要空白凭证及有价单证的库存数量、号码进行账实相符检查，各登记簿数字必须与实物、报表数字核对一致，做到账实、账表相符。

⑨属于银行签发的重要空白凭证，如填写错误，应作废重填，作废时必须剪角并加盖“作废”戳记。

⑩营业机构负责人、支行主管部门负责人应定期对重要空白凭证及有价单证业务检查管理，履行一次查库职责。

微课 1-6

商业银行重要单证的管理规定

2.银行业务印章分类及管理

（1）银行业务印章分类。

银行业务印章分为重要业务印章和一般业务印章。重要业务印章包括汇票专用章、本票专用章、业务公章、结算专用章、票据交换专用章、假币章、残币兑换章、信用证专用章等。一般业务印章包括业务清讫章等。

（2）业务印章的使用和管理。

① 各种专用印章要有专人保管用印，不得散乱放置，要把印章存放在带锁的印章盒里。

② 营业时才能打开印章盒，如要临时离岗，印章盒要上锁，做到“人在章在，人走章锁，严禁托人代管”。

③ 营业终了，各柜台的柜员必须对所使用的印章进行认真清点，核对相符后，入箱上锁，放入保险柜保管。印章保管人员遇公差或因事请假，应办理交接及登记手续，会计主管负责监交。

④ 各种专用印章必须严格按照规定的范围进行使用，严禁错用、串用、提前或过期使用，严禁个人之间私自授受会计结算专用印章，因个人之间授受专用印章出了问题，原保管人员要承担连带责任。

⑤ 加盖印章时要清晰到位，严禁在重要空白凭证和结算凭证上预先加盖各类会计结算专用印章，严禁在无真实会计记录的凭证上使用会计结算专用印章。

⑥ 要爱护使用各种印章、名章，保持印章清洁、字迹清晰。

3.银行几种主要印章的使用范围

（1）业务清讫章：适用于已处理的现金收付款凭证、转账凭证及回单。

（2）业务受理专用章：适用于受理客户提交而尚未进行账务处理的各种凭证的回执。

（3）结算专用章：适用于发出、收到结算凭证及同城异地的查询、查复等业务。

（4）汇票专用章：适用于银行汇票的签发，银行承兑汇票的承兑及办理商业汇票转贴现和再贴现时的背书等。

（5）本票专用章：适用于银行本票的签发。

（6）票据交换专用章：适用于所有通过同城票据交换所进行清分的各种单证，如提出明细、提出卡、批控卡等。

（7）业务公章：适用于对外签发的公函、报告、报表、出具资信证明及其他需要

微课1-7 印章使用管理规范

加盖业务公章的重要事项等。

（8）储蓄专用章：适用于对外签发的储蓄存单（折）和代理业务委托等特定业务申请书。

（9）假币章：用于收缴假币时在假币或专用封装袋上加盖戳记的专用印章。

（10）残币兑换章：用于在兑换特殊残缺污损人民币时，在专用封装袋封签上加盖戳记的专用印章。

随着银行业务的发展，银行业务电子签章越来越普及，有可能取代实物印章。

活动1 重要单证领用

【业务引入】

2023年5月10日，柜员李丹向凭证管理员王红领用10本储蓄存折、20份储蓄存单。

【操作流程】

重要单证领用业务操作流程如图1-2所示。

柜员申请 ⇒ 凭证出库 ⇒ 柜员清点 ⇒ 凭证入库

图1-2 重要单证领用业务操作流程

【操作步骤】

1.柜员申请

营业网点柜员领用重要空白凭证，需要填写重要单证出/入库单，填写所要领用的凭证名称、数量，加盖本人名章经主管签章同意后，向凭证管理员申请领用。

2.凭证出库

凭证管理员审核网点柜员填制的重要单证出/入库单（见表1-2）后，登记重要空白凭证登记簿，使用“凭证出库”交易完成凭证出库的账务处理（如图1-3所示）并打印交易流水。

操作视频1-1 凭证出库

表1-2 模拟银行重要单证出/入库单

出（入）库单位：1号　　2023年5月10日　　第　号

凭证种类	凭证号码 起	凭证号码 止	单位	面额	数量	金额
储蓄存折	27852021	27852030	本	1.00	10	10.00
储蓄存单	39674021	39674040	份	1.00	20	20.00

业务部门签章：张伟　　保管：王红　　经办：李丹

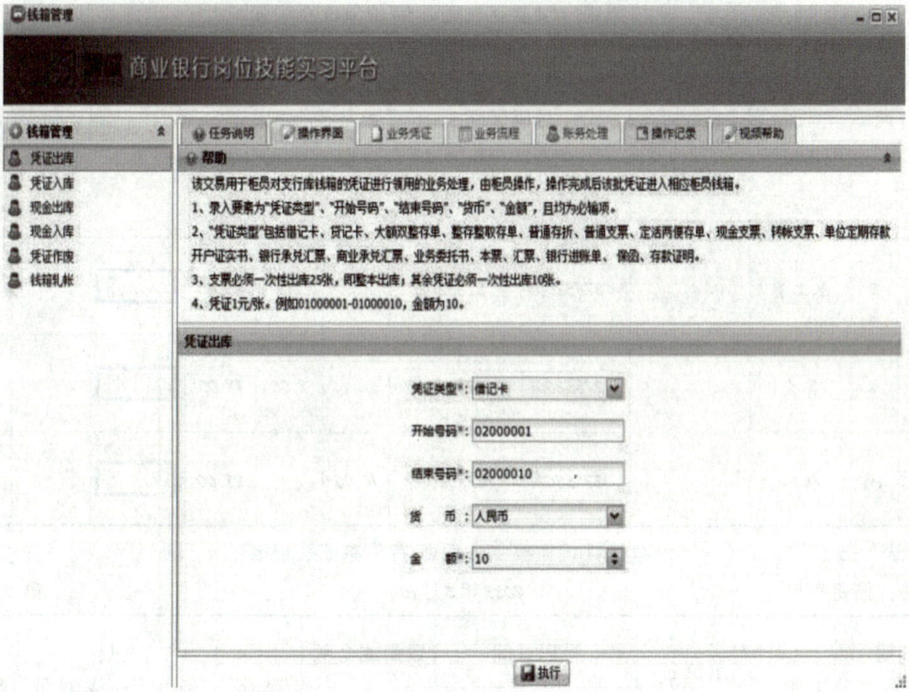

图1-3　重要凭证出库

3.柜员清点

柜员领用重要空白凭证时，需逐份清点凭证，每开启一捆（本）重要单证时，必须逐本（份）进行清点，不能只点大数，防止印刷重号、跳号、漏号。

4.凭证入库

柜员使用“凭证入库”交易完成凭证入库。记账完毕后，打印交易流水，填制表外科目收入传票，出入库单作表外科目收入传票（见表1-3）的附件，并登记柜员重要空白凭证登记簿（见表1-4和表1-5）。

表1-3　模拟银行表外科目收入传票

表外科目（收入）：重要空白凭证　　2023年5月10日　　第　　号

户名或账号	摘要	金额
储蓄存折	领入27852021-27852030	10.00
储蓄存单	领入39674021-39674040	20.00
合计		

会计：　　保管：　　复核：张　卫　　记账：李　丹

表 1-4 模拟银行重要空白凭证/有价单证登记簿

种类：存折　　2023年5月10日　　第　　号

日期		摘要	单位名称/账号	号码区间		数量或金额		结存	经办人	复核员	签收
月	日			起	止	收	付				
5	2	承上页		27852001	27852020			20.00	李丹		
5	4	签发		27852001	27852002		2.00	18.00	李丹		
5	10	领入		27852021	27852030	10.00		28.00	李丹		

表 1-5 模拟银行重要空白凭证/有价单证登记簿

种类：储蓄存单　　2023年5月10日　　第　　号

日期		摘要	单位名称/账号	号码区间		数量或金额		结存	经办人	复核员	签收
月	日			起	止	收	付				
4	28	承上页		39674001	39674020			20.00	李丹		
5	4	签发		39674001	39674006		6.00	14.00	李丹		
5	10	领入		39674021	39674040	20.00		34.00	李丹		

【实践操作】

1. 实践内容

模拟银行金专支行当日发生下列业务：

（1）柜员向凭证保管员领入1本现金支票（48760001-48760025），1本转账支票（49651001-49651025）

（2）柜员向凭证保管员领入5本储蓄存折（27852001-27852005）、10份储蓄存单（56741001-56741010）。

2. 实践目标

准确掌握单证领用工作。

3. 考核标准

单证出库、入库操作准确率100%，考核标准如下：

考核过程	评分标准	分值	学生得分	扣分说明
单证出库（50分）	重要单证出库单填写是否正确	20		
	系统操作是否无误	20		
	凭证清点是否正确	10		
单证入库（50分）	重要单证入库单填写是否正确	20		
	表外收入传票填写、印章是否正确	10		
	重要空白凭证登记簿填写、印章是否正确	10		
	重要空白凭证登记簿与实物核对是否正确	10		
得分合计		分		
教师评价				

活动2 重要单证出售

【业务引入】

2023年5月10日，开户单位购买现金支票1本。

【操作流程】

重要单证业务操作流程如图1-4所示。

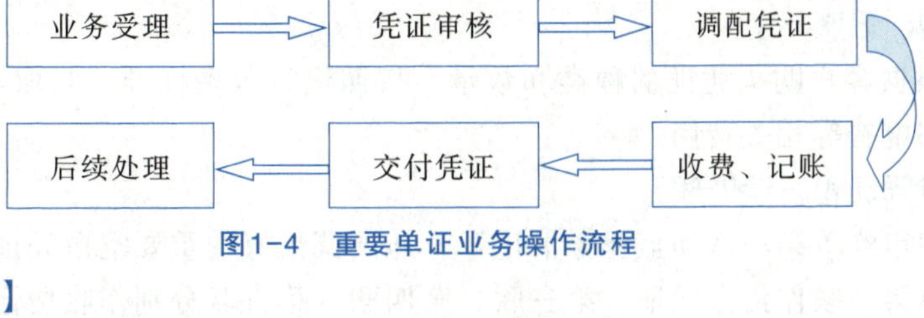

图1-4 重要单证业务操作流程

【操作步骤】

客户需要购买重要单证时，应填写一式五联空白收费凭证申购单，第一联是回单，第二联是借方凭证，第三联是工本费记账凭证，第四联是手续费记账凭证，第五

联是邮电费记账凭证，在第二联上加盖预留银行印鉴后提交开户行。

1.业务受理

银行柜员受理客户提交的空白收费凭证申购单（见表1-6）。

表1-6 模拟银行空白收费凭证申购单

2023年5月10日

购买单位	华发股份有限公司												账号	000120101000528										
序号	凭证名称	凭证号码（银行填写）	工本费					手续费					邮电费					小计						
			百	十	元	角	分	百	十	元	角	分	百	十	元	角	分	千	百	十	元	角	分	本存款人已通过本请购单背面所列《支票票据行为诚信承诺书》，对其所列内容已经理解并承诺遵守。左列空白凭证工本费手续费和邮电费授权你行根据对外公告的方式予以扣除。☑现金 □转账（预留银行签章）财务公司华发股份章
1	现金支票	48760001-48760025			5	0	0		2	5	0	0								3	0	0	0	
2																								
3																								
4																								
金额合计（大写）		人民币叁拾元整																		3	0	0	0	

事后监督： 主管： 授权： 复核：张卫 经办：李丹

2.凭证审核

柜员核验申购单的签章与预留银行签章，一致后核查申购人的身份信息。

3.调配凭证

柜员按照客户需要的凭证种类、数量，调配凭证，将凭证号码填在申购单上。

4.收费、记账

柜员根据客户购买凭证的种类和数量，按照银行收费标准，收取客户的工本费、手续费、邮电费等相关费用。

5.交付凭证和后续处理

柜员在申购单第一联加盖业务清讫章，连同调配好的重要空白凭证，一并交给客户。申购单第二联作借方凭证，第三联、第四联、第五联分别作收费记账业务的贷方凭证，同时填制表外科目付出传票（见表1-7），登记柜员重要空白凭证登记簿（见表1-8）。

表 1-7　模拟银行表外科目付出传票

表外科目（付出）：现金支票　　2023年5月10日　　第　号

户名或账号	摘要	金额
现金支票	出售 48760001-48760025	25.00
		模拟银行金专支行 2023.05.10 业务清讫（01）
合计		

会计：　保管：　复核：张卫　经办：李丹

表 1-8　模拟银行重要空白凭证/有价单证登记簿

种类：现金支票　　2023年　　第　号

日期		摘要	单位名称/账号	号码区间		数量或金额		结存	经办人	复核员	签收
月	日			起	止	收	付				
4	28	承上页		48760001	48760025			25.00	李丹		
5	4	领入		48760026	48760050		25.00	50.00	李丹		
5	10	出售		48760001	48760025	25.00		25.00	李丹		

【实践操作】

1. 实践内容

模拟银行金专支行当日发生下列业务：

（1）柜员出售1本现金支票（48760001-48760025），应收单位（宏大信息科技有限公司，账号：2201020652000287）购买现金支票工本费5元，手续费15元。

（2）柜员出售2本转账支票（14562976-14563025），应收单位（宏大信息科技有限公司，账号：2201020652000287）购买转账支票工本费10元，手续费50元。

2. 实践目标

准确掌握单证出售操作。

3. 考核标准

单证出售各环节操作准确率达100%，考核标准如下：

考核过程	评分标准	分值	学生得分	扣分说明
单证出售操作流程（100分）	受理客户提交的空白收费凭证申购单一式五联	10		
	凭证审核核验申购单的签章与预留银行签章是否一致	20		
	调配凭证是否与客户需要的凭证种类、数量相符，凭证号码是否填在申购单上	10		
	收费是否正确、账务处理是否正确	10		
	客户回执与凭证是否与客户购买凭证相符	10		
	表外付出传票填写、印章是否正确	20		
	重要空白凭证登记簿填写、印章是否正确	20		
得分合计		分		
教师评价				

活动3　重要单证使用（作废）

【业务引入】

2023年6月8日，柜员李丹在签发储蓄存单时将客户姓名填错，发现后将该存单作废，重新签发了一份新存单。

【操作流程】

重要单证使用（作废）业务的操作流程如图1-5所示。

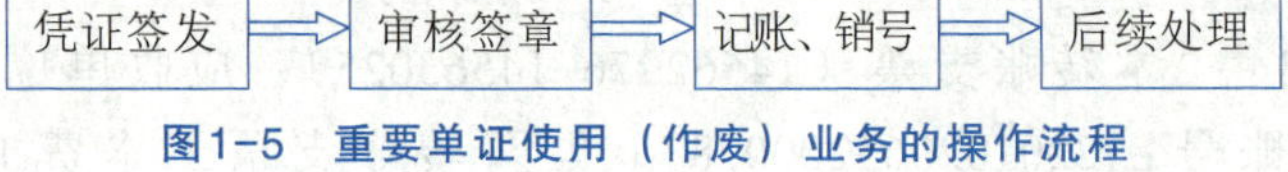

图1-5　重要单证使用（作废）业务的操作流程

【操作步骤】

1.凭证签发

柜员根据业务需要签发重要空白凭证时，必须按顺序号从小号开始使用，不得跳号。柜员签发凭证时应根据银行业务的具体规定，按照凭证的要求正确填写相关要素。

2.审核签章

填写的凭证审核无误后，加盖相关业务印章；对于填制错误有瑕疵的重要空白凭证，以及因其他原因导致不能再使用的重要空白凭证，应及时作废处理，按规定将凭证剪角（右上角）作废，并在其正确位置加盖“作废”戳记（见表1-9）。

表1-9 模拟银行（整存整取）储蓄存单

存入日	起息日	密印	通兑	存期	转约存期	年利率	到期日	到期利息	操作
2023.6.8	2023.6.8	密码	通兑	壹年	自动转存	3.00%	2024.6.8	150.00元	00010

账号 00100000000821　　户名 李庄骊　　原账号 00100000000437

存入金额 人民币伍仟元整

银行签章 作废

客户印鉴　事后监督　提取时复核（授权）　经办　存入时复核（授权）　经办

3.记账、销号

经办柜员填制表外科目付出传票（见表1-10），使用“凭证作废”交易，完成表外账务处理，打印交易流水，凭证作表外科目付出凭证的附件，登记柜员的重要空白凭证登记簿（见表1-11）。

表1-10 模拟银行表外科目付出传票

表外科目（付出）：重要空白凭证　　2023年6月8日　　第　号

户名或账号	摘要	金额
储蓄存单	作废 39674007	1.00
储蓄存单	签发 39674008	1.00
合计		2.00

模拟银行金专支行 2023.06.08 业务清讫（01）

会计：　保管：　复核：张卫　记账：赵敏

表1-11 模拟银行重要空白凭证/有价单证登记簿

种类：储蓄存单　　2023年　　第　号

日期		摘要	单位名称/账号	号码区间		数量或金额		结存	经办人	复核员	签收
月	日			起	止	收	付				
4	28	承上页		39674001	39674020			20.00	李丹		
5	4	签发		39674001	39674006		6.00	14.00	李丹		
5	10	领入		39674021	39674040	20.00		34.00	李丹		
6	8	作废		39674007	39674007		1.00	33.00	李丹		
6	8	签发		39674008	39674008		1.00	32.00	李丹		

4.后续处理

柜员按要求将相关记账凭证整理放入尾箱。

【实践操作】

1.实践内容

模拟银行金专支行当日发生下列业务：

（1）2023年6月8日，柜员李丹在签发储蓄存折时将客户姓名填错，发现后将该存折作废，重新签发了一份新存折。

（2）2023年6月8日，柜员李丹在签发银行本票时将客户姓名填错，发现后将该本票作废，重新签发了一份新银行本票。

2.实践目标

准确掌握单证出售操作。

3.考核标准

单证使用（作废）各环节操作准确率达100%，考核标准如下：

考核过程	评分标准	分值	学生得分	扣分说明
单证使用操作流程（100分）	凭证签发是否顺号使用、要素是否齐全	10		
	凭证审核无误后相关业务印章的加盖是否无误	20		
	错误有瑕疵的重要空白凭证是否及时作废处理，是否在凭证剪角（右上角）作废，是否在其正确位置加盖“作废”戳记	10		
	记账是否正确并销号	10		
	表外科目付出传票填写、印章是否正确	20		
	重要空白凭证登记簿登记是否正确	20		
	记账凭证是否整理放入尾箱	10		
得分合计		分		
教师评价				

活动4　重要单证上缴

【业务引入】

2023年6月8日，柜员李丹向凭证管理员王红上缴28本存折、32份储蓄存单。

【操作流程】

重要单证上缴业务的操作流程如图1-6所示。

上缴申请 ⇒ 记账出库 ⇒ 清点收妥 ⇒ 登记入库

图1-6　重要单证上缴业务的操作流程

【操作步骤】

1.上缴申请

柜员因业务需要不再使用重要空白凭证时，应及时上缴给凭证管理员。使用“凭证上缴”交易，选择凭证种类，输入起止号码及份数，在“对方柜员号”中输入凭证管理员的柜员号。

2.记账出库

柜员填制表外科目付出传票（见表1-12），记账完毕后，登记柜员重要空白凭证登记簿（见表1-13和表1-14）。柜员填制重要单证出/入库单（见表1-15），连同需上缴的凭证一并交凭证管理员签收。

3.清点收妥

凭证管理员办理凭证入库时，主管或其指定的其他人员应会同凭证管理员办理实物清点、入库工作，并在重要单证出/入库单上共同签章。

表1-12　模拟银行表外科目付出传票

表外科目（付出）：重要空白凭证　　2023年6月8日　　第　　号

户名或账号	摘要	金额
储蓄存折	上缴27852003-27852030	28.00
储蓄存单	上缴39674009-39674040	32.00
		模拟银行金专支行
		2023.06.08 业务清讫（01）
合计		60.00

会计：　　保管：　　复核：张　卫　　记账：李　丹

表 1-13　模拟银行重要空白凭证/有价单证登记簿

种类：存折　2023 年　第　号

日期		摘要	单位名称/账号	号码区间		数量或金额		结存	经办人	复核员	签收
月	日			起	止	收	付				
5	2	承上页		27852001	27852020			20.00	李丹		
5	4	签发		27852001	27852002		2.00	18.00	李丹		
5	10	领入		27852021	27852030	10.00		28.00	李丹		
6	8	上缴		27852003	27852030		28.00	-0-	李丹		

表 1-14　模拟银行重要空白凭证/有价单证登记簿

种类：储蓄存单　2023 年　第　号

日期		摘要	单位名称/账号	号码区间		数量或金额		结存	经办人	复核员	签收
月	日			起	止	收	付				
4	28	承上页		39674001	39674020			20.00	李丹		
5	4	签发		39674001	39674006		6.00	14.00	李丹		
5	10	领入		39674021	39674040	20.00		34.00	李丹		
6	8	作废		39674007	39674007		1.00	33.00	李丹		
6	8	签发		39674008	39674008		1.00	32.00	李丹		
6	8	上缴		39674009	39674040		32.00	-0-	李丹		

表 1-15　模拟银行重要单证出/入库单

出（入）库单位：1号　2023年6月8日　第　号

凭证种类	凭证号码		单位	面额	数量	金额
	起	止				
存折	27852003	27852030	本		28	28.00
储蓄存单	39674009	39674040	份		32	32.00

业务部门签章：张卫　保管：王红　经办：李丹

4. 登记入库

凭证管理员登记重要空白凭证登记簿，使用“凭证入库”交易将重要空白凭证记入总库（如图1-7所示）。重要单证出/入库单经凭证管理员签收后，作表外科目付出传票的附件。

操作视频 1-2

凭证入库

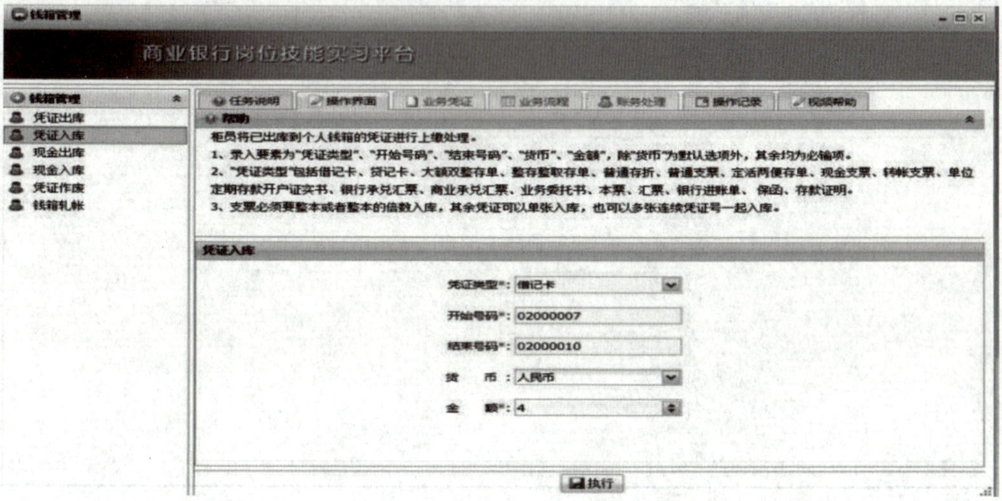

图1-7　凭证入库操作

【实践操作】

1. 实践内容

模拟银行金专支行当日发生下列业务：

（1）柜员上缴3本储蓄存折（27852009-27852011）。

（2）柜员上缴10份储蓄存单（22130812-22130821）。

2. 实践目标

准确掌握单证上缴操作。

3. 考核标准

单证上缴各环节操作准确率达100%，考核标准如下：

考核过程	评分标准	分值	学生得分	扣分说明
单证上缴操作流程（100分）	不再使用的重要空白凭证是否及时上缴给凭证管理员	10		
	“凭证上缴”交易，凭证种类、起止号码及份数、“对方柜员号”是否输入正确	20		
	表外科目付出传票填写、印章是否正确	20		
	账务是否正确	10		
	重要单证出/入库单，连同需上缴的凭证是否交凭证管理员签收	10		
	凭证管理员是否正确登记重要空白凭证登记簿，是否记入总库	20		
	核对重要空白凭证登记簿是否与实物一致	10		
得分合计		分		

续表

教师评价

活动5　领用印章

【业务引入】

2023年5月8日，柜员李丹领用银行本票专用章。

【操作流程】

领用印章业务的操作流程如图1-8所示。

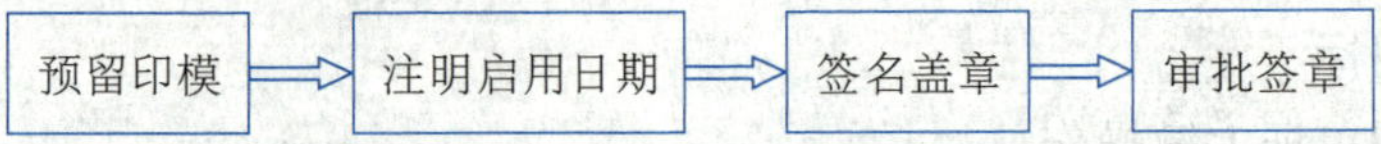

图1-8　领用印章业务的操作流程

【操作步骤】

1.预留印模

业务印章启用时必须由相关经办人员在印章保管使用登记簿预留印模。

2.注明启用日期

印章启用时须在印章保管使用登记簿上填写启用时间。

3.签名盖章

印章的领用保管人要在印章保管使用登记簿上签名盖章。

4.审批签章

经办双方签章后并经会计主管审批签章后，方可领取使用印章（见表1-16）。

表1-16　　模拟银行业务印章、联行机具、库房及保险柜钥匙登记簿

第　　页

领取日期			启用日期			名称	发送单位	领人或移交人	保管或接收人	监交人	停用日期			上缴日期			上缴单位	编号（或预留印模）
年	月	日	年	月	日						年	月	日	年	月	日		
23	5	8	23	5	8	本票专用章		张卫	张卫	张卫								模拟金专银行 本票专用章

【实践操作】

1. 实践内容

模拟银行金专支行当日发生下列业务：

（1）柜员领用本票专用章一枚。

（2）柜员领用业务清讫章一枚。

2. 实践目标

准确掌握印章领用操作。

3. 考核标准

印章领用各环节操作准确率达100%，考核标准如下：

考核过程	评分标准	分值	学生得分	扣分说明
印章领用操作流程（100分）	业务印章启用时是否在印章保管使用登记簿预留印模	30		
	印章启用时是否在印章保管使用登记簿上填写启用时间	30		
	印章的领用保管人是否在印章保管使用登记簿上签名盖章	20		
	经办双方是否在经会计主管审批签章后，才领取使用印章	20		
得分合计		分		
教师评价				

任务四　柜面日初与日终处理

【基本知识】

按照银行业务处理与业务管理制度规范，银行临柜柜员每天基本的工作流程包括柜面日初操作处理、柜面日间业务操作处理和柜面日终操作处理三个环节。

1. 柜面日初操作处理

柜面日初操作处理是指银行营业网点营业前的班前准备工作，主要包括网点及柜员签到、柜员钱箱领用和物品准备等工作内容，主要是做好柜员营业前的各项准备工作，便于准时对外办理各项业务。

2. 柜面日间业务操作处理

柜面日间业务操作处理是指银行网点营业期间对客户提供的各项业务操作处理，主要包括存款业务、贷款业务、结算业务、代理业务等各项业务处理。

3. 柜面日终操作处理

柜面日终操作处理是指在每一天营业终了的班后工作流程，主要包括银行临柜柜员进行轧账、账实核对、上交钱箱等工作内容，以确保当天业务处理的准确性，保证资金安全，为第二天的营业做铺垫。

营业网点柜员在班前、班后及营业期间的全部业务活动，必须在监控器下进行，不得在监控盲区进行与业务有关的活动。

活动1　柜员签到

【业务引入】

2023年5月8日，银行柜员到达营业场所，按规定程序进行签到。

【操作流程】

营业网点柜台人员每日营业前应提前到达营业场所，做好营业前准备工作。柜员签到流程如图1-9所示。

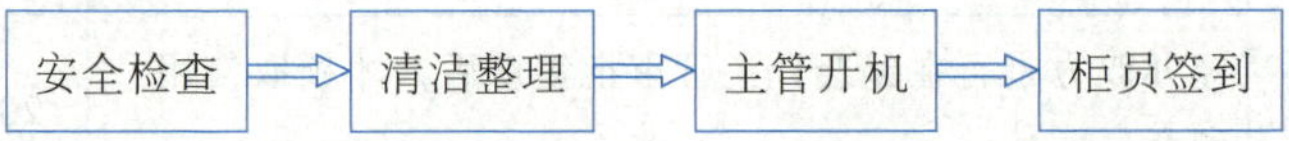

图1-9　柜员签到流程

【操作步骤】

1. 安全检查

双人同时进入营业场所，并立刻解除自动报警装置，检查电源、门窗、电脑、打印机、报警器、录像监控设备及其他设施是否完好并做好登记。

2. 清洁整理

清洁整理即营业场所环境清洁与物品整理。

（1）打扫营业柜台以外的卫生，擦拭客户等候区的桌椅、地面，保持窗明几净；整理营业厅及柜台摆放的各类存取款凭证和宣传资料；检查客户用的笔、老花镜等各类便民服务设施是否齐全。

（2）打扫营业柜台内的卫生，整理柜面物品，做到整齐有序，不摆放与办公无关的任何物品及资料。

（3）检查并清洁ATM及各种计算机、机器设备等机具；检查利率牌及日历牌的内容是否正确。

3.主管开机

主管开机即网点签到。每日开始办理业务前，先要由网点业务主管进行主管开机，柜员才能进行签到操作。为保障系统的安全，必须对柜员进行操作权限认定（任意柜员均可，先进行机构双人签到，后进行可操作柜员签到）。

4.柜员签到

在主机开启成功后，柜员用自己的权限卡刷卡或指纹触摸显示器，登录签到界面，输入柜员号、钱箱号、操作密码（指纹签到不需要输入密码）后，签到即告完成，系统进入交易界面。

微课1-8
柜员签到

【实践操作】

1.实践内容

模拟银行金专支行当日发生下列业务：柜员张敏、韩立军到达银行网点，办理签到。

（1）安全检查。

（2）营业场所环境清洁与物品整理。

（3）柜员签到。

2.实践目标

准确掌握柜员签到规范。

3.考核标准

柜员签到各环节操作准确率达100%，考核标准如下：

考核过程	评分标准	分值	学生得分	扣分说明
柜员签到操作流程（100分）	是否双人同时进入营业场所安全检查，并立刻解除自动报警装置	20		
	卫生是否整洁、用品是否摆放整齐	20		
	ATM及各种计算机、机器设备等机具是否好用	20		
	业务主管是否按时开机	20		
	柜员是否用自己的权限卡刷卡或指纹触摸登录签到	20		
得分合计		分		
教师评价				

活动2　柜员钱箱领用与物品准备

【业务引入】

2023年6月8日，柜员李丹、张伟领用钱箱及物品，准备对外营业。

【操作流程】

柜员钱箱领用与物品准备的流程如图1-10所示。

接收钱箱 ⇒ 领取钱箱 ⇒ 清点钱箱 ⇒ 物品准备

图1-10　柜员钱箱领用与物品准备的流程

【操作步骤】

1.接收钱箱

运钞车辆到达网点时，柜员必须先核实押运人员的身份，再由两名柜员凭交接清单双人检查现金款箱封锁（签）是否完好，款箱号码与数量是否与交接内容一致，确认无误后，与押运人员一起将接入网点的款箱放置在营业监控下交接并签字确认（营业网点款箱、封包发送清单见表1-17），如有异常或单锁、漏铅封的，均应拒收，并及时逐级上报相关部门。

表1-17　模拟银行营业网点款箱、封包发送清单

2023年6月8日　　流水号：0008

发送方	现金营运中心	接收方	模拟银行金专支行
交接内容	款箱4只		
守押公司移交	公章：（现金营运中心 2023.06.08 业务公章） 移交方交接人员：李丽　周倩	营业网点接收	公章：（模拟银行金专支行 2023.06.08 业务公章） 接收方交接人员：李丹　张伟

打印时间：7：30

2.领取钱箱

网点各柜员经业务主管授权后分别领取电子钱箱和实物钱箱。电子钱箱领用如图1-11所示。

操作视频1-3

现金出库

3.清点钱箱

柜员对电子钱箱与实物现金的币种、券别张数分别进行明细清点（在监控器下）核对。若清点时发现实物现金与电子钱箱中的券别张数不一致，应立即对券别差额张数进行调整或按实物现金的券别、张数重新录入，以确保电子钱箱与实物现金的券别张数一致。清点时若发现实物现金与电子钱箱不一致，必须及时报告业务主管查实处理。

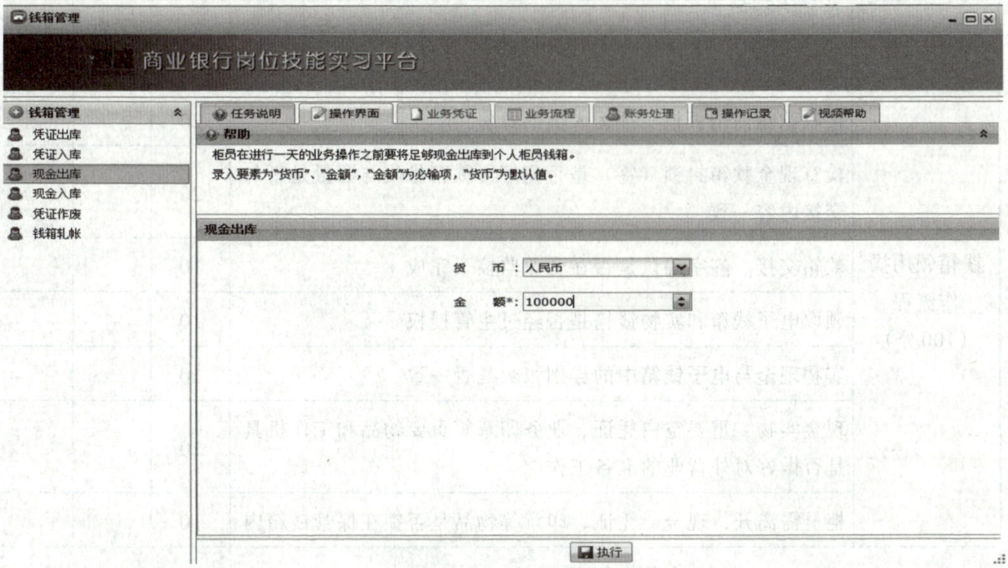

图1-11 电子钱箱领用

4. 物品准备

柜员做好现金实物、重要空白凭证、业务印章等重要物品和工作机具的核对，准备对外营业。柜员确认本人当日出售或使用的重要空白凭证数量及其他办公备品是否充足；检查本人保管使用的印章包内的印章是否齐全，是否为本人使用印章，并将各类印章日期调整为当日日期。若柜员需离开，上述物品均应上锁保管在钱箱内。柜员日间休息碰库，做预轧账处理，核实上午业务是否有错账情况。

微课 1-9

柜员钱箱领用及物品准备

【实践操作】

1. 实践内容

模拟银行金专支行当日发生下列业务：柜员张敏、韩立军到达银行网点，接收款箱。

（1）接收款箱。

（2）领取钱箱。

（3）清点钱箱。

（4）物品准备。

要求：以模拟银行金专支行柜员的身份完成以上钱箱领用工作。

2. 实践目标

准确掌握钱箱领用规范。

3. 考核标准

钱箱领用各环节操作准确率达100%，考核标准如下：

考核过程	评分标准	分值	学生得分	扣分说明
钱箱领用操作流程（100分）	接收款箱前是否核实押运人员的身份	20		
	检查现金款箱封锁（签）是否完好，款箱号码与数量是否与交接内容一致	20		
	款箱交接、签字确认是否在营业监控下完成	10		
	领取电子钱箱和实物钱箱是否经过主管授权	10		
	实物现金与电子钱箱中的券别张数是否一致	10		
	现金实物、重要空白凭证、业务印章等重要物品和工作机具是否做好对外营业的准备工作	20		
	柜员需离开，现金、凭证、印章等物品是否锁在保管钱箱内	10		
得分合计		分		
教师评价				

活动3 实物钱箱的上缴

【业务引入】

2023年6月8日营业结束，柜员李丹、张伟核对并上缴实物钱箱。

【操作流程】

实物钱箱的上缴业务操作流程如图1-12所示。

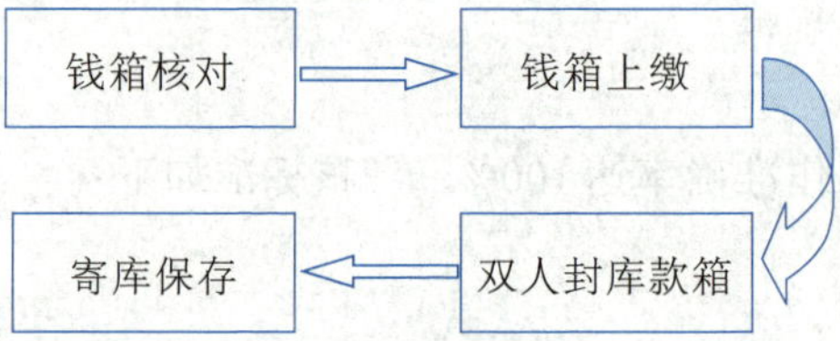

图1-12 实物钱箱的上缴业务操作流程

【操作步骤】

1.钱箱核对

（1）核对现金。柜员对实物钱箱的现金按券别进行整理清点，核对电子钱箱与实物钱箱的余额，确保两者金额、券别完全一致。

（2）上缴现金。检查库存现金余额是否超过柜员日终限额，如超过限额，应将超额部分上缴，如图1-13所示。

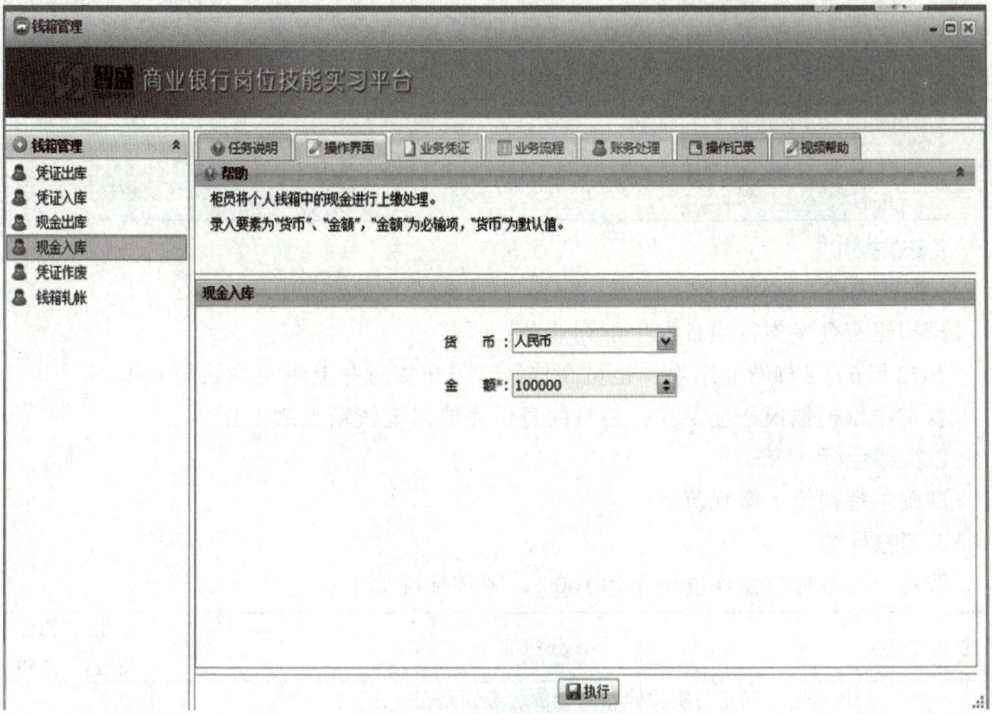

图1-13 现金入库操作

（3）核对重要空白凭证。每日营业终了，柜员应将重要空白凭证与相关登记簿进行账实核对，确保账实、账账核对相符。

2.钱箱上缴

账实相符后，主管柜员对各柜员的实物钱箱清点确认无误后，对实物钱箱双人双锁上缴，并同时收缴各柜员的电子钱箱。

3.双人封库款箱

库款箱必须双人双锁加封。双人其中一人为授权身份，授权持有尾箱暗锁钥匙及网点保险柜钥匙；另一人为柜员，持有尾箱明锁钥匙及网点保险柜密码。

4.寄库保存

运钞车到达网点，指定人员必须首先核对押运人员身份，再由两名柜员与交接员清点、核实、交接库款箱，并办理交接手续（见表1-18）。

表1-18 模拟银行营业网点款箱、封包上送清单

2023年6月8日　　流水号：0010

发送方	模拟银行金专支行	接收方	现金营运中心
交接内容	款箱4只		
营业网点上交	（印章：模拟银行金专支行 2023.06.08 业务公章） 移交方交接人员：李丹　张伟	守押公司接收	公章：（印章：现金营运中心 2023.06.08 业务公章） 接收方交接人员：李丽　周倩

【实践操作】

1.实践内容

模拟银行金专支行当日发生下列业务：

2023年6月8日营业结束，柜员高佳敏、张洋核对并上缴实物钱箱1只。

要求：以模拟银行金专支行柜员的身份完成以上钱箱上缴工作。

2.实践目标

准确掌握钱箱上缴规范。

3.考核标准

钱箱上缴各环节操作准确率达100%，考核标准如下：

考核过程	评分标准	分值	学生得分	扣分说明
实物钱箱上缴操作流程（100分）	核对电子钱箱与实物钱箱的金额、券别是否一致	20		
	检查库存现金余额是否超过柜员日终限额	10		
	核对重要空白凭证与相关登记簿是否账实、账账相符	20		
	主管柜员对各柜员的实物钱箱清点核对，实物钱箱是否双人双锁上缴，是否同时收缴各柜员的电子钱箱	20		
	库款箱是否双人双锁加封	10		
	寄库保存时是否核对押运人员身份，与交接员清点、核实、交接库款箱是否两名柜员完成，是否办理交接手续	20		
得分合计			分	
教师评价				

活动4 柜员日终平账与签退

【业务引入】

2023年6月8日营业结束，柜员李丹进行平账、办理签退。

【操作流程】

柜员日终平账与签退业务操作流程如图1-14所示。

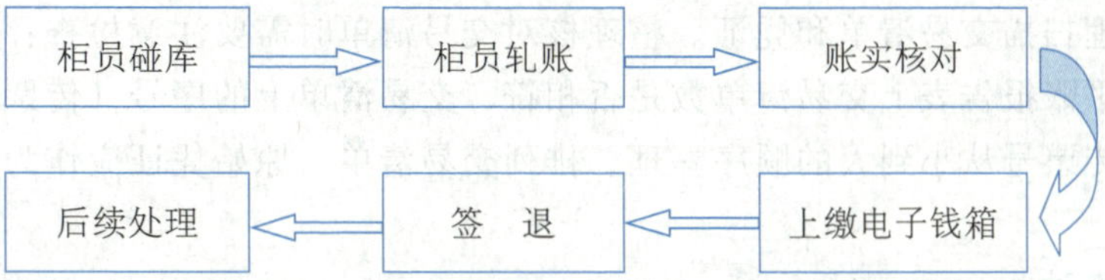

图1-14 柜员日终平账与签退业务操作流程

【操作步骤】

1.柜员碰库

柜员在系统中分别录入所持重要空白凭证的数量以及现金尾箱余额，点击扎账，如图1-15所示。待柜员凭证、现金清点正确后，柜员进行碰库处理。碰库时，柜员应按照清点的实物录入系统与系统核对，不得按照在系统查询的数据进行碰库，只准实物碰账，不可账碰实物。

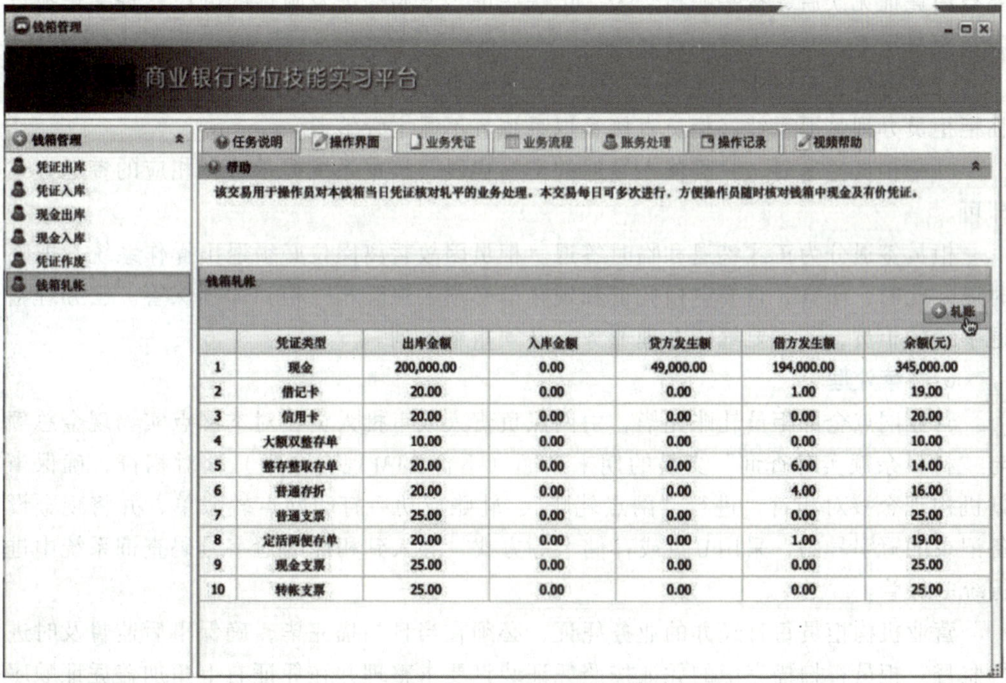

图1-15 柜员钱箱扎账

2.柜员轧账

碰库成功后，柜员进入系统轧账。

操作视频1-5 扎账和签退

（1）系统自动平账。柜员输入平账交易代码，进行轧账。如果借贷方金额相等，说明当天账务平衡，根据系统提示打印流水账和轧账单；如果借贷方金额不等，系统会显示错账金额，查找到错账后，经主管柜员授权后进行抹账，对当日不能核销的款项应挂账，次日查清原因后再进行相应处理。

（2）打印柜员平账报告表、柜员重要空白凭证核对表。轧平当天账务后，打印平账报告表和柜员重要空白凭证核对表。

（3）整理扫描交易清单和凭证。整理核对交易清单时需要注意检查：交易清单的数量与柜员平账报告表上交易清单数是否相符，交易清单上的序号（传票号）是否保持连续；按传票号从小到大的顺序整理、排列交易清单，原始凭证应作为交易清单的附件。

微课1-11 日终处理

3.账实核对

实物钱箱核对上缴。

4.上缴电子钱箱

账实相符后，主管柜员对各柜员的实物钱箱清点确认无误后，对实物钱箱双人双锁上缴，并同时收缴各柜员的电子钱箱。

5.签退

（1）完成日终平账，移交平账报告表及交易清单。营业终了，柜员核对现金、重要空白凭证无误后，按平账报告表、记账凭证、原始凭证及附件的顺序整理平账报告表及交易清单，并交主管柜员复核。

（2）办理柜员签退。主管柜员复核各柜员提交的平账报告表及交易清单无误后，临柜柜员办理签退手续（柜员直接签退系统，不需主管签退）。

临柜柜员签退时，只需输入签退的交易代码，根据系统提示选择相应的签退方式即可。

柜员签退分为正式签退和临时签退。柜员因故暂离岗位必须退出操作系统，即临时退。此时，印章、重要空白凭证和现金都必须入保险箱（柜）加锁保管。已办理签退手续的柜员，若需要继续办理业务，必须重新签到。

6.后续处理

营业网点全部柜员轧账完毕，由网点负责人或审批人员核对本网点实物现金总额与“科目余额实时查询”交易的期末余额（不含ATM现金余额）核对相符，确保当日机构现金核对相符。进行“网点轧账”，轧账成功后打印网点轧账单，并将现金设备记录的冠字号码，采用U盘或存储卡等方式，导入到相应的冠字号码查询系统中进行统一保管。

营业机构柜员每日经办的业务凭证，必须在当日扫描完毕，确保事后监督及时进行监督。柜员将扫描完毕的凭证按照凭证装订要求整理并在凭证右上角加盖凭证顺序号后，交营业机构负责人或审批人员统一入库保管。

当日工作结束后，机构负责人或审批人员须确认本机构的各类电子设备全部正常关闭，在确保安全的情况下方可离开。

【实践操作】

1.实践内容

模拟银行金专支行柜员王俊豪完成日终处理：

（1）柜员轧账。

（2）账实核对。

（3）上缴电子钱箱。

（4）签退。

要求：以模拟银行金专支行柜员的身份完成以上日终处理工作。

2.实践目标

准确掌握日终处理规范。

3.考核标准

日终处理各环节操作准确率达100%，考核标准如下：

考核过程	评分标准	分值	学生得分	扣分说明
日终处理（100分）	核对轧账时录入的重要空白凭证的数量以及现金尾箱余额是否正确	20		
	账实核对是否实物钱箱双人双锁上缴，是否收缴各电子钱箱	20		
	日终平账后是否打印、移交平账报告表及交易清单	20		
	柜员是否办理签退手续	10		
	确认经办的业务凭证，是否当日全部扫描完毕，统一入库保管	10		
	确认是否完成网点轧账	10		
	确认本机构的各类电子设备是否全部正常关闭	10		
得分合计			分	
教师评价				

项目小结

银行柜员为适应岗位要求及银行基本职业要求，就必须熟悉银行柜员的岗位设置及管理制度，掌握银行金额及票据日期书写规范，掌握银行重要物品的领用、出售、签发、上缴等操作规范以及银行日初处理及日终处理办法等内容。本项目结合操作流程详细介绍了上述几个方面的内容，有助于提升银行柜员的基本职业能力。

项目训练

一、判断题

1. 银行十字文明用语为“请”“您好”“对不起”“谢谢”“稍等”。（　　）

2. 有固定格式的重要凭证，大写金额栏一般印有“人民币”字样，数字应紧接在人民币后面书写，在“人民币”与数字之间不得留有空隙。（　　）

3. 银行里的重要凭证大小写金额填写错误时可以更改，但填写人要签章证明。（　　）

4. 重要单证由专人负责保管，建立严密进出库和领用制度，可以章证分离。（　　）

5. 柜员每班使用重要空白凭证时可以跳号使用。（　　）

6. 各种重要凭证如填写错误不能使用时，应加盖“附件”戳记，并按要求整理后作当日传票装订保管。（　　）

7. 每日营业终了，柜员必须核对重要单证，其方式是核点各类重要单证的库存数量、号码，与重要单证登记簿核对相符。（　　）

8. 重要单证在未使用前，不得事先加盖业务公章和柜员名章。（　　）

9. 磁码机保管使用人营业期间应做到“人在机开，人走机锁”。（　　）

10. 柜员轮班时要办理交接手续。（　　）

二、选择题

1.柜员在其授权范围内，可以办理多币种、多种类的各项会计业务，承担相应经济责任的一种劳动组合形式是（　　）。

A.双人临柜制　　B.单柜员制

C.储蓄柜员制　　D.综合柜员制

2.下列关于柜员的职业形象表达正确的有（　　）。

A. 柜员上岗时可自由着装

B. 柜员不得化妆

C. 柜员不能佩戴首饰

D. 柜员上岗时应精神饱满，不能趴在柜台上

3.账表凭证上阿拉伯数字的书写斜度角度大约是（　　）。

A.30度　　B.40度　　C.50度　　D.60度

4.下列凭证中的中文大写金额书写正确的是（ ）。

A.￥1 005.80　人民币壹千零伍元捌角

B.￥18.00　人民币拾捌元整

C.￥6 400.02　人民币陆仟肆佰零贰分

D.￥103.70　人民币壹佰零叁元柒角整

5.支票的出票日为2023年7月20日，按要求规范书写应写为（ ）。

A.贰零贰叁年另柒月另贰拾日　　B.贰零贰叁年柒月贰拾日

C.贰零贰叁年零柒月贰拾日　　D.贰零贰叁年柒月零贰拾日

6.对重要空白凭证下列表述正确的有（ ）。

A.重要空白凭证纳入表外核算，并以面额登记入账

B.重要空白凭证的管理要坚持章证分管的原则

C.柜员领入重要空白凭证时应进行清点，清点方法是卡大数、点尾数

D.柜面使用重要空白凭证时应当顺号（从大到小）使用

7.重要空白凭证以一份（ ）的假定价格入账。

A.5元　　B.10元　　C.1元　　D.2元

8.下列不属于重要空白凭证的是（ ）。

A.利息清单　　B.银行汇票　　C.定期存单　　D.活期存单

9.金额为（ ）以下的人民币取现业务不需要授权办理。

A.5万元　　B.10万元　　C.50万元　　D.100万元

10.柜员对各种专用印章的使用保管表述错误的是（ ）。

A.专人保管用印

B.可以私自授受专用印章

C.人在章在，人走章锁，严禁托人代管

D.营业终了入库保管

三、综合实训

实训平台：http：//www.zsyun.com.cn/

实训账号：s1144038836

实训密码：cjgz888888

【实训内容】

1. 2023年9月20日，柜员张澜到达营业场所，登录模拟银行操作系统，修改个人信息及密码。领入2本现金支票（10000001-10000050）、1本转账支票（11000001-11000025）、25本储蓄存折（07000001-07000025）、10张借记卡（02000001-020000010），领取1枚本票专用章、1枚业务清讫章、现金49 865.39元。营业中出售1本现金支票（1000001-10000025），1本转账支票（1100001-11000025）给展鹏电子股份有限公司（账号：220102245620016），并收取相关费用。签发一本储蓄存折给客户董玥，将客户姓名填错为董月，发现后将该存折作废，重新签发了一份新存折。

营业结束，柜员张澜上缴电子钱箱、实物现金、剩余凭证并签退。

2. 2023年9月20日，柜员闵月到达营业场所，登录模拟银行操作系统，修改个人信息及密码。领入2本现金支票（10000051-10000100）、1本转账支票（11000026-11000050）、25本储蓄存折（07000026-07000050）、10张借记卡（02000011-020000020），领取1枚汇票专用章、1枚业务清讫章、现金56 220.35元。营业中出售1本现金支票（10000051-10000075），1本转账支票（11000026-11000050）给M公司，并收取相关费用。营业结束，柜员张澜上缴电子钱箱、实物现金、剩余凭证并签退。

3. 2023年9月20日，柜员李清江到达营业场所，登录模拟银行操作系统，修改个人信息及密码。领入2本普通支票、10张借记卡，领取1枚联行专用章、1枚业务清讫章。营业中出售1本转账支票给N公司，并收取相关费用。

4. 2023年9月20日，柜员葛思彤到达营业场所，登录模拟银行操作系统，修改个人信息及密码。领入10本储蓄存折、10份整存整取定期储蓄存单，现金59 563.39元。营业签发一本储蓄存折给客户张敏，将客户姓名填错为章敏，发现后将该存折作废，重新签发了一份新存折。营业结束，柜员张澜上缴电子钱箱、实物现金、剩余凭证并签退。

【实训目标】

1. 登录银行业务综合技能实训平台，熟练完成上述操作。

2. 正确打印凭证，加盖银行公章和私章；正确处理凭证。

【实训考核】

1. 平台操作准确率达到100%。

2. 凭证处理正确率达到100%。

项目二

个人存款业务处理

学习目标

知识目标

•掌握银行授权管理制度的规定。

•掌握银行书写规范。

•掌握银行重要单证与印章的管理与使用规定。

•掌握银行日初和日终操作规定与业务流程。

能力目标

•能严格按照商业银行岗位设置与授权管理规定进行业务处理。

•能正确进行数字大、小写的书写及票据日期的书写。

•能按照银行重要单证的管理规定，正确进行重要单证的领用、签发、出售、作废和上缴处理。

•能准确进行网点银行柜员日初和日终等工作内容。

素质目标

•培养学生爱国、敬业、诚信、友善的价值观。

•培养学生职场礼仪与规范意识。

•培养学生充分的职场安全意识与健康意识。

•培养学生爱岗敬业、诚实守信、遵纪守法等职业道德。

任务一　个人活期储蓄存款业务处理

【基本知识】

1. 储蓄的概念及种类

（1）储蓄的概念。储蓄是指个人将其拥有的人民币或外币存入储蓄机构，储蓄机构开具存折（银行卡）或存单作为凭证，个人凭存折（银行卡）或存单可以支取本金和利息，储蓄机构依照规定支付存款本金和利息的活动。储蓄机构是指经国家金融

监督管理部门批准成立的商业银行、城乡信用社及邮政储蓄机构等。

（2）储蓄的种类。按现行的《储蓄管理条例》规定，储蓄机构经办的储蓄存款按期限分为活期储蓄存款、定期储蓄存款、定活两便储蓄存款、通知储蓄存款等。定期储蓄存款又可分为整存整取定期储蓄存款、零存整取定期储蓄存款、存本取息定期储蓄存款、整存零取定期储蓄存款、教育储蓄存款等。活期储蓄存款是指不固定存期，可随时以现金存取和在同名账户之间转账的存款。人民币活期储蓄存款1元起存，多存不限。

2.储蓄政策与储蓄原则

（1）储蓄政策。我国政府对储蓄采取保护和鼓励的政策。《中华人民共和国宪法》第十三条规定，国家保护公民的私有财产权。

（2）储蓄原则。“存款自愿、取款自由、存款有息、为储户保密”是储蓄的基本原则，是储蓄政策的具体体现，是办理储蓄业务必须遵守的基本准则。

①存款自愿。存款自愿是指储户对参加储蓄有充分的自主权，参不参加储蓄、参加何种储蓄、存多少钱、存多长时间、存在哪一个储蓄机构，均由储户自主决定，任何机构和个人均无权干涉。

②取款自由。在符合《储蓄管理条例》和有关规章制度的前提下，取款自由是指储户什么时候取款、取多少、做什么用，由储户自行决定，银行必须照章支付，不得刁难或限制，不得过问存款来源和取款用途。

微课2-1

储蓄的概念、种类及原则

③存款有息。存款有息是指储蓄机构对任何储蓄存款应按照国家规定的利率计息办法，为储户准确计付一定的利息。它体现了储蓄存款利息收入的合法性和储户依法获取利息的基本权利。

④为储户保密。为储户保密是银行承担对储户及其存款的一切情况保守秘密的职责和义务，对储户的姓名、性别、年龄、身份、地址、签章式样、存款金额、支取时间、笔数、过户、继承等情况保守秘密，不得向任何人和机构透露。

储蓄原则是密切联系、相互补充、相互制约的，是一个有机的整体，在实际工作中必须全面贯彻执行。

3.个人存款实名制

为了保证个人存款账户的真实性，维护存款人的合法权益，我国从2000年4月1日起，实行个人存款账户实名制。个人存款账户实名制规定个人在金融机构开立个人存款账户时，应当出示本人有效身份证件，使用实名。

（1）居住在中国境内16周岁以上的中国公民，出具居民身份证或者临时居民身份证。

（2）居住在中国境内16周岁以下的中国公民，由监护人代理开立个人存款账户，出具监护人的有效实名证件以及账户使用人的户口簿。

（3）中国人民解放军军人，出具军人身份证件（军官证或士兵证）；中国人民武装警察，出具武装警察身份证件。若同时持有居民身份证，也可以居民身份证作为实名证件。

（4）中国香港、澳门居民，出具港澳居民来往内地通行证；中国台湾居民，出具

台湾居民来往大陆通行证或者其他有效旅行证件。

（5）居住在境内或境外的华侨，可出具中国护照。

（6）外国公民，可出具护照或外国人永久居留证。

4.柜员在办理储蓄业务时应遵守的基本规定

（1）要严格按照储蓄业务管理制度及有关规定办理储蓄业务。

（2）柜员必须在自己签到的终端上办理客户的储蓄业务；严禁柜员在自己签到的终端上办理本人储蓄业务；严禁其他柜员代为签章；严禁柜员在储蓄存取款凭证客户签字确认处代客户签名。

（3）柜员办理储蓄业务必须认真审核凭证要素，保证存单（折）与凭证上的账号、户名、金额三相符。

（4）各类储蓄业务开户、大额取款（5万元或等值1万美元以上）及定期类储蓄存款的提前支取等，均应出示存款人身份证件，代理支取的应同时出示代理人身份证件。

（5）办理业务时应坚持一笔一清、一份一清，一笔业务未办理完毕，不得擅自离岗。

（6）柜员不得以任何理由删改存取款凭证上储户填写及银行打印的各项内容。

（7）一般业务当日复核。提前支取、挂失、解挂等特殊业务必须坚持当场复核。

（8）当出现现金错款时，要执行长款归公、短款自赔的规定，要及时告知主管柜员，严禁柜员私自处理。

（9）凡以手工计息的储蓄品种，柜员计算应付利息并经复核无误后，方可支付。发生计息差错需进行冲销或手工计息调整的，须经复核并经主管柜员审核批准后，方可办理。

5.储蓄存款利息计算的基本规定

（1）基本公式：利息=本金×存期×利率。

（2）本金：储蓄存款本金以元为起息点，元以下角、分不计息。利息金额算至厘位，实际支付或入账时四舍五入至分位。

（3）存期：算头不算尾，存入日起息，支取的前一日止息，支取日不计息。活期储蓄存款存期按实际天数计算。

（4）利率：利率单位有年利率、月利率、日利率三种，计算利息要注意利率单位与存期单位的一致性。三者之间的换算为：

月利率=年利率÷12

日利率=月利率÷30=年利率÷360

6.活期储蓄存款利息计算的基本规定

（1）结息日与结息期。活期储蓄存款按季结息，每季末月的20日为结息日，按结息日挂牌公告的活期储蓄存款利率计息，每季末月的21日为利息的入账日。对未到结息日办理销户的，其利息应随本金一同结清，利息算至销户的前一天止。

微课2-2

计算活期储蓄存款利息

（2）储蓄存款积数的计算。活期储蓄存款由计算机自动累加存款积数，结息或结清时将存款的累计未计息积数乘以结息日或销户日挂牌公告的活期储蓄存款利率，结计出储户的利息。

应税利息=累计日积数和×结息日或销户日挂牌公告的活期储蓄存款日利率

学思践悟 2-1　**用青春谱写劳动者之歌**

——记“全国十大金融工匠”张慕桦

光大银行广州分行员工张慕桦，入职8年来始终默默地在“三尺柜台”挥洒汗水，精益求精、追求卓越。银行的柜台工作虽枯燥、单一，张慕桦却始终以业务骨干的高标准严格要求自己。为了提升业务能力和服务水平，当霞光微明、街道行人寥寥的时候，她便已经来到单位，快速简单地吃过早餐后便开始进行业务训练，一天的工作就从这里开始。日复一日，年复一年。怀着“不达目的不罢休”的决心和永不气馁的精神和干劲，在“每天清点3万多张练功券，录入3万多字”的高强度训练下，她咬紧牙关，克服了每一项技能的薄弱环节。“宝剑锋从磨砺出”，2014年，张慕桦获评“光大银行一级服务能手”“十佳服务标兵”；2016年，她被授予“广东金融五一劳动奖章”和“全国金融五一劳动奖章”；2017年，她斩获“中银杯”广东省反假货币知识技能赛的一等奖；2018年，她成了光大银行首批“三项全能”选手之一……

资料来源：李丹琳. 用青春谱写劳动者之歌 记“全国十大金融工匠”张慕桦［EB/OL］.［2021-03-12］. https://www.financialnews.com.cn/renwu/202103/t20210312_213791.html.

启示：

习近平总书记明确提出，要“弘扬劳模精神和工匠精神”。在劳模精神和工匠精神的引领下，张慕桦始终用“钉钉子”的精神不断寻找更多的业务学习机会。平凡是人生的常态，但平凡能孕育伟大，平凡的工作能成就崇高的事业，平凡的岗位也能铸就人生的辉煌。张慕桦就是这样一位在平凡的岗位上收获了闪闪荣誉的普通员工。以张慕桦为代表的金融“匠人们”，他们追求卓越的精神、执着细节的态度以及坚持不懈的毅力，成为书写金融工匠精神新篇章的不竭动力。

活动1　个人活期储蓄存款开户

【业务引入】

2023年1月2日，储户王聪（身份证号：220105199109111 4××）到模拟银行金专支行申请开立活期存款账户，存入人民币现金5 000元。

【操作流程】

个人活期储蓄存款开户业务操作流程如图2-1所示。

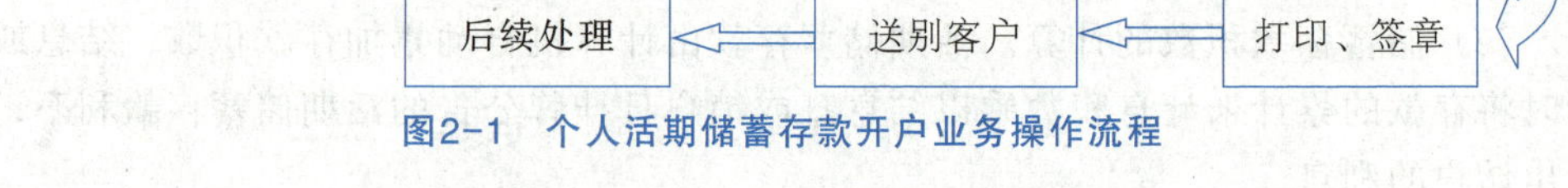

图2-1　个人活期储蓄存款开户业务操作流程

【操作步骤】

1. 业务受理

柜员聆听客户的开户要求（开立何种存款账户和存入现金的数量），如果客户是第一次来我行开户，应让客户填写开立个人银行账户申请书（见表2-1），然后接收客户的有效身份证件和现金。

表2-1 个人客户信息建立/修改申请书

二联 带“*”项为必填项，若无填“无” □新建 □修改 年 月 日

客户填写	基本信息	*客户名称		*英文/拼音姓				*英文/拼音名	
		*证件类型	□居民身份证 □___			*证件号码			
		*出生日期		*国籍		□中国 □___		*证件到期日期	
		*性　别	□男 □女	*发证机关地区				证件登记地址	
	联系信息	单位名称				传真号码			
		单位地址		邮编				单位电话	
		住宅地址		邮编				住宅电话	
		*联系地址（常住）		*邮编				*联系电话	
		E-mail				联系手机号码			
		英文地址				英文城市名			
	其他信息	*职　业	请按如下说明选择代码	职　务				职　称	
		居住状况	请按如下说明选择代码	民　族				个人月收入	
		教育程度		单位所属行业	请按如下说明选择代码				
		单位经济性质	请按如下说明选择代码					参加本单位时间	
		子女情况		婚姻状况				供养人数	
	代理人信息（只限建立时填写）	*客户名称		*性别		*职业		*国籍	
		*证件类型	□居民身份证 □___			*证件号码			
		*证件到期日期		*代办理由				*与被代理人关系	
		*联系电话		*联系地址					
客户填写	信用卡信息（修改用）	信用卡直系亲属姓名				信用卡直系亲属关系			
		信用卡直系亲属固定电话				信用卡直系亲属手机号码			
		信用卡其他联系人姓名				信用卡其他联系人关系			
		信用卡其他联系人电话				信用卡其他联系人手机号码			
		信用卡账单邮寄方式							
		账单地址						账单地址邮编	
		卡片邮寄地址						卡片邮寄地址邮编	
	新开账户	□活期一本通 □借记卡 □整存整取 □通知存款 □零存整取 □教育储蓄 □整存零取							

续表

银行打印	
说明	●职业：1.国家机关事业单位；2.律师、会计师事务所等专业性社会服务机构；3.通信/电力等垄断性行业；4.军人、警察、武警；5.网络；6.商业/贸易；7.制造业；8.农林畜牧；9.广告；10.旅游/餐饮/娱乐；11.交通运输；12.房地产/建筑/装修；13.电脑（计算机）；14.咨询；15.科教/文体；16.医疗；17.银行；18.证券/投资/保险；19.个体；20.合伙；21.独资；22.学生；23.自由职业者；24.无业人员；25.退休/离休人员；26.其他类职业，请在“职业”栏填写具体的职业类型。 ●单位所属行业：A.农、林、牧、渔业；B.采矿业；C.制造业；D.电力、热力、燃气及水生产和供应业；E.建筑业；F.批发和零售业；G.交通运输、仓储和邮政业；H.住宿和餐饮业；I.信息传输、软件和信息技术服务业；J.金融业；K.房地产业；L.租赁和商务服务业；M.科学研究和技术服务业；N.水利、环境和公共设施管理业；O.居民服务、修理和其他服务业；P.教育；Q.卫生和社会工作；R.文化、体育和娱乐业；S.公共管理、社会保障和社会组织；T.国际组织。 ●单位经济性质：1.国有；2.集体；3.联营；4.有限责任（公司）；5.股份有限（公司）；6.私营；7.合资（中外、港、澳、台）；8.合作（中外、港、澳、台）；9.国外、港、澳、台投资；10.港、澳、台独资、外资；11.国外、港、澳、台投资股份有限公司；12.事业单位；13.国家、党政机关；14.政协组织、社会团体；15.其他。 ●居住状况：1.自有产权房；2.商品房（有按揭）；3.商品房（无按揭）；4.已购公房；5.自有无产权房；6.租用；7.集体宿舍；8.亲戚/父母家；9.其他。
1.本人保证本申请书资料真实有效，并自愿遵守××银行客户须知的有关规定；如申请个人结算账户并进行了签章，则代表本人已详细阅读并同意遵守《××银行个人银行结算账户管理协议》的所有内容，因违反规定而造成的损失和后果，本人愿意承担一切责任。 2.本人已阅读并认可申请书背面的特别提示。 申请人签字 年　月　日	

2.凭证审核

柜员审核客户身份证件是否有效，并确定是否为本人（对身份证、户口簿等可以通过身份证联网系统进行核查的，必须核查）。开立个人结算账户的，还应审核其填写的开立个人结算账户申请书内容的完整性和正确性。

3.点收现金

柜员收到客户递交的现金后，先询问客户存款金额，然后在监控下和客户视线内的柜台上清点。清点时柜员一般需在点钞机上正反清点两次，金额较小时，也可手工清点，但要注意假币的识别，并再次与客户唱对金额。之后应将现金放置于桌面上，待开户业务办理结束后再予以收存。收付款都要做到一笔一清。

（1）现金的清点程序：清点现金按“三先三后”程序操作，即先点大数（卡捆卡把），后点细数；先点主币，后点辅币；先点大面额票币，后点小面额票币。收入现金必须坚持手工清点，使用验钞机逐张核验（正面、背面各核验一遍，注意防范假币，区分版别）。

微课2-3 活期储蓄存款开户

（2）现金的捆扎要求：收入的现金一旦可成把（纸币100张）、成卷（硬币50枚或100枚），要及时打把（卷），并在腰条侧面加盖柜员个人名章；可成捆（纸币10把，硬币10卷）的要及时打捆，打捆时做到捆扎牢固，随即放入现金箱保管，收妥的现金应按券别、残好分别放入个人钱箱，做到一笔一清，妥善保管。

4.开户交易

柜员输入开户交易代码，进入个人活期储蓄存款开户界面，刷存折、系统自动读取磁条信息，输入储户姓名、证件类型、证件号码、电话号码、邮政编码及地址，请客户设置密码（一般要求输入两遍），确认无误后提交，如图2-2至图2-4所示。

操作视频2-1 个人活期储蓄存款开户

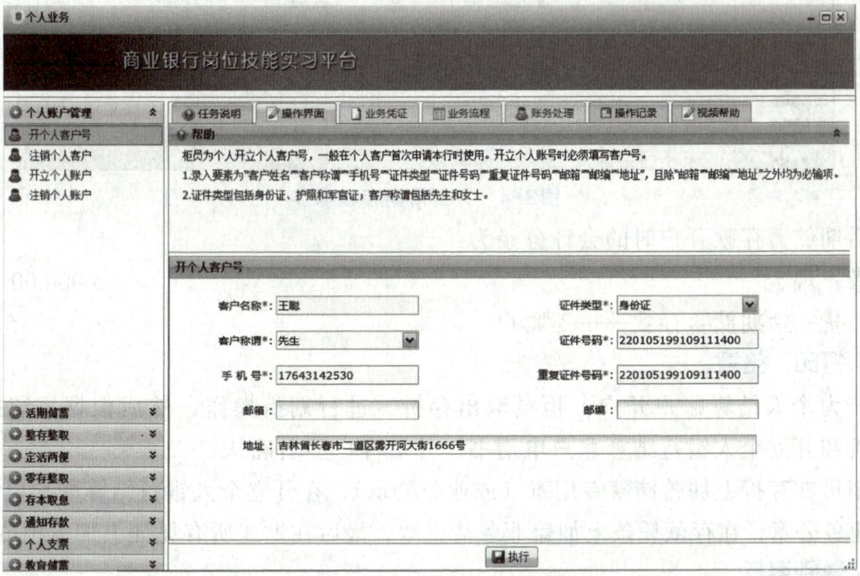

图2-2 开立客户号操作

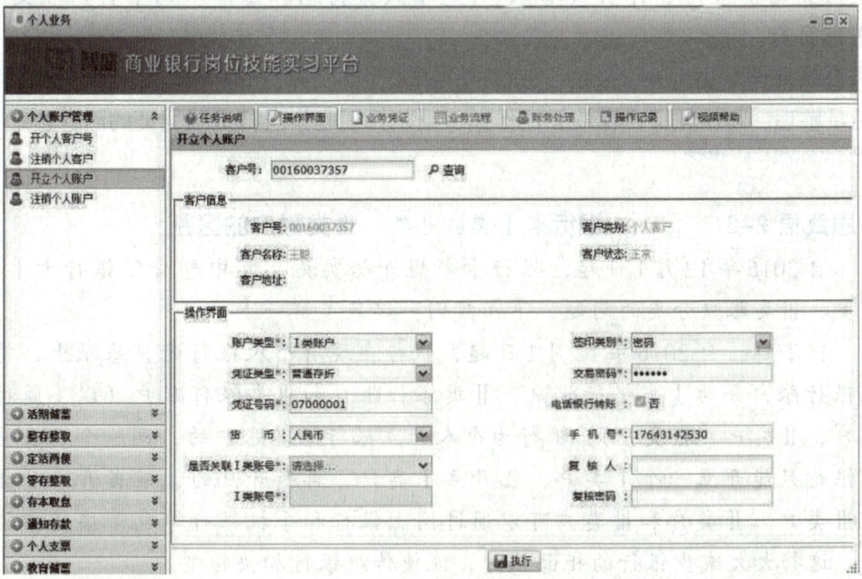

图2-3 开立账户操作

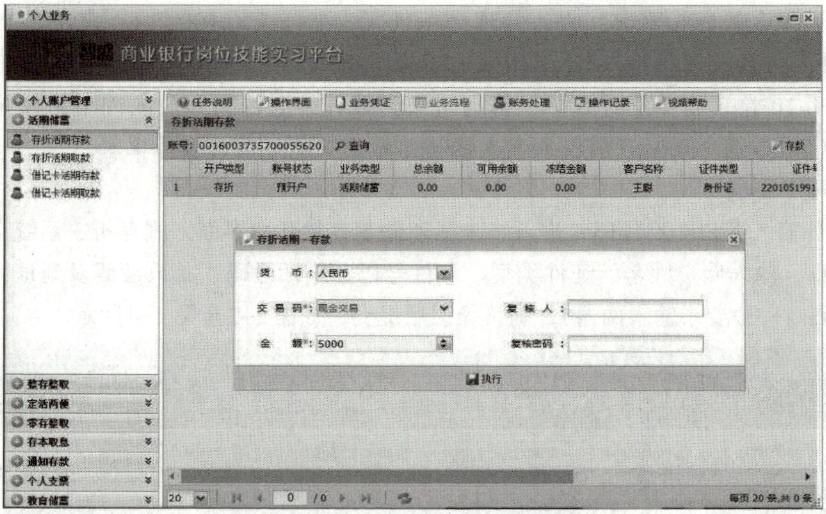

图2-4　存折活期存款操作

活期储蓄存款开户时的会计分录为：

借：现金　　5 000.00

　贷：活期储蓄存款——王聪户　　5 000.00

5.打印、签章

若为个人结算账户开户，柜员取出存折，进行划折操作，然后根据系统提示打印存折和开立个人银行结算账户申请书，并请客户签名确认。

柜员在存折上加盖储蓄专用章（或业务公章），在开立个人银行结算账户申请书上加盖业务公章，在存款凭条上加盖业务清讫章，最后在上述所有凭证上加盖柜员名章。

6.送别客户

柜员将身份证件、存折（单）、开立个人银行结算账户申请书客户联交给客户后，送别客户。

7.后续处理

柜员整理、归档凭证，存款凭证作银行记账凭证或作当日机制凭证的附件整理存放。

学思践悟 2-2　　银行卡Ⅰ类、Ⅱ类、Ⅲ类账户的区别

自2016年12月1日起，银行卡新规开始实施，其中包含了银行卡Ⅰ类、Ⅱ类、Ⅲ类账户分类的问题，下面我们一起来了解一下。

据了解，自2016年12月1日起，银行在现有个人银行账户基础上，将个人银行账户分为Ⅰ类银行账户、Ⅱ类银行账户和Ⅲ类银行账户（以下简称Ⅰ类户、Ⅱ类户、Ⅲ类户）。银行为个人开立银行结算账户的，同一个人在同一家银行只能开立一个Ⅰ类户，已开立Ⅰ类户，再新开户的，应当开立Ⅱ类户或Ⅲ类户。Ⅱ类户和Ⅲ类户可以通过网上银行和手机银行等电子渠道申请开户。这将大大减少银行的柜面压力，促使传统银行加快转型。

Ⅱ类户满足直销银行、网上理财产品等支付需求，与Ⅰ类户最大的区别是不能存取现金、不能向非绑定账户转账，消费支付和缴费也有限额，单日最高不超过1万元，但购买理财产品的额度不限。

Ⅲ类户则主要用于快捷支付比如“闪付”“免密支付”等，仅能办理小额消费及缴费支付，不得办理其他业务，户内余额不超过1 000元。Ⅱ类户、Ⅲ类户都没有实体卡片。

Ⅰ类户要通过柜面办理，如果通过远程视频柜员机或智能柜员机等自助机开户，必须有银行工作人员现场核验开户申请人身份信息。通过电子渠道开通Ⅱ类户需要绑定一个Ⅰ类户，Ⅲ类户只要转入任意金额激活即可使用。

【实践操作】

1.实践内容

模拟银行金专支行发生下列业务：

（1）储户张玉（身份证号为3301041986060638××，地址为长春市柳影路27-186，电话138054102××）于2023年1月16日来办理活期储蓄存款开户，存入人民币4 000元。

（2）储户金倩（身份证号为3308251988080821××，地址为长春市上海路51-123，电话0431-288409××）于2023年1月21日来办理活期存款开户，存入人民币3 000元。

要求：以模拟银行金专支行柜员的身份进行相应业务的处理，包括凭证审核、业务数据录入、凭证盖章与凭证处理。

2.实践目标

掌握活期储蓄存款开户处理。

3.考核标准

能够按照业务流程正确办理活期储蓄存款开户业务，考核标准如下：

考核内容	评分标准	分值	学生得分	扣分说明
有效沟通（40分）	使用礼貌用语	10		
	给客户明确的引导	10		
	为客户推荐合适的产品	10		
	临时状况的应对	10		
业务办理（40分）	凭证审核	10		
	快速进入业务办理界面	10		
	信息录入准确	10		
	盖章准确清晰	10		

续表

考核内容	评分标准	分值	学生得分	扣分说明
操作规范（20分）	凭证管理规范	5		
	印章管理规范	5		
	现金管理规范	10		
得分合计		分		
教师评价				

活动2　个人活期储蓄存款支取

【业务引入】

2023年2月14日，储户王聪（身份证号：2201051991091114××）到模拟银行金专支行支取现金人民币3 000元。

【操作流程】

个人活期储蓄存款支取业务操作流程如图2–5所示。

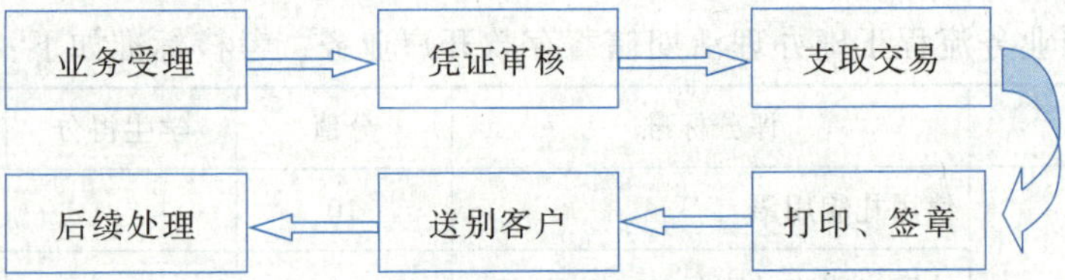

图2–5　个人活期储蓄存款支取业务操作流程

【操作步骤】

1. 业务受理

柜员聆听客户口述取款要求，接收客户的储蓄存折等。若客户取款金额超过人民币5万元（含），还应接收客户的身份证件，他人代理的还应同时接收代理人的身份证件。

2. 凭证审核

柜员与客户确认取款金额；审核客户存折的真实性和有效性；取款金额超过人民

币5万元（含）的还应审核客户身份证件，并在待打印的个人业务取款凭证上摘录证件名称、号码、发证机关等信息。

操作视频2-2
个人活期储蓄存款支取

3.支取交易

柜员输入交易码，进入个人活期储蓄存取款交易界面；根据系统提示划折后，系统自动反馈账号、户名、凭证号等信息，然后录入取款金额；待客户输入正确密码后，系统要求配款操作，然后进行电子配款和实物配款。大额（超柜员权限）或外币取款的，需经有权人卡把复点，授权办理，配款结束后柜员确认提交，如图2-6所示。

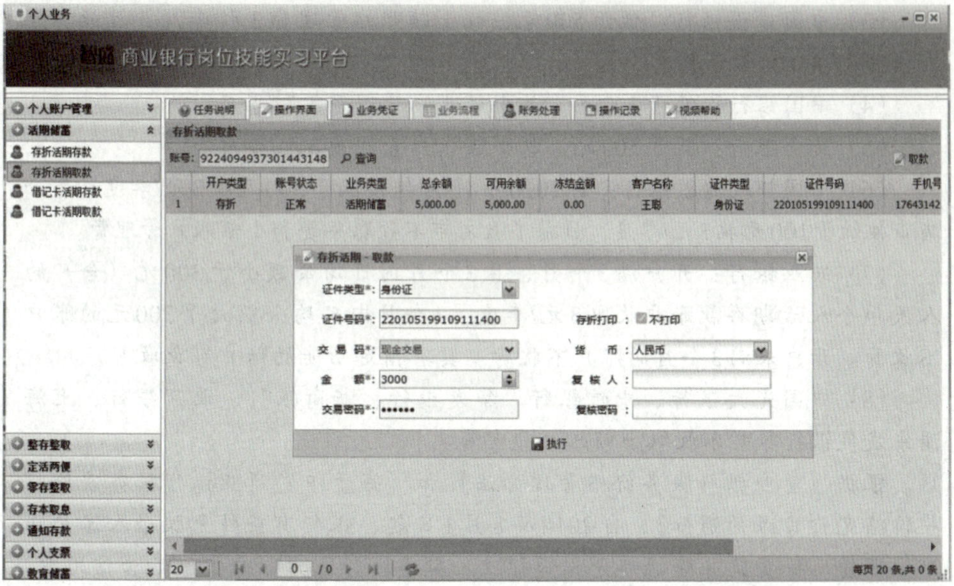

图2-6　活期储蓄存款取款操作

活期储蓄存款支取时的会计分录为：

借：活期储蓄存款——王聪户　　3 000.00

　贷：现金　　3 000.00

若为他行通存支取的，则会计分录为：

借：辖内往来　　3 000.00

　贷：现金　　3 000.00

4.打印、签章

交易成功后，柜员根据系统提示打印存折和取款凭证，核对后请客户在取款凭证上签名确认，并加盖业务清讫章和柜员名章。

5.送别客户

柜员与客户唱对金额，确认无误后，将现金和存折交客户，送别客户。

6.后续处理

柜员整理、归档凭证，取款凭证作银行记账凭证或作当日机制凭证的附件整理存放。

学思践悟 2–3　小额账户管理费

小额账户管理费是银行针对日均余额低于一定数额的账户每月收取一定数额费用的账户管理费。一般各家银行都有这个收费项目，具体数额不同。小额账户管理费的收取反映银行经营理念的转变。

以下是各主要商业银行小额账户管理费的收取标准（仅供参考）。

（1）中国工商银行：低于300元，收小额账户管理费3元/季度。

（2）中国农业银行：低于500元，收小额账户管理费3元/季度。

（3）中国建设银行：低于500元，收小额账户管理费3元/季度，且此类账户以年利率0.01%计利息。

（4）中国银行：低于300元，收小额账户管理费3元/季度。

（5）交通银行：低于500元，收小额账户管理费3元/季度。

（6）中国邮政储蓄银行：自2010年10月起按低于300元收3元/季度；部分省市按低于100元收3元/季度。目前多数省市不收取年费和小额账户管理费。

（7）兴业银行：开户满3个月，且3个月内日均余额小于300元（含）的人民币个人活期存款账户收取3元/季度，3个月内日均余额大于300元的账户不收费。开户未满3个月的账户不收费。具有指定功能的账户可免收费。

（8）中国光大银行、中信银行、华夏银行、浙商银行、北京银行、上海浦东发展银行等暂不收取小额账户管理费。

根据《商业银行服务价格管理办法》和《关于印发商业银行服务政府指导价格定价目录的通知》，自2014年8月1日起，银行有条件免收个人客户账户管理费、年费，并降低部分收费标准。对于银行客户账户中（不含信用卡）没有享受免收账户管理费（含小额账户管理费）和年费的，商业银行应根据客户申请，为其提供一个免收账户管理费（含小额账户管理费）和年费的账户（不含信用卡、贵宾账户）。这意味着每个公民在每个商业银行都可以拥有一个免费的账户。

【实践操作】

1. 实践内容

模拟银行金专支行发生下列业务：

（1）储户张玉于2月23日来支取活期储蓄存款3 000.00元。

（2）储户金倩于2月25日来支取活期储蓄存款1 500.00元。

要求：以模拟银行金专支行柜员的身份进行相应业务的处理，包括凭证审核、业务数据录入、凭证盖章与凭证处理。

2. 实践目标

掌握个人活期储蓄存款取款处理。

3. 考核标准

能够快速、规范地完成个人活期储蓄存款取款业务处理，考核标准如下：

考核内容	评分标准	分值	学生得分	扣分说明
有效沟通（20分）	使用礼貌用语	5		
	给客户明确的引导	5		
	为客户推荐合适的产品	5		
	临时状况的应对	5		
业务办理（40分）	凭证审核	10		
	快速进入业务办理界面	10		
	信息录入准确	10		
	盖章准确清晰	10		
操作规范（40分）	凭证管理规范	10		
	印章管理规范	10		
	手工点钞	10		
	现金管理规范	10		
得分合计		分		
教师评价				

活动3　个人活期储蓄存款续存

【业务引入】

2023年3月6日，储户王聪（身份证号：2201051991091114××）到模拟银行金专支行续存人民币活期存款4 000元。

【操作流程】

个人活期储蓄存款续存业务操作流程如图2-7所示。

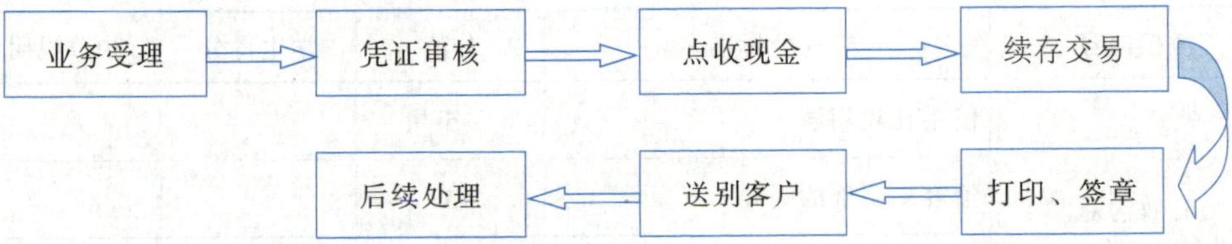

图2-7　个人活期储蓄存款续存业务操作流程

【操作步骤】

1.业务受理

柜员聆听客户口述的存款要求，接收客户的储蓄存折和现金。客户在申请办理续存时，存在有折续存和无折续存两种情况。若为有折续存，客户可免填单，只需提供存折和现金。若续存金额大于5万元（含），应提供存款人身份证件，他人代理的，还应提供代理人身份证件。若为无折续存，则客户需填写个人现金存款凭证（见表2-2），按汇款业务处理。

表2-2　现金存款凭证

年　月　日

<table>
<tr><td colspan="2">收款单位名称</td><td></td><td colspan="2">账号</td><td colspan="9"></td></tr>
<tr><td colspan="2">摘要（对账单）</td><td></td><td colspan="2">开户行</td><td colspan="9"></td></tr>
<tr><td rowspan="2">大写金额</td><td>人民币（　　）</td><td></td><td>亿</td><td>千</td><td>百</td><td>十</td><td>万</td><td>千</td><td>百</td><td>十</td><td>元</td><td>角</td><td>分</td></tr>
<tr><td>外币</td><td></td><td></td><td></td><td></td><td></td><td></td><td></td><td></td><td></td><td></td><td></td><td></td></tr>
<tr><td colspan="2">款项来源</td><td colspan="12"></td></tr>
<tr><td>银行打印栏</td><td colspan="13"></td></tr>
</table>

共三联

2.凭证审核

需提供身份证件的，柜员应审核身份证件的真实性和有效性。无折续存的，柜员应审核其填写的个人存款凭证的内容是否完整、正确。

3.点收现金

柜员先询问客户存款金额，然后在监控和客户视线内的柜台上，按照现金清点的“三先三后”程序点收现金。

4.续存交易

有折续存时，柜员输入交易码，进入活期储蓄存款续存交易界面，划折后系统自

动显示账号、户名、凭证号等信息，柜员根据系统提示录入存款金额等。无折续存时，柜员输入交易码，进入无折续存界面，柜员根据客户提交的个人存款凭证上的信息录入相关内容，经业务主管授权确认后按系统提示操作，如图2-8所示。

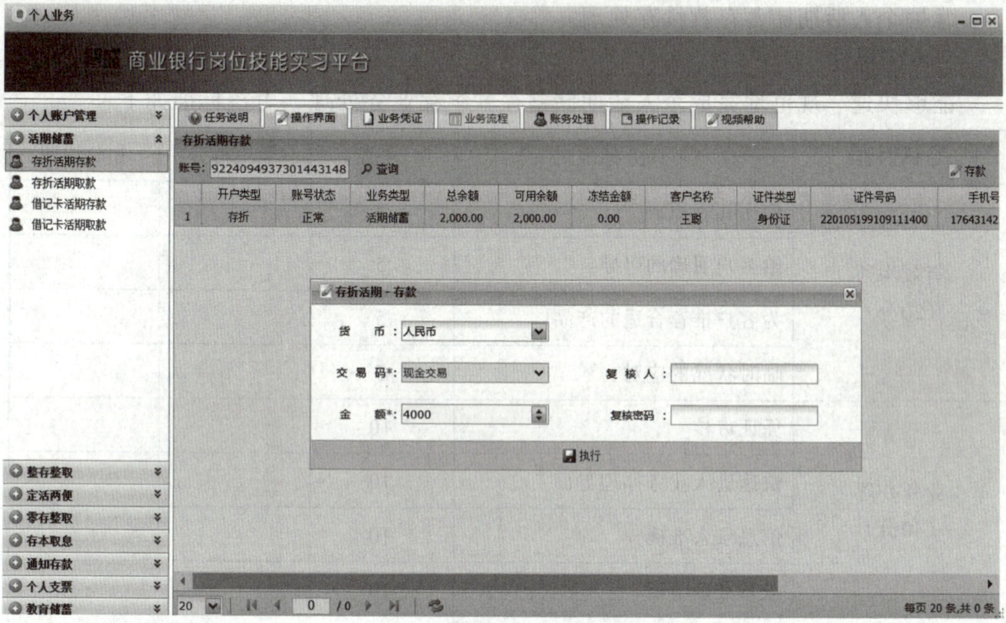

图2-8 活期储蓄存款续存操作

活期储蓄存款续存时的会计分录如下：

借：现金　　4 000.00

　贷：活期储蓄存款——王聪户　　4 000.00

若为他行通存续存的，则会计分录为：

借：现金　　4 000.00

　贷：辖内往来　　4 000.00

操作视频2-3

个人活期储蓄存款续存

5.打印、签章

续存交易成功后，若为有折续存，打印存折和存款凭证。若为无折续存，打印个人无折存款凭证，完成后，柜员进行核对，无误后请客户签名确认。

6.送别客户

柜员在存款凭条上加盖业务清讫章和柜员名章，将存折或无折存款凭证客户联交给客户，送别客户。

7.后续处理

柜员将现金放入钱箱，并将存款凭条作业务凭证整理存放。

【实践操作】

1.实践内容

模拟银行金专支行发生下列业务：

（1）储户张玉于3月11日来续存活期储蓄存款5 000.00元。

（2）储户金倩于3月29日来续存活期储蓄存款1 000.00元。

要求：以模拟银行金专支行柜员的身份进行相应业务的处理，包括凭证审核、业务数据录入、凭证盖章与凭证处理。

2.实践目标

掌握个人活期储蓄存款续存处理。

3.考核标准

能够快速、规范地完成个人活期储蓄存款续存业务处理，考核标准如下：

考核内容	评分标准	分值	学生得分	扣分说明
有效沟通（20分）	使用礼貌用语	5		
	给客户明确的引导	5		
	为客户推荐合适的产品	5		
	临时状况的应对	5		
业务办理（40分）	凭证审核	10		
	快速进入业务办理界面	10		
	信息录入准确	10		
	盖章准确清晰	10		
操作规范（40分）	凭证管理规范	10		
	印章管理规范	10		
	手工点钞	10		
	现金管理规范	10		
得分合计		分		
教师评价				

活动4　个人活期储蓄存款销户

【业务引入】

2023年3月28日，储户王聪（身份证号：2201051991091114××）到模拟银行金专支行办理活期储蓄存款账户销户。

【操作流程】

个人活期储蓄存款销户业务流程图如图2-9所示。

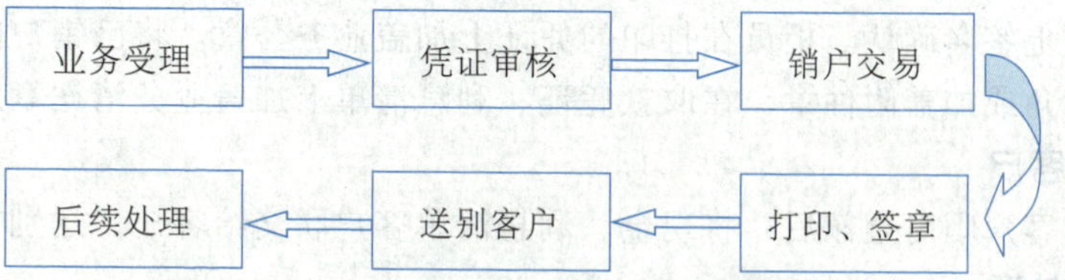

图2-9 个人活期储蓄存款销户业务流程图

【操作步骤】

1.业务受理

柜员聆听客户口述销户要求，接收客户的储蓄存款凭证。销户业务需要客户本人办理并出示有效身份证件。

2.凭证审核

柜员应审核客户是否符合销户条件，核查客户的有效身份证件。凭印鉴支取的，客户需回开户行办理。柜员应审核身份证件是否真实、有效。

3.销户交易

柜员输入交易码，进入个人活期储蓄存款销户交易界面。柜员根据系统提示划折后，界面显示账号、户名和凭证号等信息，柜员录入取款金额进行配款操作。完成后，经业务主管授权确认提交，如图2-10所示。

操作视频2-4

个人活期储蓄存款销户

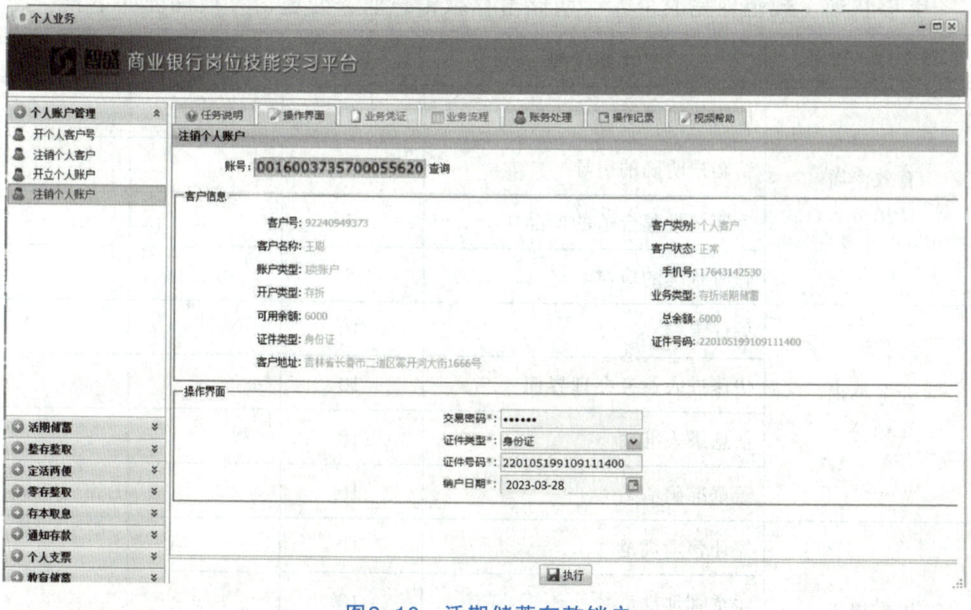

图2-10 活期储蓄存款销户

活期储蓄存款销户时的会计分录为：

借：活期储蓄存款——王聪户　　6 003.35

　　利息支出——活期储蓄存款利息支出　　0.41

　贷：现金　　6 003.76

4. 打印、签章

根据系统提示打印存折，取款凭证，储蓄存款利息清单等。核对无误后，客户须在取款凭证上签名确认。柜员在打印的凭证上加盖业务公章。将已销户的存折加盖销户戳记后剪角或加盖附件章，在取款凭证、利息清单上加盖业务清讫章及柜员名章。

5. 送别客户

柜员与客户唱对金额后，将现金、利息清单客户联交给客户，送别客户。

6. 后续处理

柜员将办理业务的相关凭证整理存放。

【实践操作】

1. 实践内容

模拟银行金专支行发生下列业务：

（1）储户张玉于3月25日来办理活期储蓄账户销户。

（2）储户金倩于4月7日来办理活期储蓄账户销户。

要求：以模拟银行金专支行柜员的身份进行相应业务的处理，包括凭证审核、业务数据录入、凭证盖章与凭证处理。

2. 实践目标

掌握个人活期储蓄存款销户处理。

3. 考核标准

能够快速、规范地完成个人活期储蓄存款销户业务处理，考核标准如下：

考核内容	评分标准	分值	学生得分	扣分说明
有效沟通（20分）	使用礼貌用语	5		
	给客户明确的引导	5		
	为客户推荐合适的产品	5		
	临时状况的应对	5		
业务办理（40分）	凭证审核	10		
	快速进入业务办理界面	10		
	信息录入准确	10		
	盖章准确清晰	10		
操作规范（40分）	凭证管理规范	10		
	印章管理规范	10		
	手工点钞	10		
	现金管理规范	10		
得分合计		分		

续表

教师评价

活动5　个人活期储蓄存款利息计算

【业务引入】

储户王聪于2023年1月2日开立活期储蓄存款存折户，2023年3月28日，储户办理销户，银行柜员计算账页利息。

【操作流程】

个人活期储蓄存款利息计算业务操作流程如图2-11所示。

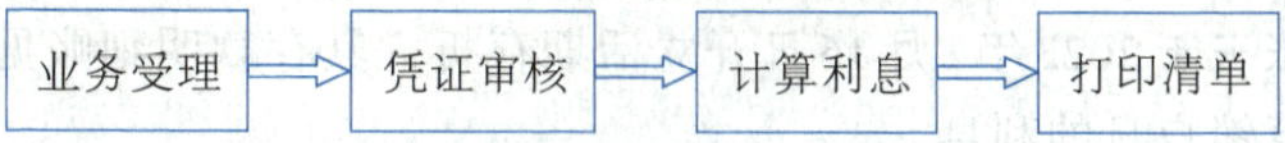

图2-11　个人活期储蓄存款利息计算业务操作流程

【操作步骤】

1.业务受理

柜员聆听客户口述销户要求，接收客户的储蓄存款凭证。销户业务需要客户本人办理并出示有效身份证件。

2.凭证审核

柜员应审核客户是否符合销户条件，核查客户的有效身份证件。凭印鉴支取的，客户需回开户行办理。柜员应审核身份证件是否真实、有效。

3.计算利息

柜员根据储户存取情况分阶段计算天数、累计计息积数，并计算利息。

4.打印清单

根据系统提示打印储蓄存款利息清单，加盖业务清讫章及柜员名章。

储户王聪的活期储蓄存款明细账见表2-3。

表 2-3　王聪活期储蓄存款明细账

日期	摘要	存入	支取	存款余额	计息期	天数	积数
2023.01.02	开户	5 000.00		5 000.00	2023.01.02-2023.02.14	43	43×5 000=215 000
2023.02.14	支取		3 000.00	2 000.00	2023.02.14-2023.03.06	20	20×2 000=40 000
2023.03.06	续存	4 000.00		6 000.00	2023.03.06-2023.03.21	15	15×6 000=90 000
2023.03.21	结息	3.35		6 003.35	2023.03.21-2023.03.28	7	7×6 003=42 021
2023.03.28	销户		6 003.76				

微课 2-4

利息计算的基本规定

利息计算如下：

2023 年 3 月 20 日为结息日。

结息日利息=（215 000+40 000+90 000）×0.35%÷360=3.35（元）

2023 年 3 月 28 日为销户日。

销户日利息=42 021×0.35%÷360=0.41（元）

实付本息和=6 003.35+0.41=6 003.76（元）

【实践操作】

1.实践内容

模拟银行金专支行当日发生下列业务：

（1）储户张玉于 2023 年 1 月 16 日开立活期存折，其存款明细账见表 2-4，填写完整表格，并计算销户日的利息。

表 2-4　张玉活期储蓄存款明细账

日期	摘要	存入	支取	存款余额	计息期	天数	积数
2023.01.16	开户	4 000.00					
2023.02.23	支取		3 000.00				
2023.03.11	续存	5 000.00					
2023.03.21	结息						
2023.03.25	销户						

（2）储户金倩于2023年1月21日开立活期存折，其存款明细账见表2-5，填写完整表格，并计算销户日的利息。

表2-5　金倩活期储蓄存款明细账

日期	摘要	存入	支取	存款余额	计息期	天数	积数
2023.01.21	开户	3 000.00					
2023.02.25	支取		1 500.00				
2023.03.21	结息						
2023.03.29	续存	1 000.00					
2023.04.07	销户						

要求：以模拟银行金专支行柜员的身份进行相应的利息计算。

2.实践目标

掌握活期储蓄存款计息处理。

3.考核标准

（1）活期储蓄存款账页登记准确率达100%。

（2）活期储蓄存款利息计算准确率达100%。

任务二　定期储蓄存款业务处理

【基本知识】

1.定期储蓄存款的概念及分类

定期储蓄存款是储户在存款时约定存期，一次或按期分次存入本金，整笔或分期、分次支取本金或利息的一类储蓄，它包括整存整取定期储蓄存款、零存整取定期储蓄存款、存本取息定期储蓄存款、整存零取定期储蓄存款、教育储蓄存款等。

整存整取定期储蓄存款是储户开户时一次性存入本金，约定存期，到期一次支取本息的一种储蓄形式。开户时50元起存，多存不限。存款期限分为3个月、6个月、1年、2年、3年和5年六个档次，存期越长，利率越高。存入时由储蓄机构发给存单，到期储户凭存单一次性支取本息。开户时为了安全起见，可预留印鉴或密码，凭印鉴或密码支取。存款未到期，如果储户急需用款，可凭存单和储户身份证件办理提前支取。

储蓄存款自动转存是指客户开户时约定在存款到期日由银行自动将客户未支取的整存整取定期储蓄存款本金连同税后利息，按到期日当日利率自动转存为同种类、同期限的定期储蓄存款的一种服务方式。

2.整存整取定期储蓄存款利息计算规定

（1）整存整取定期储蓄存款利息的计算公式如下：

利息=本金×存期×利率

（2）存期的规定。计算整存整取定期储蓄存款的存期时，整年或整月可按对年对

月对日计，也可按实际天数计，不足月的零头天数按实际天数计；算头不算尾，存入日起息，支取的前一日止息，支取日不计息。

（3）利率的规定。根据不同的取款方式，按下列规定的利率办理计息。

整存整取定期储蓄存款到期支取，在存期内按开户日挂牌公告的相应档次的整存整取定期储蓄存款利率计付利息，利随本清，遇到利率调整不分段计息。

整存整取定期储蓄存款全部提前支取，均按支取日挂牌公告的活期储蓄存款利率计付利息。部分提前支取的，支取部分按支取日挂牌公告的活期储蓄存款利率计付利息。

整存整取定期储蓄存款逾期支取，逾期部分的利息按支取日挂牌公告的活期储蓄存款利率计算。

（4）整存整取定期储蓄存款约定或自动转存的，区分不同的取款方式，按上述规定的利率计息，利息计入本金生息。

活动1　整存整取定期储蓄存款开户

【业务引入】

2022年9月26日，储户王聪到模拟银行金专支行开立一份整存整取定期储蓄存单，存入人民币现金20 000元，约定存期1年。

【操作流程】

整存整取定期储蓄存款开户业务流程图如图2-12所示。

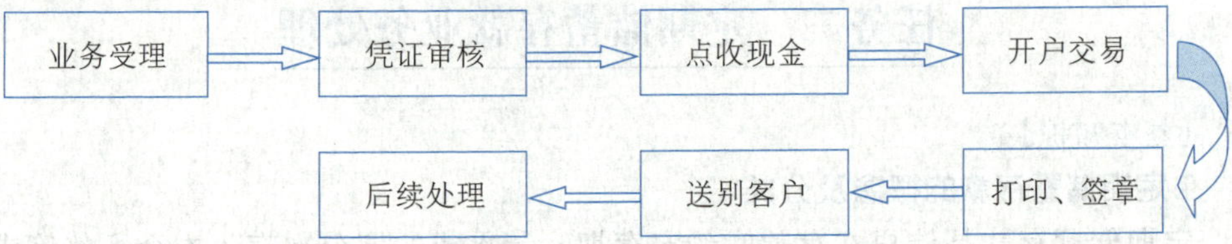

图2-12　整存整取定期储蓄存款开户业务流程图

【操作步骤】

1.业务受理

柜员仔细聆听客户的开户要求（即开立何种存款账户和存入现金的数量），接收客户的有效身份证件和现金。

2.凭证审核

柜员审核客户身份证件是否有效，并确定是否为本人。

3.点收现金

柜员收到客户递交的现金后，先询问客户存款金额，然后应在监控下和客户视线内的柜台上清点。具体过程及要求与活期储蓄存款业务操作相同。

操作视频2-5

整存整取定期储蓄存款开户

4.开户交易

柜员输入开户交易代码，进入整存整取定期储蓄存款开户交易界面，根据系统提示输入储户姓名、证件类型、证件号码、电话号码、邮政编码及地址。需凭密码支取的，请客户设置密码（一般要求输入两遍），确认无误后提交，如图2-13所示。

整存整取定期储蓄存款开户时的会计分录为：

借：现金 20 000.00

　贷：整存整取定期储蓄存款——王聪户 20 000.00

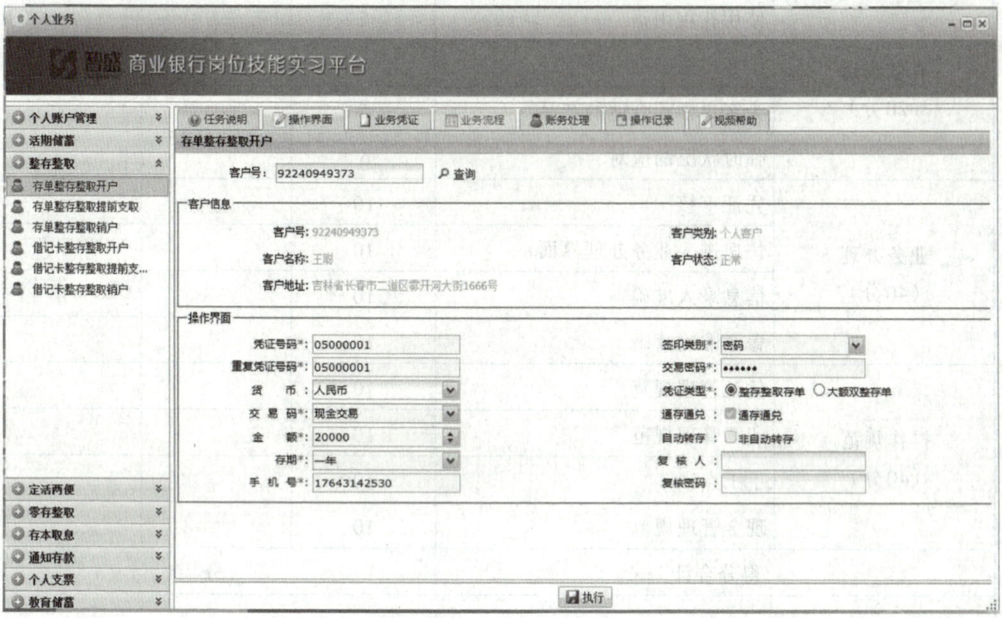

图2-13 整存整取定期储蓄存款开户操作

5.打印、签章

柜员根据系统提示打印存款凭条以及储蓄存单，并请客户在存款凭条上签名确认。然后柜员在存单上加盖储蓄专用章和柜员名章，在存款凭条上加盖业务清讫章和柜员名章。

6.送别客户

柜员将身份证件、存单交给客户后，送别客户。

7.后续处理

柜员将现金放入钱箱，并将存款凭条作当日业务凭证整理存放。

【实践操作】

1.实践内容

模拟银行金专支行发生下列业务：

储户张玉（身份证号为330104198606063８××，地址为长春市柳影路27-186，电话138054102××）于2022年9月23日存入一笔整存整取定期储蓄存款30 000元，约定存期1年。

要求：以模拟银行金专支行柜员的身份进行相应业务的处理，包括凭证审核、业务录入、凭证盖章与凭证处理。

2.实践目标

掌握个人整存整取定期储蓄存款开户处理。

3.考核标准

能够快速、规范地完成个人整存整取定期储蓄存款开户业务处理，考核标准

如下：

考核内容	评分标准	分值	学生得分	扣分说明
有效沟通（20分）	使用礼貌用语	5		
	给客户明确的引导	5		
	为客户推荐合适的产品	5		
	临时状况的应对	5		
业务办理（40分）	凭证审核	10		
	快速进入业务办理界面	10		
	信息录入准确	10		
	盖章准确清晰	10		
操作规范（40分）	凭证管理规范	10		
	印章管理规范	10		
	手工点钞	10		
	现金管理规范	10		
得分合计		分		
教师评价				

活动2　整存整取定期储蓄存款部分提前支取

【业务引入】

2023年3月26日，储户王聪到模拟银行金专支行办理整存整取定期储蓄存款部分提前支取，金额为人民币5 000元。

【操作流程】

整存整取定期储蓄存款部分提前支取业务操作流程如图2-14所示。

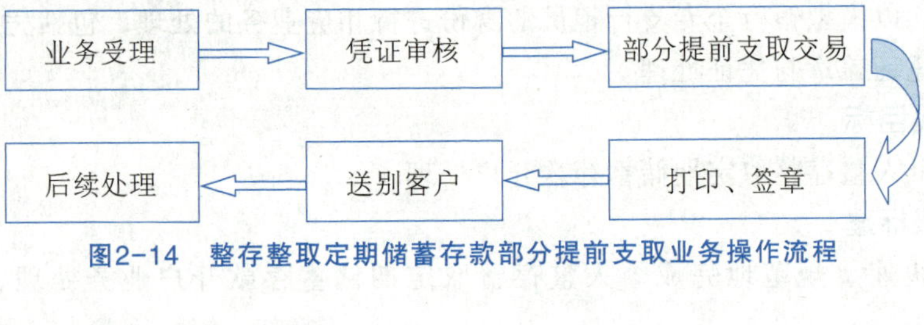

图2-14　整存整取定期储蓄存款部分提前支取业务操作流程

【操作步骤】

1.业务受理

柜员聆听客户口述取款要求，接收客户的储蓄存单和客户的身份证件。

2.凭证审核

柜员审核客户存折（单）是否为本行签发，是否挂失，身份证件是否合法、有效，审核无误后确认客户部分提前支取金额。然后在待打印的取款凭证上或存单背面摘录证件名称、号码、发证机关等信息。

3.部分提前支取交易

柜员输入交易码，进入整存整取定期储蓄存款部分提前支取交易界面。手工录入账户、原凭证号、本金、部分提前支取金额、证件类型、证件号码和新凭证号，超限额取款需经业务主管授权。待客户输入密码无误后，系统要求配款操作，配款结束后柜员确认提交，如图2-15所示。

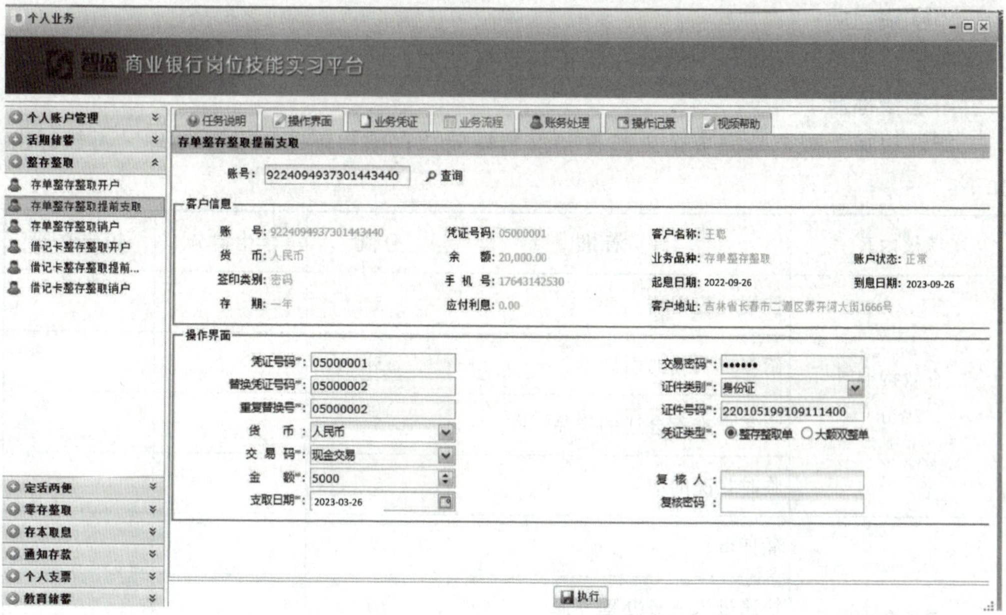

图2-15 整存整取定期储蓄存款部分提前支取操作

整存整取定期储蓄存款部分提前支取时的会计分录为：

借：整存整取定期储蓄存款——王聪户 5 000.00

贷：现金 5 000.00

4.打印、签章

柜员根据系统提示依次打印旧存单、储蓄存款利息清单，存款凭证和新存单，核对后请客户在存款凭证上签名确认，然后柜员在旧存单上加盖业务清讫章和结清章，在储蓄存款利息清单、旧存单上加盖业务清讫章，在新存单上加盖储蓄专用章（或业务公章），并在上述所有凭证上加盖柜员名章。

操作视频2-6

整存整取定期储蓄存款部分提前支取

5.送别客户

柜员与客户唱对金额后，将现金、身份证件、新存单和利息清单客户联交给客户，送别客户。

6.后续处理

柜员将旧存单、利息清单记账联和存款凭证作银行记账凭证整理存放。

【实践操作】

1.实践内容

模拟银行金专支行发生下列业务：

储户张玉于2022年9月23日存入的30 000元1年期整存整取定期储蓄存款，2023年3月30日部分提前支取5 000元。

要求：以模拟银行金专支行柜员的身份进行相应业务的处理，包括凭证审核、业务录入、凭证盖章与凭证处理。

2.实践目标

掌握个人整存整取定期储蓄存款提前支取处理。

3.考核标准

能够快速、规范地完成个人整存整取定期储蓄存款提前支取业务处理，考核标准如下：

考核内容	评分标准	分值	学生得分	扣分说明
有效沟通（20分）	使用礼貌用语	5		
	给客户明确的引导	5		
	为客户推荐合适的产品	5		
	临时状况的应对	5		
业务办理（40分）	凭证审核	10		
	快速进入业务办理界面	10		
	信息录入准确	10		
	盖章准确清晰	10		
操作规范（40分）	凭证管理规范	10		
	印章管理规范	10		
	手工点钞	10		
	现金管理规范	10		
得分合计		分		

续表

教师评价

活动3　整存整取定期储蓄存款销户

【业务引入】

2023年9月26日，储户王聪到模拟银行金专支行要求银行柜员为其整存整取定期储蓄存款账户销户。

【操作流程】

整存整取定期储蓄存款销户业务操作流程如图2-16所示。

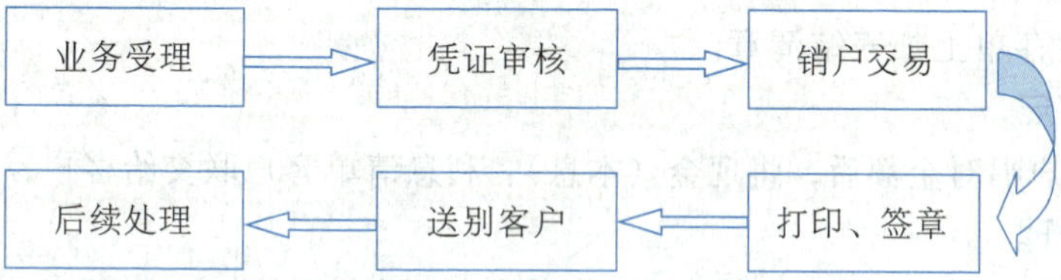

图2-16　整存整取定期储蓄存款销户业务操作流程

【操作步骤】

1.业务受理

柜员聆听客户口述取款要求，接收客户的储蓄存单等。若客户提前支取或销户，还应接收客户的身份证件。

2.凭证审核

柜员审核客户存单是否为本行签发并已到期，审核该账户是否挂失、止付等。需提供身份证件的，应审核身份证件是否真实、有效，在待打印的取款凭证或存单背面摘录其身份证件名称、号码、发证机关等信息。

3.销户交易

柜员输入交易码，进入整存整取定期储蓄存款销户交易界面，手工录入账号、凭证号、证件类型、证件号码和取款金额，系统要求配款操作，完成后授权提交，如图2-17所示。

操作视频2-7

整存整取定期储蓄存款销户

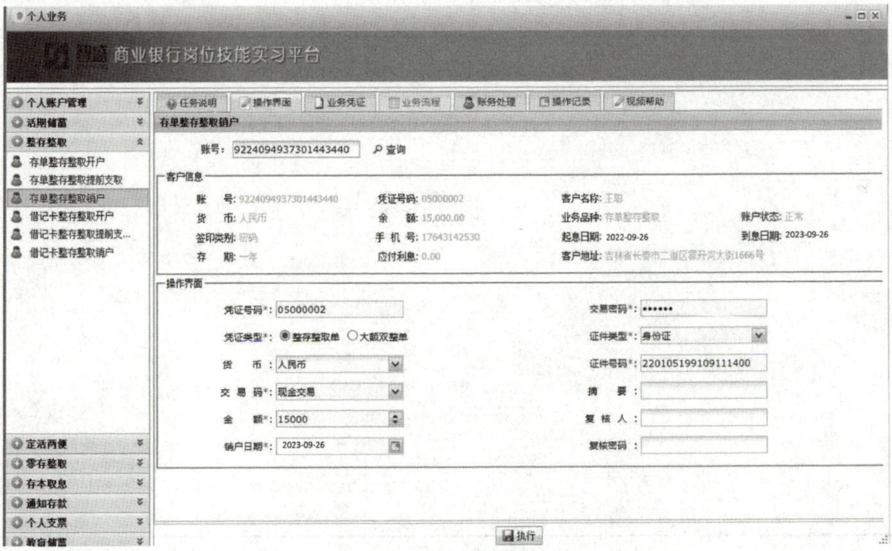

图2-17　整存整取定期储蓄存款销户交易

整存整取定期储蓄存款销户时的会计分录为：

借：整存整取定期储蓄存款——王聪户　　15 000.00

　　利息支出——定期储蓄存款利息支出　　301.30

　贷：现金　　15 301.30

4.打印、签章

柜员根据系统提示依次打印存单和储蓄存款利息清单，加盖业务清讫章和柜员名章，并在储蓄存单上加盖结清章。

5.送别客户

柜员与客户唱对金额后，将现金（本息）、利息清单客户联交给客户，送别客户。

6.后续处理

柜员将储蓄存单、利息清单记账联作业务凭证整理存放。

【实践操作】

1.实践内容

模拟银行金专支行发生下列业务：

储户张玉于2022年9月23日存入的30 000元1年期整存整取定期储蓄存款，2023年3月30日部分提前支取5 000元后，于2023年9月23日销户。

要求：以模拟银行金专支行柜员的身份进行相应业务的处理，包括凭证审核、业务录入、凭证盖章与凭证处理。

2.实践目标

掌握个人整存整取定期储蓄存款销户业务处理。

3.考核标准

能够快速、规范地完成个人整存整取定期储蓄存款销户业务处理，考核标准如下：

考核内容	评分标准	分值	学生得分	扣分说明
有效沟通（20分）	使用礼貌用语	5		
	给客户明确的引导	5		
	为客户推荐合适的产品	5		
	临时状况的应对	5		
业务办理（40分）	凭证审核	10		
	快速进入业务办理界面	10		
	信息录入准确	10		
	盖章准确清晰	10		
操作规范（40分）	凭证管理规范	10		
	印章管理规范	10		
	手工点钞	10		
	现金管理规范	10		
	得分合计		分	
教师评价				

活动4　整存整取定期储蓄存款利息计算

【业务引入】

储户王聪于2022年9月26日存入20 000元1年期整存整取定期储蓄存款，年利率为1.95%，于2023年3月26日提前支取5 000元（支取日挂牌公告的活期储蓄存款利率为0.35%），其余存至到期日，银行柜员分别计算部分提前支取和销户时的利息。

【操作流程】

整存整取定期储蓄存款利息计算业务操作流程如图2-18所示。

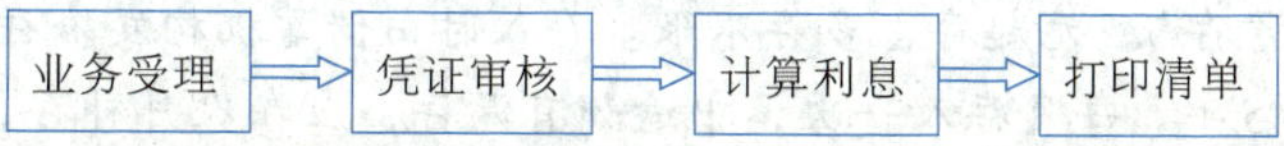

图2-18　整存整取定期储蓄存款利息计算业务操作流程

【操作步骤】

1.业务受理

柜员聆听客户口述销户要求，接收客户的储蓄存款凭证。销户业务需要客户本人办理并出示有效身份证件。

2.凭证审核

柜员应审核客户是否符合销户条件，核查客户的有效身份证件。凭印鉴支取的，客户需回开户行办理。柜员应审核身份证件是否真实、有效。

3.计算利息

柜员根据储户不同的取款方式，按规定的利率办理计息。

（1）提前支取5 000元本金的利息计算为：

利息=5 000×181×0.35%÷360=8.80（元）

（2）到期支取15 000元本金的利息计算为：

利息=15 000×1×1.95%=292.50（元）

或 =15 000×365×1.95%÷360=296.56（元）

4.打印清单

根据系统提示打印储蓄存款利息清单，加盖业务清讫章及柜员名章。

【实践操作】

1.实践内容

模拟银行金专支行发生下列业务：

（1）储户田宇于2023年2月10日存入3 000元整存整取定期储蓄存款，存期6个月，年利率为1.35%。储户田宇于到期日销户。

要求：以模拟银行金专支行柜员的身份分别计算销户时的利息。

（2）储户张玉于2022年9月23日存入一笔整存整取定期储蓄存款30 000元，约定存期1年，2023年3月30日部分提前支取5 000元后，2023年9月23日销户。

要求：以模拟银行金专支行柜员的身份分别计算2023年3月30日部分提前支取5 000元本金和2023年9月23日销户时的利息。

2.实践目标

掌握整存整取定期储蓄存款利息计算处理。

3.考核标准

整存整取定期储蓄存款利息计算准确率达100%。

学思践悟 2-4　几种常见的储蓄存款

1.零存整取定期储蓄存款

零存整取定期储蓄存款是储户开户时约定存期，在存期内分次存入本金，到期一次支取本息的一种定期储蓄存款。它具有计划性、约束性和积累性等特点。该储蓄存款5元起存，多存不限。存入时由储蓄机构发给存折。存期分1年、3年和5年。每月存入一次，中途如有漏存，应在次月补存，未补存者，视同违约；对违约后存入的部分，支取时按活期储蓄存款利息计算。零存整取定期储蓄存款可以办理全部提前支取，但不办理部分提前支取。零存整取定期储蓄存款业务只限于人民币存款。

（1）零存整取定期储蓄存款利息计算相关规定：

①存期内按存入日（开户日）利率计息；

②存期内遇利率调整不分段计算；

③提前支取应按支取日挂牌公告的活期储蓄存款利率计息；

④逾期支取的逾期部分按支取日挂牌公告的活期储蓄存款利率计息。

（2）采用固定基数计息法或月积数计息法计息。

①固定基数计息法，适用于储户每月存入固定存款金额的零存整取定期储蓄存款到期支取的利息计算。

其计算公式为：

利息=每月固定存款额×固定基数×月利率

1年期固定基数=12×（12+1）÷2=78

3年期固定基数=36×（36+1）÷2=666

5年期固定基数=60×（60+1）÷2=1 830

②月积数计息法，适用于零存整取定期储蓄存款中途有漏存的到期或提前支取的利息计算。其计算公式为：

利息=累计月积数和×月利率

2.教育储蓄存款

教育储蓄存款是为鼓励城乡居民以储蓄方式为其子女接受非义务教育积蓄资金，促进教育事业发展而开办的储蓄存款。

教育储蓄存款的对象为在校小学四年级（含四年级）以上学生，存期分为1年、3年和6年三个档次，起存金额50元，本金合计最高限额为2万元，开户时客户须与银行约定每次固定存入的金额，分次存入，中途如有漏存，应在次月补存，未补存者按零存整取定期储蓄存款的有关规定办理。

按照国家相关政策规定，客户凭学校出具的正在接受非义务教育学生的身份证明一次支取本金和利息时，可以享受利率优惠，即1年期、3年期的教育储蓄按开户日同期同档次整存整取定期储蓄存款利率计息；6年期按开户日5年期整存整取定期储蓄存款利率计息。教育储蓄在存期内如遇利率调整，仍按开户日利率计息，并免征储蓄利息所得税。若客户不能提供证明，存款不享受利率优惠，按正常个人零存整取定期储蓄存款业务办理，并应按有关规定征收储蓄存款个人利息所得税。

教育储蓄存款与零存整取定期储蓄存款的区别见表2-6。

3.存本取息定期储蓄存款

存本取息定期储蓄存款是指储户一次存入本金，客户在约定存期内分次支取利息到期一次性支取本金和最后一次利息的一种定期储蓄存款。一般5 000元起存，多存不限；存期分为1年、3年和5年三个档次。支取利息的时间可以1个月一次、1个季度一次或半年一次，由储户与储蓄机构协商确定。分期支取利息时，必须在约定的取息日支取，不得提前预支利息。如到期未取息，以后可以随时支取，但不计复利。存本取息定期储蓄存款可以全部提前支取，但不能办理部分提前支取。提前支取时，已分期支付给储户的利息应从计算的应付利息中扣回，如应付利息不足，不足部分从本金中扣回。

表 2-6　**教育储蓄存款与零存整取定期储蓄存款的区别**

区别点	教育储蓄存款	零存整取定期储蓄存款
对象	小学四年级（含四年级）以上学生	所有居民
起存金额	50元	5元
本金	本金合计最高限额为2万元	多存不限
存期	1年、3年和6年	1年、3年和5年
利率	执行开户日同档次的整存整取定期储蓄存款利率，6年期的按开户日5年期整存整取定期储蓄存款利率计息	执行开户日同档次的零存整取定期储蓄存款利率
利息税	免征利息所得税	按有关规定征收存款利息所得税
到期免税证明	正在接受非义务教育的学生身份证明	无

4. 整存零取定期储蓄存款

整存零取定期储蓄存款是指储户一次性存入本金，在约定存期内分次支取本金，到期一次性支取利息和最后一次本金的一种定期储蓄存款。起存金额为1 000元人民币，多存不限，存期分为1年、3年、5年三个档次。支取本金的时间可以1个月一次、1个季度一次或半年一次，由储户与储蓄机构协商确定。

5. 大额存单

为规范大额存单业务发展，拓宽存款类金融机构负债产品市场化定价范围，有序推进利率市场化改革，2015年6月，中国人民银行出台了《大额存单管理暂行办法》。本办法规定：大额存单发行采用电子化的方式，大额存单可以在发行人的营业网点、电子银行、第三方平台以及经中国人民银行认可的其他渠道发行。大额存单采用标准期限的产品形式。个人投资人认购大额存单起点金额不低于30万元，机构投资人认购大额存单起点金额不低于1 000万元。大额存单发行利率以市场化方式确定，固定利率存单采用票面年化收益率的形式计息，浮动利率存单以上海银行间同业拆借利率（Shibor）为浮动利率基准计息。大额存单自认购之日起计息，付息方式分为到期一次还本付息和定期付息、到期还本。

大额存单的特点包括：

（1）可转让，流动性很强。它可以在二级市场上转让，比较稳定。

（2）利率较高，一般比定期存款利息高，比同期银行理财要低。

（3）可贷款抵押，这一点银行理财等无法比拟。

（4）可作出国保证金。大额存单还可作为出国保证金开立存款证明，常出国的朋友很需要。

（5）大额存单的期限也是固定的，包括1个月、3个月、6个月、9个月、1年、18个月、2年、3年和5年共9个品种。

任务三 定活两便储蓄存款业务处理

【基本知识】

1.定活两便储蓄存款的概念

定活两便储蓄存款是指本金整笔一次存入，不确定存期，随时可以支取的一种储蓄形式。定活两便储蓄存款50元起存，多存不限。它适用于存款金额大、存期不定的储户存储。

微课2-5

定活两便储蓄存款规定

2.定活两便储蓄存款的利息计算

定活两便储蓄存款存期不满3个月的，按支取日挂牌公告的活期储蓄存款利率计付利息；存期满3个月而不满6个月的，按支取日挂牌公告的3个月整存整取定期储蓄存款利率打6折计付利息；存期满6个月而不满1年的，按支取日挂牌公告的6个月整存整取定期储蓄存款利率打6折计付利息；存期在1年以上（含1年）的，无论存期有多长，一律按支取日挂牌公告的1年期整存整取定期储蓄存款利率打6折计付利息；当支取日挂牌公告的相应档次整存整取定期储蓄存款利率打6折后的利率小于支取日挂牌公告的活期储蓄存款利率时，按支取日挂牌公告的活期储蓄存款利率计付利息。

活动1 定活两便储蓄存款开户

【业务引入】

2023年1月3日，储户王聪到模拟银行金专支行开户存入一笔定活两便储蓄存款，存入人民币20 000元。

【操作流程】

定活两便储蓄存款开户业务操作流程如图2-19所示。

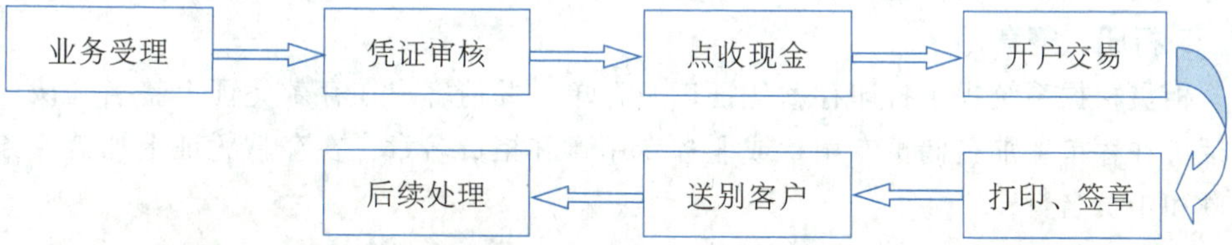

图2-19 定活两便储蓄存款开户业务操作流程

【操作步骤】

1.业务受理

柜员仔细聆听客户的开户要求（即开立何种存款账户和存入现金的数量），接收客户的有效身份证件和现金。

2.凭证审核

柜员审核客户身份证件是否有效，并确定是否为本人。

3.点收现金

柜员收到客户递交的现金后，先询问客户存款金额，然后应在监控下和客户视线

内的柜台上清点。清点的具体过程及要求同前述。

4.开户交易

柜员输入开户交易代码，进入定活两便储蓄存款开户交易界面，根据系统提示输入储户姓名、证件类型、证件号码、电话号码、邮政编码及地址。需凭密码支取的，请客户设置密码（一般要求输入两遍），确认无误后提交，如图2-20所示。

操作视频 2-8
定活两便储蓄存款开户

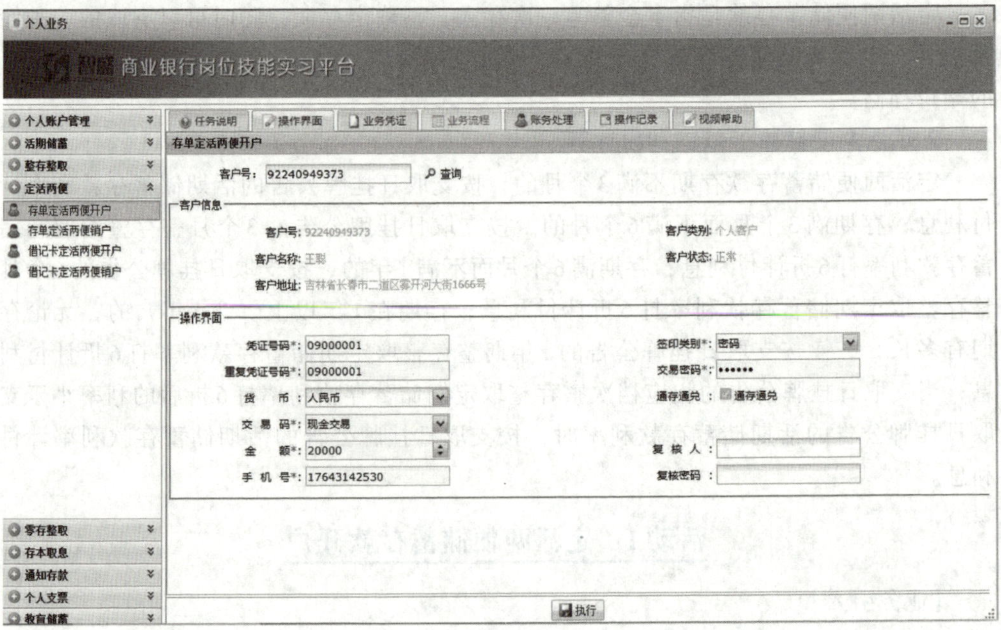

图2-20　定活两便储蓄存款开户操作

定活两便储蓄存款开户时的会计分录为：

借：现金　　20 000.00

　贷：定活两便储蓄存款——王聪户　　20 000.00

5.打印、签章

柜员根据系统提示打印存款凭证以及存单，并请客户在存款凭证上签名确认。然后柜员在存单上加盖储蓄专用章或业务专用章和柜员名章，在存款凭证上加盖业务清讫章和柜员名章。

6.送别客户

柜员将身份证件、存单交给客户后与之道别。

7.后续处理

柜员将现金放入钱箱，并将存款凭证作业务凭证整理存放。

【实践操作】

1.实践内容

模拟银行金专支行当日发生下列业务：

（1）储户张玉于上一年11月8日开户并存入一笔定活两便储蓄存款30 000元。

（2）储户金倩于当年1月15日开户并存入一笔定活两便储蓄存款15 000元。

要求：以模拟银行金专支行柜员的身份进行相应业务处理。

2.实践目标

掌握定活两便储蓄存款开户业务处理。

3.考核标准

能够快速、规范地完成定活两便储蓄存款开户业务处理，考核标准如下：

考核内容	评分标准	分值	学生得分	扣分说明
有效沟通（20分）	使用礼貌用语	5		
	给客户明确的引导	5		
	为客户推荐合适的产品	5		
	临时状况的应对	5		
业务办理（40分）	凭证审核	10		
	快速进入业务办理界面	10		
	信息录入准确	10		
	盖章准确清晰	10		
操作规范（40分）	凭证管理规范	10		
	印章管理规范	10		
	手工点钞	10		
	现金管理规范	10		
得分合计		分		
教师评价				

活动2　定活两便储蓄存款销户

【业务引入】

2023年4月8日，储户王聪到模拟银行金专支行支取其2023年1月3日存入的20 000元定活两便储蓄存款。

【操作流程】

定活两便储蓄存款销户业务操作流程如图2-21所示。

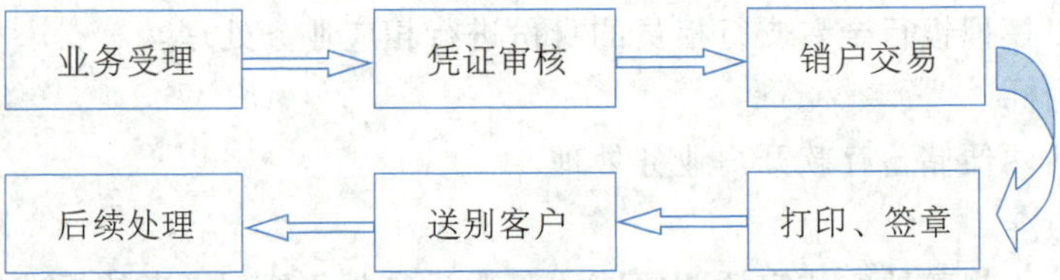

图2-21　定活两便储蓄存款销户业务操作流程

【操作步骤】

1. 业务受理

柜员聆听客户口述取款要求，接收客户的储蓄存单和客户的身份证件。

2. 凭证审核

柜员审核客户存单是否为本行签发，审核该账户是否挂失、止付等，审核身份证件是否真实、有效，在待打印的取款凭证或存单背面摘录其身份证件名称、号码、发证机关等信息。

3. 销户交易

柜员输入交易码，进入定活两便储蓄存款销户交易界面，手工录入账号、凭证号、证件类型、证件号码和取款金额，系统要求配款操作，完成后授权提交，如图2-22所示。

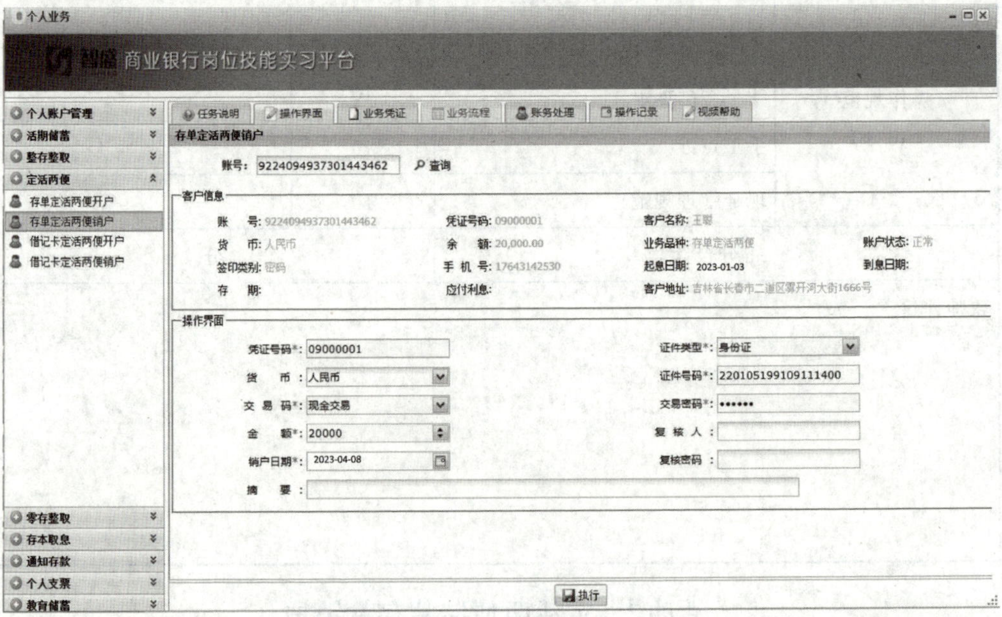

图2-22　定活两便储蓄存款销户交易

定活两便储蓄存款销户时的会计分录为：

借：定活两便储蓄存款——王聪户　　20 000.00

　　利息支出——定期储蓄利息支出　　42.75

　贷：现金　　20 042.75

4. 打印、签章

柜员根据系统提示依次打印存单和储蓄存款利息清单，并加盖业务清讫章，在存单上加盖结清章，在上述所有凭证上加盖柜员名章。

5. 送别客户

柜员与客户唱对金额后，将现金（本息）、利息清单客户联交给客户，与客户道别。

操作视频 2-9 定活两便储蓄存款销户

6. 后续处理

柜员将有关凭证按规定存放，结束该笔交易。

【实践操作】

1. 实践内容

模拟银行金专支行当日发生下列业务：

（1）储户张玉 3 月 25 日支取他于上一年 11 月 8 日存入的 30 000 元定活两便储蓄存款。

（2）储户金倩 3 月 9 日支取他于当年 1 月 15 日存入的 15 000 元定活两便储蓄存款。

要求：以模拟银行金专支行柜员的身份进行相应业务处理。

2. 实践目标

掌握定活两便储蓄存款销户业务处理。

3. 考核标准

能够快速、规范地完成定活两便储蓄存款销户业务处理，考核标准如下：

考核内容	评分标准	分值	学生得分	扣分说明
有效沟通（20分）	使用礼貌用语	5		
	给客户明确的引导	5		
	为客户推荐合适的产品	5		
	临时状况的应对	5		
业务办理（40分）	凭证审核	10		
	快速进入业务办理界面	10		
	信息录入准确	10		
	盖章准确清晰	10		
操作规范（40分）	凭证管理规范	10		
	印章管理规范	10		
	手工点钞	10		
	现金管理规范	10		
得分合计		分		

续表

教师评价

活动3　定活两便储蓄存款利息计算

【业务引入】

2023年4月8日，模拟银行金专支行柜员计算储户王聪定活两便储蓄存款利息。

【操作流程】

定活两便储蓄存款利息计算业务操作流程如图2-23所示。

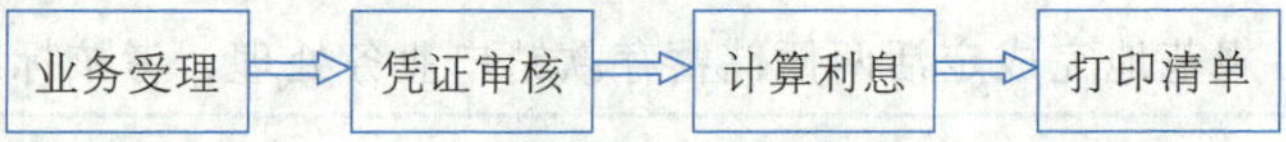

图2-23　定活两便储蓄存款利息计算业务操作流程

【操作步骤】

微课2-6 定活两便储蓄存款销户及利息计算

1.业务受理

柜员聆听客户口述销户要求，接收客户的储蓄存款凭证。销户业务需要客户本人办理并出示有效身份证件。

2.凭证审核

柜员应审核客户是否符合销户条件，核查客户的有效身份证件。凭印鉴支取的，客户需回开户行办理。柜员应审核身份证件是否真实、有效。

3.计算利息

柜员根据储户不同的取款方式，按规定的利率办理计息。

该笔存款实际存期为95天，超过3个月但不到6个月，故应按支取日整存整取定期储蓄存款3个月利率（年利率1.35%）打6折计算利息。其利息计算为：

利息=20 000×95×1.35%×60%÷360=42.75（元）

4.打印清单

根据系统提示打印储蓄存款利息清单，加盖业务清讫章及柜员名章。

【实践操作】

1.实践内容

模拟银行金专支行当日发生下列业务：

（1）储户张玉于上一年11月8日存入一笔定活两便储蓄存款30 000元，3月25日支取，请计算销户时的利息。

（2）储户金倩于当年1月15日存入一笔定活两便储蓄存款15 000元，3月9日支取，请计算销户时的利息。

（3）储户田宇于2023年3月6日存入一笔定活两便储蓄存款25 000元，于2023年3月26日支取，请计算其销户时的利息。

2. 实践目标

掌握定活两便储蓄存款计息处理。

3. 考核标准

定活两便储蓄存款计息处理准确率达100%。

任务四　个人通知存款业务处理

【基本知识】

1. 个人通知存款的概念及分类

个人通知存款是指储户在存入款项时不约定存期，支取时须提前通知银行，约定支取存款日期和金额方能支取存款的一种储蓄形式。个人通知存款最低起存金额为5万元，最低支取金额也为5万元。通知存款不论实际存期多长，按存款人提前通知的期限可划分为一天通知存款和七天通知存款两种。一次性存入，可以一次或分次支取，银行按支取日挂牌公告的相应利率水平和实际存期计息，利随本清。

2. 个人通知存款的利息计算

个人通知存款的利息按支取日挂牌公告的相应档次利率、支取金额、实存期限计算，利随本清。对已办理通知手续而不支取或在通知期限内取消通知的，通知期限内不计息，即实际存期需剔除通知期限，七天通知存款存期剔除7天，一天通知存款存期剔除1天。

下列情况，按活期储蓄存款利率计息：

（1）实际存期不足通知期限的，按活期储蓄存款利率计息；

（2）未提前通知而支取存款的，支取部分按活期储蓄存款利率计息；

（3）已办理通知手续而提前支取或逾期支取的，支取部分按活期储蓄存款利率计息；

（4）支取金额不足或超过约定金额的，不足或超过部分按活期储蓄存款利率计息；

（5）支取金额不足最低支取金额的，按活期储蓄存款利率计息。

微课2-7

个人通知存款基本规定及利息计算

活动1　个人通知存款开户

【业务引入】

2023年3月10日，储户王聪到模拟银行金专支行开立个人通知存款账户，存入人民币120 000元，约定办理七天通知存款。

【操作流程】

个人通知存款开户业务操作流程如图2-24所示。

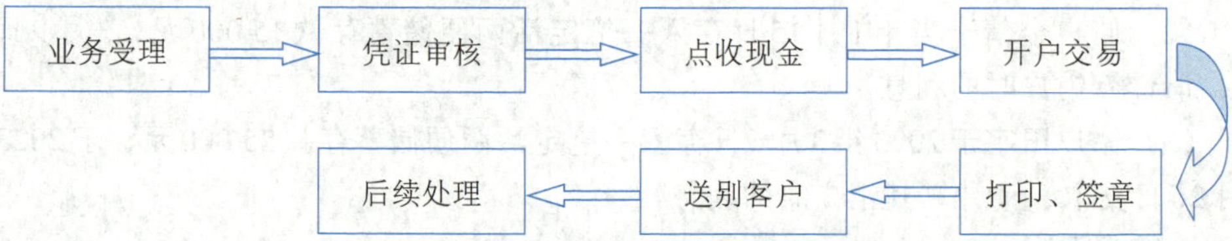

图2-24 个人通知存款开户业务操作流程

【操作步骤】

1. 业务受理

柜员仔细聆听客户的开户要求（即开立何种存款账户和存入现金的数量），接收客户的有效身份证件和现金。

2. 凭证审核

柜员审核客户身份证件是否有效，并确定是否为本人。

3. 点收现金

操作视频2-10

个人通知存款开户

柜员收到客户递交的现金后，先询问客户存款金额，然后应在监控下和客户视线内的柜台上清点。

4. 开户交易

柜员输入开户交易代码，进入个人通知存款开户界面，根据系统提示输入储户姓名、证件类型、证件号码、电话号码、地址及存款金额等。需凭密码支取的，请客户设置密码（一般要求输入两遍），确认无误后提交，如图2-25所示。

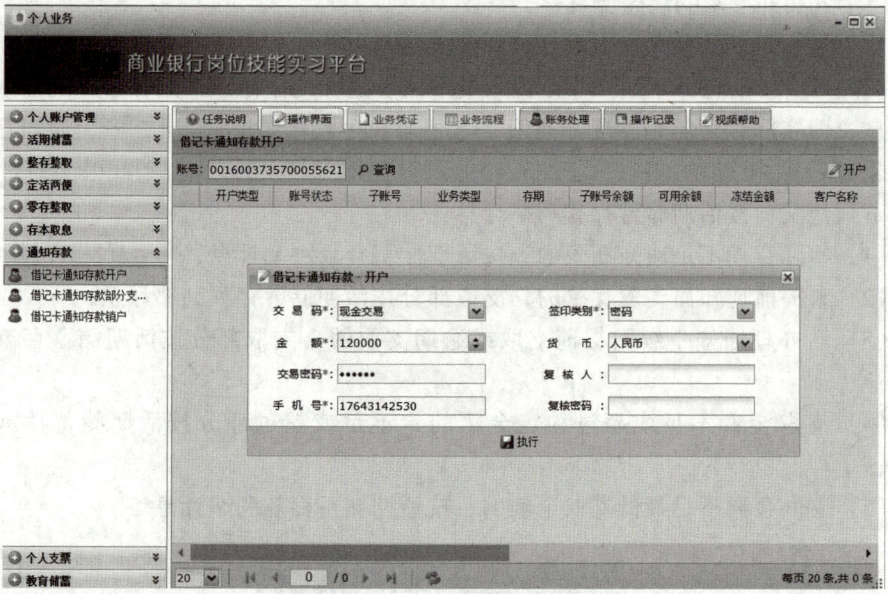

图2-25 个人通知存款开户操作

个人通知存款开户时的会计分录为：

借：现金　　　　120 000.00

贷：个人通知存款——王聪户　120 000.00

5.打印、签章

柜员根据系统提示打印存折（或存单）和存款凭证，并请客户在存款凭证上签名确认。然后，柜员在存折上加盖储蓄专用章或业务专用章和柜员名章，在存款凭证上加盖业务清讫章和柜员名章。

6.送别客户

柜员将身份证件、存折（单）交给客户后与之道别。

7.后续处理

柜员将现金放入钱箱，并将存款凭证作业务凭证整理存放。

【实践操作】

1.实践内容

模拟银行金专支行当日发生下列业务：

（1）储户张玉于当年2月12日存入一笔个人通知存款100 000元，约定办理七天通知存款。

（2）储户金倩于当年3月2日存入一笔个人通知存款150 000元，约定办理一天通知存款。

要求：以模拟银行金专支行柜员的身份进行相应业务处理。

2.实践目标

掌握个人通知存款开户业务处理。

3.考核标准

能够快速、规范地完成个人通知存款开户业务处理，考核标准如下：

考核内容	评分标准	分值	学生得分	扣分说明
有效沟通（20分）	使用礼貌用语	5		
	给客户明确的引导	5		
	为客户推荐合适的产品	5		
	临时状况的应对	5		
业务办理（40分）	凭证审核	10		
	快速进入业务办理界面	10		
	信息录入准确	10		
	盖章准确清晰	10		
操作规范（40分）	凭证管理规范	10		
	印章管理规范	10		
	手工点钞	10		
	现金管理规范	10		
得分合计		分		

续表

教师评价

活动2　个人通知存款支取

【业务引入】

2023年3月15日，储户王聪到模拟银行金专支行办理通知手续，将于3月22日支取通知存款50 000元；2023年3月22日，储户王聪到模拟银行金专支行支取50 000元通知存款。

【操作流程】

个人通知存款支取业务操作流程如图2-26所示。

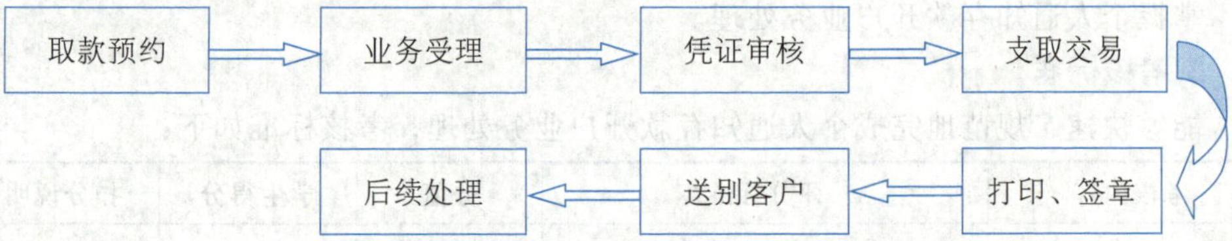

图2-26　个人通知存款支取业务操作流程

【操作步骤】

1.取款预约

个人通知存款取款前1天或前7天，柜员根据客户的申请进行取款预约登记，填制个人通知存款预约/取消通知单。

2.业务受理

客户办理取款手续时，柜员聆听客户口述取款要求，接收客户的储蓄存单和客户的身份证件，他人代理的还应接收代理人的身份证件。

3.凭证审核

柜员确认客户取款数额，审核客户存单的真实性和有效性，审核是否按约定取款，审核客户身份证件，并在待打印的储蓄存单上摘录证件名称、号码、发证机关等信息。

4.支取交易

柜员输入交易码，进入个人通知存款取款交易界面后根据系统提示操作，如图2-27所示。

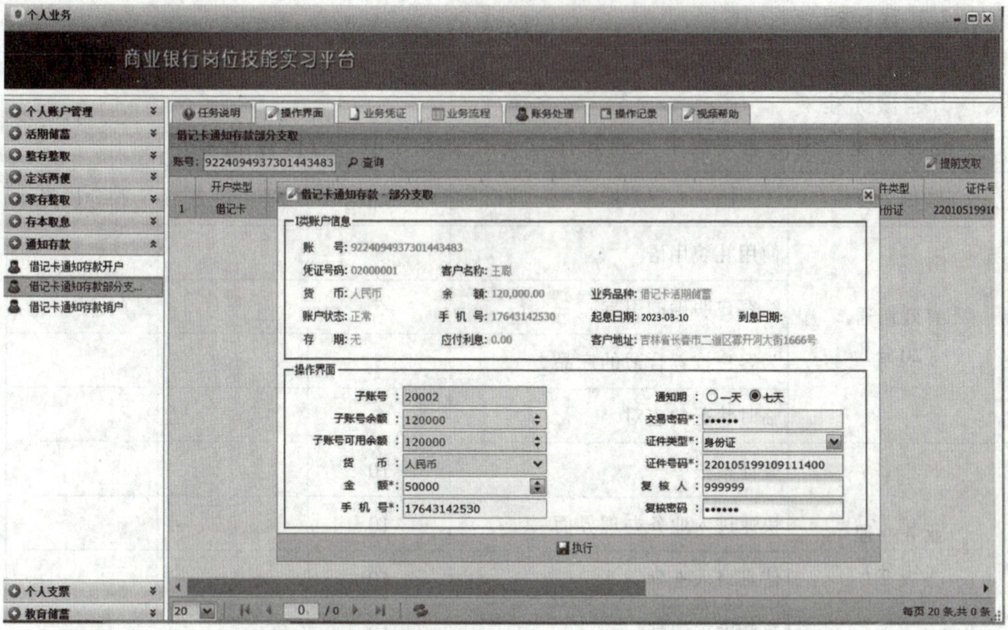

图2-27 个人通知存款支取操作

5. 打印、签章

交易成功后，柜员根据系统提示打印旧存单、支取部分的储蓄存款利息清单、存款凭证和新存单，核对后请客户在存款凭证上签名确认。然后，柜员在旧存单上加盖业务清讫章和结清章，在储蓄存款利息清单和存款凭证上加盖业务清讫章，在新存单上加盖储蓄专用章或业务专用章，并在上述所有凭证上加盖柜员名章。

操作视频2-11 个人通知存款支取

个人通知存款支取时的会计分录为：

借：个人通知存款——王聪户　　50 000.00
　　利息支出——个人通知存款利息支出　　18.33
　贷：现金　　50 018.33

6. 送别客户

柜员将现金、新存单及身份证件交给客户，并请客户核对，无误后送别客户。

7. 后续处理

柜员将有关凭证按规定整理存放，结束交易。

【实践操作】

1. 实践内容

模拟银行金专支行当日发生下列业务：

（1）储户张玉于当年2月12日存入七天通知存款100 000元后，2月18日通知银行要取款50 000元，并于2月25日到银行支取50 000元。

（2）储户金倩于当年3月2日存入一天通知存款150 000元后，3月19日通知银行要取款90 000元，并于3月20日到银行取款90 000元。

要求：以模拟银行金专支行柜员的身份进行相应业务处理。

2. 实践目标

掌握个人通知存款支取业务处理。

3. 考核标准

能够快速、规范地完成个人通知存款支取业务处理，考核标准如下：

考核内容	评分标准	分值	学生得分	扣分说明
有效沟通（20分）	使用礼貌用语	5		
	给客户明确的引导	5		
	为客户推荐合适的产品	5		
	临时状况的应对	5		
业务办理（40分）	凭证审核	10		
	快速进入业务办理界面	10		
	信息录入准确	10		
	盖章准确清晰	10		
操作规范（40分）	凭证管理规范	10		
	印章管理规范	10		
	手工点钞	10		
	现金管理规范	10		
得分合计		分		
教师评价				

活动3　个人通知存款销户

【业务引入】

2023年3月30日，储户王聪到模拟银行金专支行办理通知手续，将于4月6日支取通知存款70 000元；2023年4月6日，储户王聪到模拟银行金专支行支取70 000元通知存款。

【操作流程】

个人通知存款销户业务操作流程如图2-28所示。

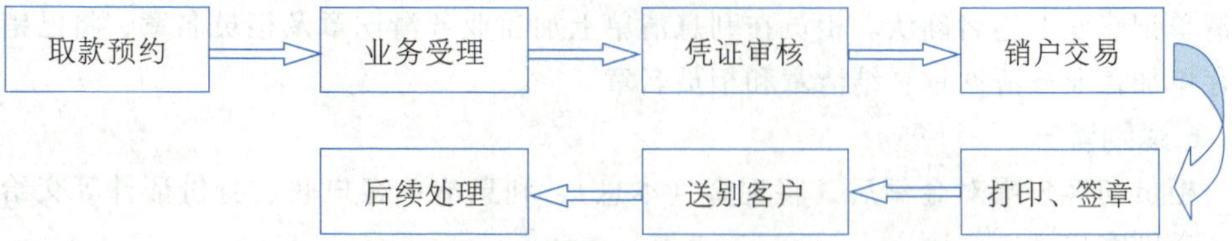

图2-28 个人通知存款销户业务操作流程

【操作步骤】

1.取款预约

个人通知存款取款前1天或前7天，柜员根据客户的申请进行取款预约登记，填制个人通知存款预约/取消通知单。

2.业务受理

柜员聆听客户口述取款要求，接收客户的储蓄存单和客户的身份证件，他人代理的还应接收代理人的身份证件。

3.凭证审核

柜员审核客户存单的真实性和有效性，审核是否按约定取款；审核客户身份证件，并在待打印的储蓄存单上摘录证件名称、号码、发证机关等信息。

4.销户交易

柜员输入交易码，进入个人通知存款销户交易界面。柜员根据系统提示操作，如图2-29所示。

个人通知存款销户时的会计分录为：

借：个人通知存款——王聪户　　70 000.00

　　存款利息支出——个人通知存款利息支出　　70.88

　贷：现金　　70 070.88

操作视频2-12
个人通知存款销户

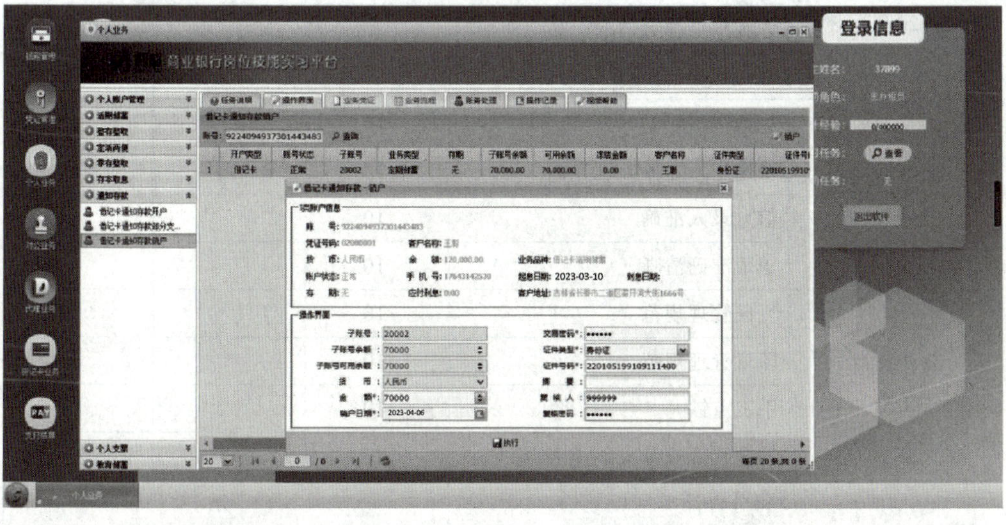

图2-29 个人通知存款销户操作

5.打印、签章

柜员根据系统提示依次打印存单、储蓄存款利息清单。核对无误后，请客户在利息清单记账联上签名确认。柜员在利息清单上加盖业务清讫章及柜员名章，将已销户的存单加盖业务清讫章、结清章和柜员名章。

6.送别客户

柜员与客户唱对金额后，将现金（本息）、利息清单客户联、身份证件等交给客户，送别客户。

7.后续处理

柜员将相关凭证按规定整理存放，结束该笔交易。

【实践操作】

1.实践内容

模拟银行金专支行当日发生下列业务：

（1）储户张玉于2月12日存入七天通知存款100 000元，3月3日通知银行将支取100 000元，并于3月10日到银行销户。

（2）储户金倩于3月2日存入一天通知存款150 000元，继3月20日按通知到银行取款90 000元后，3月25日又通知银行将支取剩下的60 000元，并于3月26日到银行销户。

要求：以模拟银行金专支行柜员的身份进行相应业务处理。

2.实践目标

掌握个人通知存款销户业务处理。

3.考核标准

能够快速、规范地完成个人通知存款销户业务处理，考核标准如下：

考核内容	评分标准	分值	学生得分	扣分说明
有效沟通（20分）	使用礼貌用语	5		
	给客户明确的引导	5		
	为客户推荐合适的产品	5		
	临时状况的应对	5		
业务办理（40分）	凭证审核	10		
	快速进入业务办理界面	10		
	信息录入准确	10		
	盖章准确清晰	10		
操作规范（40分）	凭证管理规范	10		
	印章管理规范	10		
	手工点钞	10		
	现金管理规范	10		
得分合计		分		

续表

教师评价

活动4 个人通知存款利息计算

【业务引入】

储户王聪于2023年3月10日存入个人通知存款120 000元，约定办理七天通知存款，该储户于2023年3月15日约定取款50 000元，并于2023年3月22日支取50 000元；于2023年3月30日约定取款70 000元，并于2023年4月6日支取70 000元，柜员计算其3月22日以及4月6日支取时的利息。

【操作流程】

个人通知存款利息计算业务操作流程如图2-30所示。

业务受理 ⇒ 凭证审核 ⇒ 计算利息 ⇒ 打印清单

图2-30 个人通知存款利息计算业务操作流程

【操作步骤】

1.业务受理

柜员聆听客户口述销户要求，接收客户的储蓄存款凭证。销户业务需要客户本人办理并出示有效身份证件。

2.凭证审核

柜员应审核客户是否符合销户条件，核查客户的有效身份证件。凭印鉴支取的，客户需回开户行办理。柜员应审核身份证件是否真实、有效。

3.计算利息

柜员根据储户不同的取款方式，按规定的利率办理计息。

（1）2023年3月10日至2023年3月22日，计息期是12天。

利息=50 000×12×1.35%÷360=22.50（元）

（2）2023年3月10日至2023年4月6日，计息期是27天。

利息=70 000×27×1.35%÷360=70.88（元）

4.打印清单

根据系统提示打印储蓄存款利息清单，加盖业务清讫章及柜员名章。

学思践悟 2-5　　个人理财小诀窍

1.活期储蓄存款是居民储蓄存款中最基本和最重要的一种形式，适用于居民小额的随存随取的生活零用节余存款。

2.整存整取定期储蓄存款适用于居民手中长期不用的节余款项的存储，存期越长，利率越高。

3.零存整取定期储蓄存款，适用于每月有固定收入的居民生活节余款项存储，是积累财富的阶梯，家庭理财的好帮手。

4.定活两便储蓄存款适应于居民整笔待用款项的存储，利率根据实际存期而定，如果实际存期高于3个月，利率比活期储蓄存款高，可以根据储户需要随时支取，存期灵活，用款方便。

5.教育储蓄具有储户特定、存期灵活、总额控制、利率优惠、利息免税的特点，适用于城乡居民为其子女接受非义务教育（指九年义务教育之外的全日制高中、大中专、大学本科、硕士和博士研究生）而积蓄资金的存储。

6.个人通知存款的起存金额为5万元，存期很短也可得较高利率，适合短期大额流动资金的存储。

【实践操作】

1.实践内容

模拟银行金专支行当日发生下列业务：

（1）储户张玉于2月12日存入一笔七天通知存款100 000元，3月3日通知银行将支取100 000元，并于3月10日到银行销户。请计算3月10日支取时的利息。

（2）储户金倩于3月2日存入一笔一天通知存款150 000元，3月19日通知银行要取款90 000元，3月20日到银行取款90 000元；3月25日又通知银行将支取剩下的60 000元，并于3月26日到银行销户。请分别计算3月20日和3月26日支取时的利息。

2.实践目标

掌握个人通知存款计息处理。

3.考核标准

个人通知存款计息处理准确率达100%。

任务五　特殊业务处理

【基本知识】

1.存单（折）挂失

（1）储户遗失存单、存折、预留印鉴的印章、账户的密码、个人支票等均可到原储蓄机构书面申请挂失。不记名式的存单、存折，银行不受理挂失。正式挂失一般须到原开户网点办理。

（2）储户办理挂失时，必须持本人身份证件，并提供姓名、存款时间、种类金额、账号及住址等有关信息。

（3）银行根据储户提供的资料，确认存款未被支取和未被冻结止付后，方可受理申请。银行在受理挂失申请（包括临时挂失和正式挂失）前账户内的储蓄存款已被他人支取的，储蓄机构不负赔偿责任。

（4）对挂失金额较大的（按地区经济发展程度的不同，由各省银行自定金额限度），要影印其身份证件作附件备查。

（5）储户在特殊情况下，以口头、电话、电报、信函等方式申请的挂失，均视为口头挂失，储户必须在办理口头挂失后的5天之内，到原开户行办理正式挂失手续，否则挂失将失效，口头挂失不收手续费。

2.补发存折或取现

（1）储户7天后（由于各家银行内控制度规定不一，解挂的时间也不尽相同，办理具体业务时从其规定）持挂失申请书的客户联来银行办理补领新存单（折）或支取存款等手续，必须由原存款人办理，他人不得代办。

（2）储户办理储蓄存款挂失后，在挂失期限之内找到了原存单（折）的可以要求撤销挂失，撤销挂失需要由储户本人持有效身份证件连同原挂失申请书的客户联，到原挂失的网点办理。撤销挂失后，已收的挂失手续费不退还储户。

3.假币收缴

（1）由发现假币的金融机构两名（含）以上持有反假货币上岗资格证书的业务人员当面予以收缴。

（2）对假人民币纸币，应当面加盖“假币”字样的戳记。

（3）对假外币纸币及各种假硬币，应当面以统一格式的专用袋加封，封口处加盖“假币”字样戳记，并在专用袋上标明币种、券别、面额、张（枚）数、冠字号码、收缴人、复核人名章等细项。

（4）告知持有人如对收缴的货币真伪有异议，可向中国人民银行当地分支机构或中国人民银行授权的当地鉴定机构申请鉴定。

（5）收缴的假币，不得再交与持有人。

（6）《中华人民共和国人民币管理条例》规定，单位、个人持有伪造、变造人民币的，应当及时上缴中国人民银行、公安机关或者办理人民币存取款业务的金融机构；发现他人持有伪造、变造人民币的，应当立即向公安机关报告。

（7）中国人民银行及中国人民银行授权的国有商业银行业务机构应当无偿提供鉴定人民币真伪的服务。

活动1　储蓄存款挂失

【业务引入】

2023年3月20日，储户王聪到模拟银行金专支行申请其活期存折（账号为001030000002××，开户日期为2023年1月2日）挂失。

【操作流程】

储蓄存款挂失业务操作流程如图2-31所示。

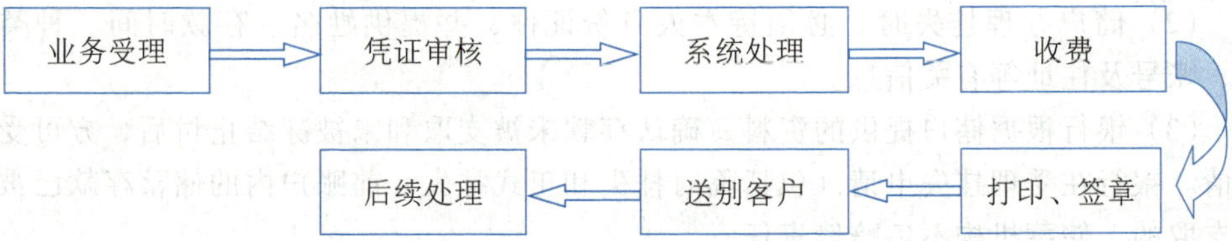

图2-31 储蓄存款挂失业务操作流程

【操作步骤】

1.业务受理

柜员受理客户正式挂失申请或口头挂失申请。若为正式挂失，柜员接收客户的身份证件，并请客户填写一式三联的挂失申请书；若为口头挂失（客户可通过电话、网上银行或到营业网点来办理），柜员填写挂失止付单。

2.凭证审核

柜员根据储户提供的有关资料，认真核对储户的身份证件及账户的各项内容，审核挂失申请书上的内容填写是否完整、准确；在确认存款确未被支取的情况下，先冻结账户，再办理其他挂失手续。

3.系统处理

柜员输入交易码，进入存折（单）、密码挂失界面，录入挂失账户信息，经主管柜员审核并授权后确认提交，如图2-32所示。

操作视频2-13

储蓄存款挂失

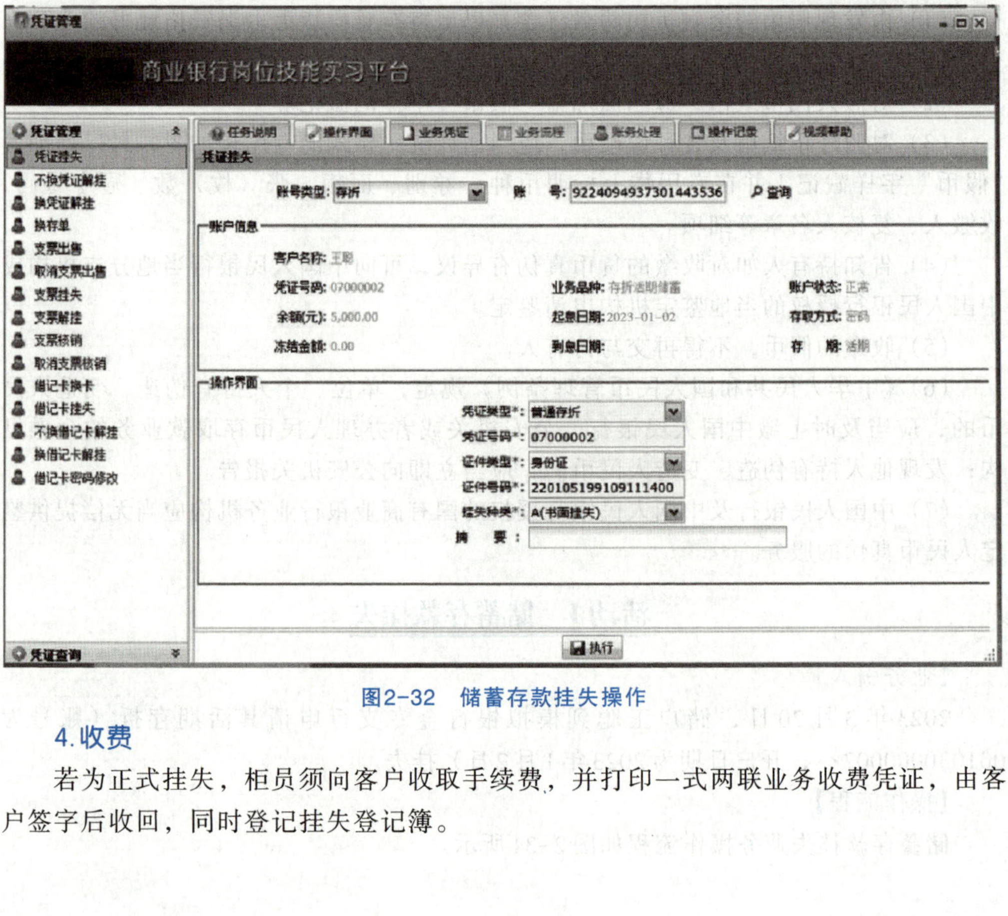

图2-32 储蓄存款挂失操作

4.收费

若为正式挂失，柜员须向客户收取手续费，并打印一式两联业务收费凭证，由客户签字后收回，同时登记挂失登记簿。

挂失收费业务的会计分录为：

借：现金 10.00

贷：手续费收入——挂失手续费收入 10.00

5.打印、签章

柜员完成系统操作后，打印挂失申请书。若为口头挂失，打印特殊业务凭证后请客户签名，并加盖授权人和柜员名章。

6.送别客户

柜员将加盖了业务公章和柜员名章的挂失申请书客户联，收费凭证回单联及客户身份证件交客户，与客户道别。若为口头挂失，应明确告知客户必须在5日（异地为15天）内持本人身份证件到原开户网点办理正式挂失手续。

7.后续处理

柜员将客户身份证件复印件和挂失申请书银行留存联专夹保管，业务收费凭证记账联按规定整理存放。

微课2-8 储蓄存款挂失业务

【实践操作】

1.实践内容

模拟银行金专支行当日发生下列业务：

储户张玉（身份证号为3301041986060638××，地址为长春市柳影路27-186，电话138054102××）于3月10日持本人身份证来申请其活期存折（账号：1202300168866××，金额：2 192元，开户日期为当年1月8日）挂失。

要求：以模拟银行金专支行柜员的身份进行相应业务处理。

2.实践目标

掌握存折挂失业务处理。

3.考核标准

能够快速、规范地完成存折挂失业务处理，考核标准如下：

考核内容	评分标准	分值	学生得分	扣分说明
有效沟通（20分）	使用礼貌用语	5		
	给客户明确的引导	5		
	为客户推荐合适的产品	5		
	临时状况的应对	5		
业务办理（40分）	凭证审核	10		
	快速进入业务办理界面	10		
	信息录入准确	10		
	盖章准确清晰	10		

续表

考核内容	评分标准	分值	学生得分	扣分说明
操作规范（40分）	凭证管理规范	10		
	印章管理规范	10		
	手工点钞	10		
	现金管理规范	10		
得分合计		分		
教师评价				

活动2　储蓄存款解挂

【业务引入】

2023年3月27日，储户王聪持挂失申请书客户联来模拟银行金专支行申请其挂失的活期存折（账号为001030000002××，开户日期为2023年1月2日）解挂。

【操作流程】

储蓄存款解挂业务操作流程如图2-33所示。

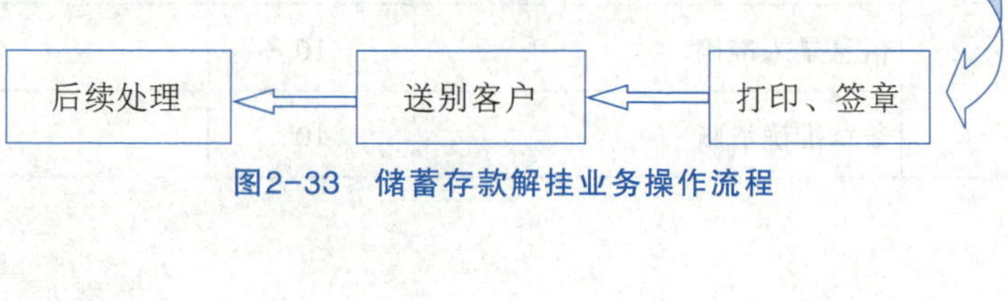

图2-33　储蓄存款解挂业务操作流程

【操作步骤】

1.业务受理

柜员接收客户的身份证件、储蓄挂失申请书客户联。若客户已找回挂失的存折（单），则还需接收存折（单）。

2.凭证审核

柜员根据储户提供的有关资料，确认挂失时限已过、储户为客户本人后，按挂失申请书编号从专夹中抽出申请书银行留存联，会同主管柜员进行核对。

3.系统处理

柜员输入解挂交易码，进入储蓄存折（单）解挂界面，录入账户信息、证件类型、证件号码等，经主管柜员审核并授权后确认提交，如图2-34所示。

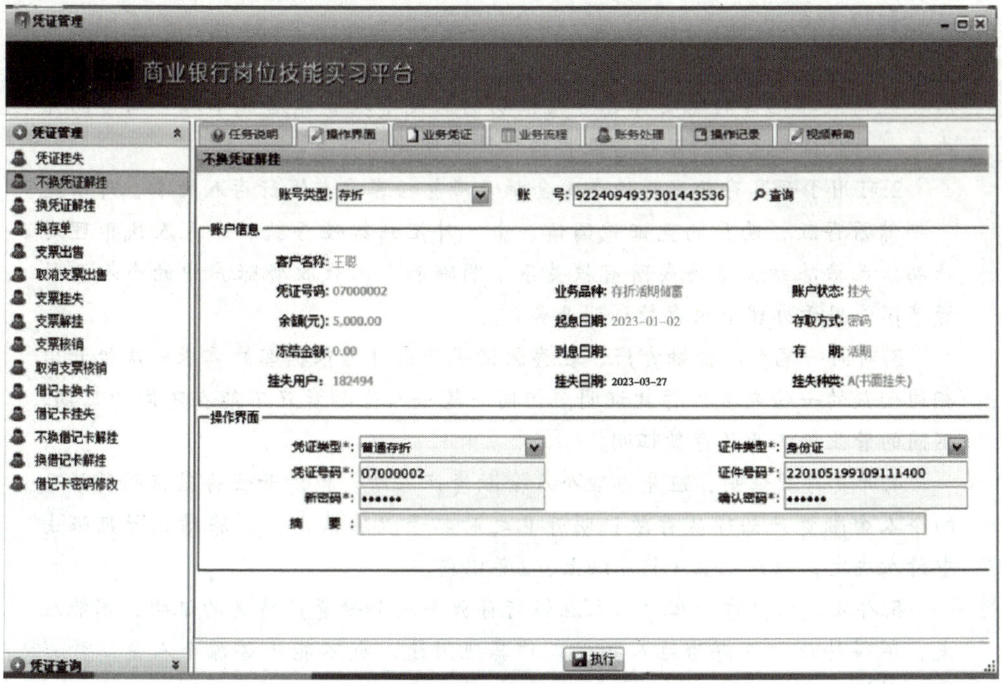

图2-34 储蓄存款解挂操作

4.打印、签章

若为挂失换凭证、挂失开户业务，柜员根据系统提示打印新存折（单）和特殊业务凭证（若为存折，应先划新存折写磁后再打印）；若为撤销挂失、挂失销户和密码重置业务，则系统直接打印特殊业务凭证，挂失销户还需打印储蓄存款利息清单。

打印后，柜员审核各类存折（单）、特殊业务凭证和储蓄存款利息清单，确认无误后，在储蓄挂失申请书的“处理结果”栏注明处理结果，请客户在挂失申请书和特殊业务凭证上签名确认，并加盖业务公章和柜员名章。然后，柜员在新存折（单）上加盖储蓄专用章或业务专用章和柜员名章。

5. 送别客户

若为撤销挂失和密码重置业务，柜员将旧存折（单）交给客户；若为挂失换凭证、挂失开户业务，柜员将新开的存折（单）交给客户；若为挂失销户业务，柜员将现金（本息合计数）、储蓄存款利息清单请客户签名确认后交给客户，与客户道别。

6. 后续处理

柜员在挂失登记簿上写明处理结果，并与主管柜员分别签章确认，将特殊业务凭证（挂失申请书银行留存联作附件）和储蓄存款利息清单记账联整理存放。

学思践悟 2-6　　个人存款证明

1. 申请办理存款证明书的个人申请人资格：凡因出国留学、探亲、移民定居、经商或其他目的需要开具资信证明的居民个人和非居民个人，均可向开办个人存款证明业务的银行营业机构申请办理此项业务。

2. 可用于开具存款证明的个人金融资产包括客户在银行存入的本、外币定活期储蓄存款，购买的凭证式国债、个人外汇结构性存款、个人人民币理财产品。已被冻结、质押或所有权关系不明晰和个人代收费账户中的个人金融资产不能用于办理个人存款证明业务。

3. 对同一笔个人金融资产，在存款证明开出日可根据客户需求一次性开出相同金额的一份或多份存款证明。但同一笔个人金融资产不能在不同的日期、不同的营业机构开具存款证明。

4. 开具存款证明，应先办理个人金融资产冻结。申请开立存款证明所涉及的个人金融资产必须从存款证明开具之时起予以冻结止付。冻结止付期限由申请人决定，原则上在3个月以上、2年以内。

5. 存款证明仅作为客户本人在银行存放个人金融资产情况的证明，不能挂失，不得转让，不得为他人担保或作其他用途，也不能代替原个人金融资产凭证到银行办理取款、转存、续存等业务。

【实践操作】

1. 实践内容

模拟银行金专支行当日发生下列业务：

（1）储户张玉于3月10日来模拟银行金专支行申请活期存款挂失后，3月13日持本人身份证（身份证号为3301041986060638××）、活期存折（账号为1202300168866××，开户日期为当年1月8日，挂失金额：2 192元）、挂失申请书客户联来撤销挂失。

（2）客户张玉于3月10日来模拟银行金专支行申请活期存款挂失后，3月17日持本人身份证（身份证号为3301041986060621××）活期存折（账号为1202300168866××，开户日期为当年1月8日，挂失金额：2 192元）、挂失申请书客户

联来办理挂失销户。

要求：以模拟银行金专支行柜员的身份进行相应业务处理。

2. 实践目标

掌握储蓄存款解挂处理。

3. 考核标准

能够快速、规范地完成储蓄存款解挂，考核标准如下：

考核内容	评分标准	分值	学生得分	扣分说明
有效沟通（20分）	使用礼貌用语	5		
	给客户明确的引导	5		
	为客户推荐合适的产品	5		
	临时状况的应对	5		
业务办理（40分）	凭证审核	10		
	快速进入业务办理界面	10		
	信息录入准确	10		
	盖章准确清晰	10		
操作规范（40分）	凭证管理规范	10		
	印章管理规范	10		
	手工点钞	10		
	现金管理规范	10		
得分合计		分		
教师评价				

活动3　协助查询、冻结与扣划

【业务引入】

2023年3月27日，柜员周红应执法人员的要求，办理储户存款的协助查询业务。

【操作流程】

协助查询、冻结与扣划业务操作流程如图2-35所示。

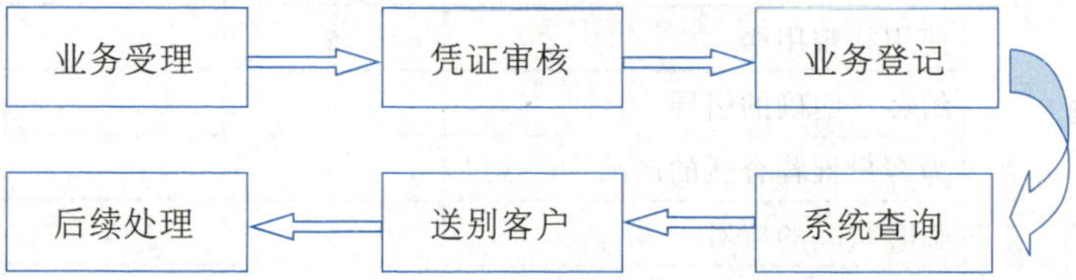

图2-35　协助查询、冻结与扣划业务操作流程

【操作步骤】

1.业务受理

柜员接收执法人员的身份证件，协助查询存款通知书。

2.凭证审核

办理协助查询业务时，经办人员应当核实执法人员的工作证件，以及有权机关县团级以上（含，下同）机构签发的协助查询存款通知书。司法机构处理案件、纠纷，行使司法权时，如有必要了解储户存款的有关情况，必须按照司法程序正式行文，由银行审核。

3.业务登记

金融机构在协助有权机关办理查询、冻结和扣划手续时，应对下列情况进行登记：有权机关名称，执法人员姓名和证件号码，金融机构经办人员姓名，被查询、冻结、扣划单位或个人的名称或姓名，协助查询、冻结、扣划的时间和金额，相关法律文书名称及文号，协助结果等。登记表应当在协助办理查询、冻结、扣划手续时填写，并由有权机关执法人员和金融机构经办人签字。

4.系统查询

系统查询的对象包括被查询单位或个人开户、存款情况以及与存款有关的会计凭证、账簿、对账单等资料。对上述资料，金融机构应当如实提供，有权机关根据需要可以抄录、复制、照相，但不得带走原件。金融机构协助复制存款资料等支付了成本费用的，可以按相关规定收取工本费。

微课2-9

查询、冻结与扣划

5.送别客户

柜员将查询结果（抄录、复印、照相等资料）请客户确认后交给客户，与客户道别。

6.后续处理

柜员妥善保存登记表，并严格保守有关国家秘密。

学思践悟 2-7

1. 协助查询是指金融机构依照有关法律或行政法规的规定以及有权机关查询的要求，将单位或个人存款的金额、币种以及其他存款信息告知有权机关的行为。

2. 协助冻结是指金融机构依照法律的规定以及有权机关冻结的要求，在一定时期内禁止单位或个人提取其存款账户内全部或部分存款的行为。

办理协助冻结业务时，金融机构经办人员应当核实以下证件和法律文书：

（1）有权机关执法人员的工作证件；

（2）有权机关县团级以上（含）机构签发的协助冻结存款通知书，法律、行政法规规定应当由有权机关主要负责人签字的，由主要负责人签字；

（3）人民法院出具的冻结存款裁定书、其他有权机关出具的冻结存款决定书。

冻结的期限最长不超过6个月，有特殊原因需要延长的，应在冻结期满前重新办理冻结手续。逾期未重新办理冻结手续的，视为自动撤销冻结。解除冻结时应由原通知单位提出正式的解除冻结存款通知书。

3. 协助扣划是指金融机构依照法律规定以及有权机关扣划的要求，将单位或个人存款账户内的全部或部分存款资金划拨到指定账户上的行为。

办理协助扣划业务时，金融机构经办人员应当核实以下证件和法律文书：

（1）有权机关执法人员的工作证件；

（2）有权机关县团级以上（含）机构签发的协助扣划存款通知书，法律、行政法规规定应当由有权机关主要负责人签字的，由主要负责人签字；

（3）有关生效法律文书或行政机关的有关决定书。

4. 金融机构协助查询、冻结和扣划存款，应当在存款人开户的营业分支机构具体办理。营业机构协助办理时应进行过程登记。

5. 有权机关是指依照法律、行政法规的明确规定，有权查询、冻结、扣划单位或个人在金融机构存款的司法机关、行政机关、军事机关及行使行政职能的事业单位。

金融机构经办人员在协助有权机关查询、冻结、扣划时应当注意以下几个方面：

（1）协助查询方面：有权机关对个人进行查询时，只提供个人姓名，而不能提供身份证号码或者其他足以确定该个人存款账户的资料（比如户口簿、地址、单位、联系电话等），根据银发〔2002〕1号文第十一条第二款、银办函〔2001〕421号文规定，由于可能造成查询串户，侵犯其他存款人的合法权益，因此，银行不予协助查询。

（2）协助冻结方面：经办人员在受理协助冻结前，应当首先查询账户状态，对已办理冻结手续的，则不再受理新的冻结。但原有权机关仅冻结账户内的部分资金，另一有权机关要求对账户内的剩余未被冻结资金冻结的，可以办理，但应书面将已冻结情况告知该有权机关。

（3）协助扣划方面：①若有权机关要求对个人定期存单进行部分扣划，应按要求全额进行扣划，将剩余金额重开一张新的定期存单。新开存单作代保管处理。经办人应联系客户，请其取回新开存单，并将原存单交还银行，交回的原存单作当日科目日结单附件上缴。②原则上应当将款项直接划入有权机关指定的账户；但如果指定账户不是以有权机关名义开立的专用账户，而是其他非有权机关的账户，经办人员应当通过电话对有权机关执法人员的身份及扣划要求进行核实。有权机关要求提取现金的，一律不予协助。

学思践悟 2-8

有权查询、冻结、扣划单位、个人存款的执法机关见表2-7。

表 2-7　有权查询、冻结、扣划单位、个人存款的执法机关一览表

单位名称	查询		冻结		扣划	
	单位存款	个人存款	单位存款	个人存款	单位存款	个人存款
人民法院	有权	有权	有权	有权	有权	有权
税务机关	有权	有权	有权	有权	有权	有权
海关	有权	有权	有权	有权	有权	有权
人民检察院	有权	有权	有权	有权	无权	无权
公安机关	有权	有权	有权	有权	无权	无权
国家安全机关	有权	有权	有权	有权	无权	无权
军队保卫部门	有权	有权	有权	有权	无权	无权
监狱	有权	有权	有权	有权	无权	无权
走私犯罪侦查机关	有权	有权	有权	有权	无权	无权
证券监督管理机关	有权	有权	有权	有权	无权	无权
监察机关（包括军队监察机关）	有权	有权	无权	无权	无权	无权
审计机关	有权	有权	无权	无权	无权	无权
金融监督管理机构	有权	有权	无权	无权	无权	无权
市场监督管理机构	有权	无权	暂停结算	暂停结算	无权	无权
财政部及其派出机构	有权	无权	无权	无权	无权	无权

活动4 假币收缴

【业务引入】

2023年4月10日，模拟银行金专支行柜员周虹办理储户王聪存款业务时，发现一张2005年版100元纸币是假币，周虹当即与主管柜员吕丽办理了假币收缴手续。

【操作流程】

假币收缴业务操作流程如图2-36所示。

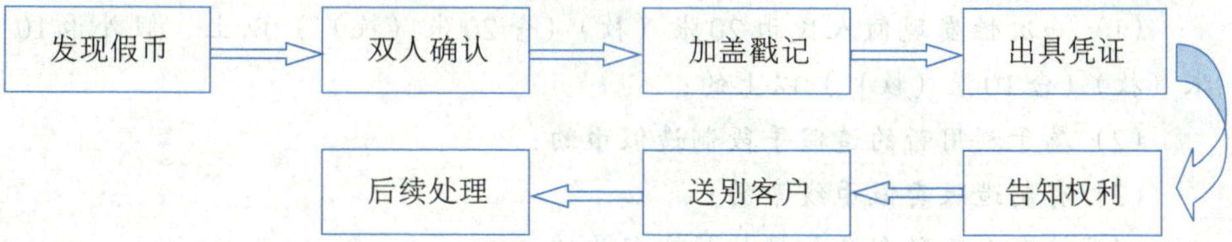

图2-36 假币收缴业务操作流程

【操作步骤】

1.发现假币

柜员在办理业务时发现假币应立即向客户声明，并马上报告主管柜员。

2.双人确认

两名（含）以上持有反假币上岗资格证书的柜员在客户的视线范围内采用人机结合的方式进一步对假币进行鉴定和确认。

3.加盖戳记

确认为假币后，两名（含）以上持有反假币上岗资格证书的柜员在客户视线范围内办理假币收缴手续，对假人民币纸币，应当面加盖"假币"字样戳记；对假外币纸币及各种假硬币，应当面以统一格式的专用袋加封，封口处加盖"假币"字样戳记，并在专用袋上标明币种、券别、面额、张（枚）数、冠字号码、收缴人、复核人名章等细项。

4.出具凭证

柜员输入交易码，进入假币收缴操作界面，完整录入中国人民银行统一设计的假币收缴凭证上所有内容后，打印假币收缴凭证，并请客户在银行留存联上签字确认；若客户拒绝签字，应在客户签字栏注明"客户拒签"，然后在假币收缴凭证上加盖业务公章和经办柜员、复核柜员名章。将假币收缴凭证客户联交给客户。收缴的假币，柜员不得再交与持有人（客户），也不得自行将假币销毁。

5.告知权利

柜员应告知客户，如对被收缴的货币真伪有异议，可自收缴之日起3个工作日内，持假币收缴凭证直接或通过收缴单位向中国人民银行当地分支机构或中国人民银行授权的当地鉴定机构申请鉴定。

6.送别客户

柜员将假币收缴凭证客户联交给客户并告知权利后，与客户道别。

微课 2-10

假币收缴

7.后续处理

柜员使用“假币出入库”交易，选择“收缴入库”，查询“登记”状态下柜员假币收缴记录，与实物核对无误后，作入库处理。

学思践悟 2-9

1.金融机构在收缴假币过程中有下列情形之一的，应当立即报告当地公安机关，提供有关线索：

（1）一次性发现假人民币20张（枚）（含20张（枚））以上、假外币10张（枚）（含10张（枚））以上的；

（2）属于利用新的造假手段制造假币的；

（3）有制造贩卖假币线索的；

（4）持有人不配合金融机构收缴行为的。

2.持有人对被收缴货币的真伪有异议，可以自收缴之日起3个工作日内，持假币收缴凭证直接或通过收缴单位向中国人民银行当地分支机构或中国人民银行授权的当地鉴定机构提出书面鉴定申请。

中国人民银行分支机构和中国人民银行授权的鉴定机构应当无偿提供鉴定货币真伪的服务，鉴定后应出具中国人民银行统一印制的货币真伪鉴定书，并加盖货币鉴定专用章和鉴定人名章。

3.对盖有“假币”字样戳记的人民币纸币，经鉴定为真币的，由鉴定单位交收缴单位按照面额兑换完整券退还持有人，收回持有人的假币收缴凭证，盖有“假币”戳记的人民币按损伤人民币处理；经鉴定为假币的，由鉴定单位予以没收，并向收缴单位和持有人开具货币真伪鉴定书和假币没收收据。

对收缴的外币纸币和各种硬币，经鉴定为真币的，由鉴定单位交收缴单位退还持有人，并收回假币收缴凭证；经鉴定为假币的，由鉴定单位将假币退回收缴单位依法收缴，并向收缴单位和持有人出具货币真伪鉴定书。

【案例分析 2-1】

20××年10月的某一天，宁海农商行某支行来了一位携带2万元现金的客户，要求办理汇款业务。柜员在清点现金时发现了一张假币，当客户得知自己的钱有假时，情绪较为激动，不相信自己有假币，无论柜员如何讲解、劝说，客户都坚持要将2万元现金全部汇出，说是钱款非常紧急。在了解客户情况后，柜员对客户亲人的情况表示慰问，并向客户说明了假币在市场流通中的危害性，告诉客户该如何识别假币等，渐渐平复了客户的情绪。支行工作人员告诉记者，根据中国人民银行的相关规定，银行从业人员收到假币，不可将假币递出柜台还与客户。出于对客户心情的理解，工作人员通过询问客户汇划钱款的用途，缓解了客户的情绪。最终，柜员在客户的配合下完成了假币双人收缴工作。

1. 案例分析：从该案例可以看出银行属于高风险行业，临柜人员办理的各类业务时常伴随着我们意想不到的风险隐患，如果经办人员在该业务受理过程中未做到认真、仔细按制度流程正确操作，取款票面未过点钞机，未做好客户的核对提醒工作，银行即使通过监控也很难拿出有力依据说服客户、还原事实的真相，最后容易引发风险事件，严重的更会承担资金损失，引发法律纠纷，给银行的形象及声誉造成一定影响。

2. 案例启示：针对该案例情况，要求银行柜员在日常存取款业务操作时一定要遵循存取业务办理原则：

（1）存取款时做到先问清存取，再核对金额。

（2）存取票面必须当客户面过点钞机，验明张数及真伪。

（3）存款时做到先收款后记账，取款时做到先记账后付款。

（4）业务处理完毕客户签字时，要求其核对业务事项。

（5）取款款项递交客户时提醒其核对真伪及张数。

只有全面提高银行临柜人员业务操作的规范性，严厉遏制有章不循、违规操作的现象，才能有效控制差错，更好地避免风险隐患。

【实践操作】

1. 实践内容

模拟银行金专支行当日发生下列业务：

（1）客户王聪到银行柜台存款1 000元，其中有1张100元人民币纸币为假币（2005年版，冠字号为HF79506643）。

（2）客户金倩到银行柜台存款2 000元，其中有1张50元人民币纸币为假币（2015年版，冠字号为SR64604439）。

要求：以模拟银行金专支行柜员的身份进行相应业务处理。

2. 实践目标

掌握假币收缴业务处理。

3. 考核标准

能够快速、规范地完成假币收缴业务处理，考核标准如下：

考核内容	评分标准	分值	学生得分	扣分说明
有效沟通（20分）	使用礼貌用语	5		
	给客户明确的引导	5		
	向客户说明假币收缴流程	5		
	临时状况的应对	5		
业务办理（40分）	假币收缴凭证填写	10		
	快速进入业务办理界面	10		
	信息录入准确	10		
	盖章准确清晰	10		

续表

考核内容	评分标准	分值	学生得分	扣分说明
操作规范（40分）	假币的识别	10		
	凭证管理规范	10		
	印章管理规范	10		
	假币管理规范	10		
得分合计		分		
教师评价				

活动5　票币兑换

【业务引入】

因保管不当，客户王聪的5张面值为100元的人民币被药水侵蚀，他到银行申请兑换，柜员周虹办理了残币兑换手续。

【操作流程】

票币兑换业务操作流程如图2-37所示。

图2-37　票币兑换业务操作流程

微课2-11　票币兑换

【操作步骤】

1.业务受理

银行柜员仔细聆听客户票币兑换的要求，接收需兑换的票币。

2.凭证核对

主、辅币兑换，柜员要确认客户兑换金额，进行清点与核对；特殊残缺、污损人民币兑换由柜员按照《中国人民银行残缺污损人民币兑换办法》有关规定确定兑换标准，经业务主管确认无误后，当着兑换人的面在损伤票币上加盖“全额”或“半额”戳记，分类别按全额、半额使用专用袋密封，填制金融机构特殊残缺污损人民币兑换单，加盖有关人员名章；专用袋及封签应具有不可恢复性。如有特殊原因需放宽损伤票币标准的，需要有关领导批准。

3.配款

柜员清点与核对无误后，按客户要求（主、辅币兑换）或按鉴定（残缺票币兑换）配款。

4. 送别客户

柜员将配好的款项交与客户，待客户确认无误后与客户道别。

5. 后续处理

柜员将主、辅币兑换的现金放入钱箱，残缺币兑换的，将有关证明与被兑换、鉴定票币一起装封入袋，以备查考。鉴别人签章封口，交中国人民银行当地发行库销毁。

【知识链接 2-1】

1. 损伤票币的兑换标准

《中国人民银行残缺污损人民币兑换办法》规定：

（1）能辨别面额，票面剩余3/4（含3/4）以上，其图案、文字能按原样连接的残缺、污损人民币，应按原票面额给予全额兑换。

（2）能辨别面额，票面剩余1/2（含1/2）以上至3/4以下，其图案、文字能按原样连接的残缺、污损人民币，按原面额的一半兑换。

纸币呈正十字形缺少1/4的，按原面额的一半兑换。

2. 不予兑换的残缺人民币

（1）票面残缺1/2以上者；

（2）票面污损、熏焦、水湿、油浸、变色不能辨别真假者；

（3）故意挖补、涂改、剪贴、拼凑、揭去一面者。

持有人如对残缺、污损的人民币兑换结果有异议，经持有人要求，金融机构应出具认定证明并退回该残缺、污损人民币。

持有人可凭认定证明到中国人民银行分支机构申请鉴定，中国人民银行应自申请日起5个工作日内作出鉴定并出具鉴定书。持有人可持中国人民银行的鉴定书及可兑换的残缺、污损人民币到金融机构进行兑换。

3. 不宜流通人民币纸币挑剔标准

为规范不宜流通人民币纸币回收工作，提高流通中人民币整洁度，中国人民银行先后制定、颁布了《损伤人民币挑剔标准》、《“七成新”纸币的基本标准》及《不宜流通人民币挑剔标准》等管理规定。这些规定对提高流通中人民币整洁度、维护人民币信誉发挥了重要作用。但为了适应和满足当前人民币国际化及货币发行业务发展的需要，中国人民银行货币金银局经报金融标准化委员会批准，于2017年编制了《不宜流通人民币纸币》行业标准。

（1）脏污。人民币纸币在流通过程中自然磨损、老化，使票面整体颜色改变，按照中国人民银行规定的各面额人民币纸币采样点及检测条件检测的人民币纸币正面、背面采样点光密度V值分别计算平均值的最大值，若大于等于规定标准，为不宜流通人民币。

（2）污渍。人民币纸币在流通过程中因受到侵蚀，形成票面局部污渍，有下列情形之一的，为不宜流通人民币：①印刷区域出现多处污渍，累计污渍面积大于150mm²，或单个污渍面积大于100mm²的；②非印刷区域出现多处污渍，累计污渍面

积大于60mm^2，或单个污渍面积大于50mm^{2}的；③污渍面积虽未超过规定标准，但遮盖重要防伪特征之一，影响防伪功能的。

（3）脱墨。人民币纸币票面出现部分或全部褪色，有下列情形之一的，为不宜流通人民币：①票面出现一处脱墨，脱墨面积大于100mm^{2}的；②票面出现多处脱墨，累计脱墨面积大于80mm^{2}的；③票面脱墨面积虽未超过以上标准，但重要防伪特征之一脱墨严重，影响防伪功能的。

（4）缺失。人民币纸币票面缺损，有下列情形之一的，为不宜流通人民币：①票面（不含4个角及安全线）缺失，单处缺失面积大于10mm^2，或票面多处缺失，累计缺失面积大于12mm^{2}的（缺失面积大于2mm^{2}起计入累计量）；②票面单个缺角，其缺角面积大于20 mm^2，或票面多个缺角，缺角面积累计大于30mm^{2}的；③票面安全线缺失10mm以上，或其他重要防伪特征之一缺失，影响防伪功能的。

（5）粘贴。人民币纸币票面粘贴有胶带、纸张及其他物质，无法在不损害票面的情况下除去，且有下列情形之一的，为不宜流通人民币：①票面出现一处粘贴物，粘贴物面积大于100mm^{2}的；②票面出现多处粘贴物，粘贴物的累计面积大于60mm^{2}的；③粘贴物面积虽未超过规定标准，但遮盖了重要防伪特征之一，影响防伪功能的。

（6）撕裂。人民币纸币票面撕裂，有下列情形之一的，为不宜流通人民币：①票面出现一处撕裂，撕裂长度大于10mm的；②票面出现多处撕裂，最短撕裂长度大于3mm，累计撕裂长度大于9mm的。

（7）拼接。一张人民币纸币损坏为2部分（含）以上的，通过粘贴等方式，按原样连接的，为不宜流通人民币。

（8）变形。人民币纸币形状、尺寸发生变化，票幅长边与标准规格相差2%以上，或票幅宽边与标准规格相差4%以上的，为不宜流通人民币。

（9）涂写。人民币纸币票面出现人为的文字、图画、符号或其他标记，有下列情形之一的，为不宜流通人民币：①票面出现一处涂写，其涂写面积大于200mm^{2}的；②票面出现多处涂写，累计涂写面积大于100mm^{2}的；③票面涂写面积虽未超过规定标准，但遮盖了重要防伪特征之一，影响防伪功能的。

（10）皱折。人民币纸币票面出现皱褶、折痕，有下列情形之一的，为不宜流通人民币：①票面出现4处以上皱褶，褶纹明显、无法恢复原状，累计皱褶长度大于20mm，或票面单个皱褶长度大于10mm的；②票面出现贯穿纸币的明显折痕，折痕处纸质变软、起毛的。

（11）绵软。人民币纸币纸质变软、结构损坏，明显失去挺括度，按照中国人民银行规定的各面额人民币纸币采样点及检测条件，检测的人民币纸币采样点弯曲挺度值的平均值，若小于等于规定标准，为不宜流通人民币。

（12）炭化。人民币纸币因受高温作用，形成票面局部纸张炭化，有下列情形之一的，为不宜流通人民币：①票面出现一处炭化，其炭化面积大于10mm^{2}的；②票面出现多处炭化，累计炭化面积大于18mm^{2}的；③票面炭化面积虽未超过规定标准，但遮盖了重要防伪特征之一，影响防伪功能的。

【案例分析 2-2】

2022年5月13日，因家中老人不小心将钱包掉入火炉中，杨某的1 700余元人民币现金被炉火损毁。在听说银行可以将残损币兑换成完整的人民币后，杨某手持残币到安顺市平坝区多家银行进行兑换，但银行均以人民币严重损坏为由拒绝兑换。多次被拒引起了客户对银行的不满。临近下班时间，杨某带着怨愤来到中国工商银行安顺平坝支行营业部，该行工作人员热情地接待了杨某，并看出客户情绪不对，便主动上前了解客户需求，客户将之前兑换残损币被拒的经过告诉工作人员，网点负责人立即安排人员为杨某粘贴残损币，并严格按照残缺污损人民币兑换标准及时为杨某兑换残损币。杨某对该行的处理结果表示十分满意，有效避免因多次兑换无果而引起的客户投诉。

1.案例分析：在这则案例中，网点工作人员第一时间受理了客户的需求，在得知客户多次兑换无果的情况下，严格按照《中华人民共和国人民币管理条例》及《中国人民银行残缺污损人民币兑换办法》的相关规定，为其无偿兑换残缺、污损人民币，细致贴心的服务赢得了客户的赞扬，也为中国工商银行树立了良好的社会形象。

2.案例启示：

（1）接待客户时，网点工作人员首先要从客户的角度出发，急客户之所急，了解客户的诉求，尽全力满足客户的需求，让客户感受到温暖贴心的服务体验，并主动从客户的角度出发，提升客户体验。

（2）处理业务时，切实履行金融机构工作职责，维护金融消费者的合法权益。无偿兑换残缺、污损人民币是金融机构的法定义务，金融机构应强化责任意识，不拒绝、不推诿，保证人民币正常流通，维护人民币流通秩序。

项目小结

个人储蓄按照存期的不同可分为活期储蓄存款、定期储蓄存款、定活两便储蓄存款、通知储蓄存款等。定期储蓄存款又可分为整存整取定期储蓄存款、零存整取定期储蓄存款、存本取息定期储蓄存款、整存零取定期储蓄存款、教育储蓄存款等。我国政府对储蓄采取保护和鼓励的政策。“存款自愿、取款自由、存款有息、为储户保密”是办理储蓄业务必须遵守的基本准则。不同的储蓄品种有着不同的开销户、存取款规定，有着不同的利息计算规定及计算方法。在办理存款业务的过程中，银行也会面临挂失、冻结、假币收缴、残币兑换等特殊业务，这些特殊业务也都有着不同的操作流程、操作步骤、操作规范等。

项目训练

一、判断题

1. 办理储蓄业务必须一笔一清。 （ ）

2. 我国于1998年4月1日起实行个人存款账户实名制。 （ ）

3. 零存整取不能提前支取。 （ ）

4. 整存整取定期储蓄存款是最基本的定期储蓄存款。 （ ）

5. 活期储蓄存款的结息日为每季末月21日。 （ ）

6. 教育储蓄存款的存期有1年、2年和6年三个档次。 （ ）

7. 存本取息定期储蓄存款的取息期限可由储蓄机构选定。 （ ）

8. 超限额的现金存取款业务需要当场授权。 （ ）

9. 整存整取定期储蓄存款的存期分为3个月、6个月、1年、2年、3年、5年六个档次。 （ ）

10. 定活两便储蓄存款存期满3个月而不满6个月的，按支取日挂牌公告的6个月整存整取定期储蓄存款利率打6折计息。 （ ）

11. 个人通知存款的本金起存金额是10 000元。 （ ）

12. 客户办理正式挂失手续时必须填写挂失申请书。 （ ）

13. 票面残缺二分之一以上的残损人民币可予兑换。 （ ）

二、单选题

1.储蓄存款个人利息所得税从（ ）时开始暂停征收。

A.2007年8月15日　　B.2007年10月9日

C.2008年10月9日　　D.2010年4月1日

2.教育储蓄本金合计最高限额为（ ）。

A.1万元　　B.2万元　　C.3万元　　D.5万元

3.储蓄存款支取金额超过（ ）应授权处理。

A.1万元　　B.2万元　　C.5万元　　D.10万元

4.下列（ ）存款是最基本的定期储蓄存款。

A. 整存整取定期储蓄　　B. 零存整取定期储蓄

C. 教育储蓄　　D. 存本取息定期储蓄

5.活期储蓄存款的计息方法是（ ）。

A. 固定积数计息法　　B. 逐笔计息法

C. 日积数计息法　　D. 月积数计息法

6.以下关于活期储蓄存款的规定中错误的是（ ）。

A. 人民币活期储蓄存款1元起存，多存不限

B. 活期储蓄存款按季计息

C. 结息日次日利息入账，并入本金

D.未到结息日销户的，按开户日挂牌公告的活期储蓄存款利率计付利息

7.以下关于整存整取定期储蓄存款的规定中错误的是（ ）。

A.整年或整月的存期必须对年对月对日计

B.算头不算尾，存入日起息，支取日不计息

C.整存整取定期储蓄存款可以办理自动转存

D.整存整取定期储蓄存款可以办理部分提前支取

8.下列不属于定期储蓄存款的是（ ）。

A.整存整取　B.零存整取　C.存本取息　D.定活两便

9.存折口头挂失期限为（ ）。

A.三天　B.五天　C.七天　D.十天

10.下列单位中具有查询、冻结、扣划权力的有（ ）。

A.人民法院　B.审计机关　C.公安机关　D.国家安全机关

11.下列人民币可半额兑换的是（ ）。

A.能辨别面额，票面剩余四分之三，其余图案、文字能照原样连接的

B.能辨别面额，票面剩余二分之一，其余图案、文字能照原样连接的

C.能辨别面额，票面残缺二分之一以上的

D.故意挖补的票币

12.（ ）不能用于办理个人存款证明业务。

A.客户在银行存入的人民币定期储蓄存款

B.客户在银行购买的凭证式国债

C.客户在银行购买的个人人民币理财产品

D.客户个人代收费账户中的人民币活期储蓄存款

三、综合实训

实训平台：http：//www.zsyun.com.cn/

实训账号：s1144038836

实训密码：cjgz888888

【实训内容】

1.活期储蓄业务处理

1）储户张雅眉持2 000元现金（人民币）存入银行，开立活期储蓄账户。储户持现金300元续存其活期储蓄账户。从其活期储蓄账户支取现金150元。收到公安机关的正式止付通知，要求对张雅眉的活期储蓄账户予以冻结。

2）储户王枫持1 000元（美元）现金存入银行，开立活期储蓄账户。王枫持现金4 000元、存折，续存其活期储蓄账户。王枫从该账户支取现金100元。储户王枫要求结清活期储蓄账户。

3）储户李静持400元（日元）存入银行，开立活期储蓄账户。李静持现金1 000元续存其活期储蓄账户。李静从其活期储蓄账户支取现金200元。收到检察院的正式止付通知，要求对李静的活期储蓄账户予以冻结收到解冻通知，银行撤销对李静的活

期储蓄账户的冻结。

4）储户张敬之持2 400元（人民币）现金开立活期储蓄账户。张敬之持现金500元续存其活期储蓄账户。张敬之填写储蓄取款凭条，从其活期储蓄账户支取现金300元。

2.定期储蓄业务处理

1）储户钱萧持2 000元现金存入银行，开立1年期整存整取定期储蓄存款账户。

2）储户李博持1 000元现金存入银行，开立1年期整存整取定期储蓄存款账户。

3）储户王佳持4 000元现金存入银行，开立2年期整存整取定期储蓄存款账户。

4）储户魏亦可持2 400元现金存入银行，开立5年期整存整取定期储蓄存款账户。

【实训目标】

1. 登录银行业务综合技能实训平台，熟练完成上述操作。

2. 正确打印凭证，加盖银行公章和私章；正确处理凭证。

【实训考核】

1. 平台操作准确率达到100%。

2. 凭证处理正确率达到100%。

项目三 个人贷款业务处理

学习目标

知识目标

- 掌握银行各项个人质押贷款业务的规定。
- 掌握银行各项个人住房贷款业务的规定。
- 掌握银行个人汽车贷款业务的规定。
- 掌握银行国家助学贷款业务的规定。

能力目标

- 能按照正确的业务规范办理各项个人质押贷款业务。
- 能按照正确的业务规范办理各项个人住房贷款业务。
- 能按照正确的业务规范办理个人汽车贷款业务。
- 能按照正确的业务规范办理国家助学贷款业务。

素质目标

- 培养学生爱岗敬业、诚实守信、遵纪守法等职业道德。
- 培养学生的工匠精神。
- 培养学生充分的职场安全意识与健康意识。

任务一 个人质押贷款业务处理

【基本知识】

按担保方式的不同，个人贷款产品可以分为个人抵押贷款、个人质押贷款、个人保证贷款和个人信用贷款四类。

1. 个人抵押贷款

个人抵押贷款是指银行以自然人或第三人提供的、经贷款银行认可的符合规定条件的财产作为抵押物而向个人发放的贷款。

当借款人不履行还款义务时，贷款银行有权依法以该财产折价或者以拍卖、变卖财产的价款优先受偿。

根据《中华人民共和国担保法》（简称《担保法》）的规定，下列财产可以抵押：

（1）抵押人所有的房屋和其他地上定着物；

（2）抵押人所有的机器、交通运输工具和其他财产；

（3）抵押人依法有权处分的国有的土地使用权、房屋和其他地上定着物；

（4）抵押人依法有权处分的国有的机器、交通运输工具和其他财产；

（5）抵押人依法承包并经发包方同意抵押的荒山、荒沟、荒丘、荒滩等荒地的使用权；

（6）依法可以抵押的其他财产。

2. 个人质押贷款

个人质押贷款是指个人借款人以合法有效的、符合银行规定的权利凭证作为质押，向银行申请的一定金额的贷款，并按期归还贷款本息。

根据《中华人民共和国物权法》（简称《物权法》）第二百二十三条的规定，可作为个人质押贷款的质物主要有：

（1）汇票、支票、本票；

（2）债券、存款单；

（3）仓单、提单；

（4）可以转让的基金份额、股权；

（5）可以转让的注册商标专用权、专利权、著作权等知识产权中的财产权；

（6）应收账款；

（7）法律、行政法规规定可以出质的其他财产权利。

3. 个人保证贷款

微课 3-1

个人存单质押贷款的规定

个人保证贷款是指银行将其认可的，具有代为清偿债务能力的法人、其他经济组织或自然人作为保证人而向个人发放的贷款。

个人保证贷款手续简便，只要保证人愿意提供保证，银行经过核保认定保证人具有保证能力，签订保证合同即可。整个过程简单，只涉及银行、借款人和担保人三方。

如果贷款出现逾期，银行可直接向保证人扣收贷款，无须通过法律程序。

4. 个人信用贷款

个人信用贷款是指银行向个人发放的、无须提供任何担保的贷款。

该贷款主要依据借款申请人的个人信用记录和等级确定贷款额度。信用等级越高，信用额度越大，反之越小。这主要是为个人解决一些应急性财务需要，如纳税和教育支出等。

活动1　个人质押贷款发放

【业务引入】

2023年3月15日，客户王佳明（身份证号码为2201041981100300××）持一张存期为2年的50 000元面额的整存整取定期储蓄存单（开户日期为2022年9月20日）来行申请办理个人质押贷款，贷款金额为30 000元，贷款期限6个月。

【操作流程】

个人质押贷款发放业务操作流程如图3-1所示。

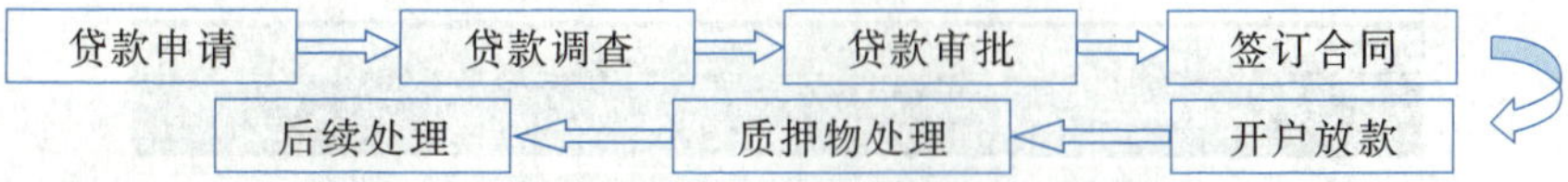

图3-1　个人质押贷款发放业务操作流程

【操作步骤】

1. 贷款申请

借款人申请贷款时，须填写个人质押贷款申请审批表。借款人、出质人须同时到场，并提供本人有效身份证件，填写质押凭证清单。

2. 贷款调查

贷款调查责任人对借款申请人的资格及权利质物的真实性、合法性进行调查。调查的主要内容有：

（1）借款人提供的有价权利凭证是否真实有效，有无到期，有无挂失、冻结、止付，有无争议或法律纠纷；

（2）借款人填写的个人情况是否属实，贷款金额是否符合规定，贷款用途是否正当合法；

（3）借款人是否以他人的权利凭证办理质押贷款，借款人、出质人是否提供了有效身份证件，是否具有完全民事行为能力。

调查责任人认定调查内容属实后，在申请审批表上签注明确意见，连同有关证明材料交贷款审批责任人审核批准。

3. 贷款审批

贷款审批责任人要认真审核借款人的有关材料和内容，对借款人尽快作出“贷”与“不贷”的明确答复。同意贷款，要在审批表中签署审批意见，通知贷款调查责任人办理质押凭证的止付手续。办理未联网的他行（所）存款凭证止付手续的，要填写《个人质押凭证止付通知书》。由贷款行贷款前送达存款行，存款行经核实并止付后留存。

微课3-2

个人存单质押贷款的发放

4. 签订合同

贷款审批责任人（或授权代理人）同借款人、出质人共同签订个人质押借款合同，由贷款行、借款人、出质人各执一份。

5. 开户放款

银行经办柜员使用个人贷款账户开户交易，开立个人质押贷款账户；使用放款交易发放贷款（如图3-2和图3-3所示），打印个人质押贷款借款凭证（见表3-1）。

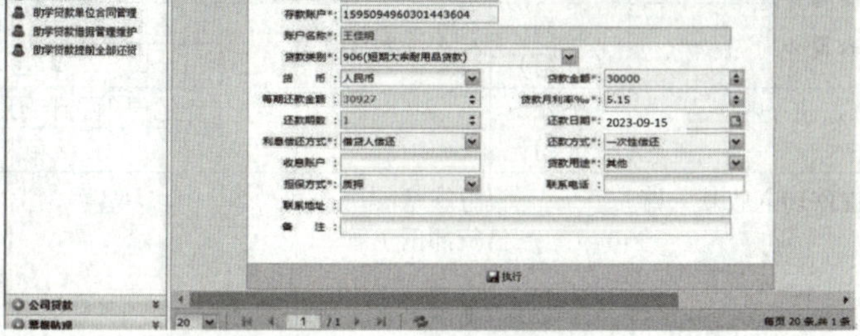

图3-2　个人贷款合同管理操作

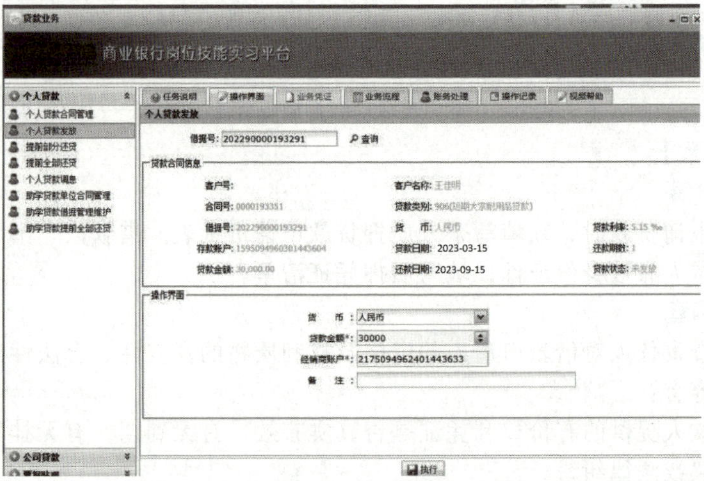

图3-3 个人质押贷款发放操作

表 3-1 模拟银行个人质押贷款借款凭证

2023 年 3 月 15 日　　借款合同编号 NO：52364897456

<table>
<tr><td>借款种类</td><td colspan="8">☑综合消费贷款　□个人自营性住房贷款　□个人公积金住房贷款　□助学贷款　□其他</td></tr>
<tr><td>担保方式</td><td colspan="4">□抵押　☑质押　□信用　□保证
□组合　□其他</td><td>质押编号</td><td colspan="3">2019080056</td></tr>
<tr><td>借据编号</td><td colspan="4"></td><td>借款用途</td><td colspan="3">个人耐用消费品购买</td></tr>
<tr><td rowspan="3">借款人</td><td>名称</td><td colspan="3">王佳明</td><td rowspan="3">收款人</td><td>名称</td><td colspan="2">王佳明</td></tr>
<tr><td>账号</td><td colspan="3">020010011203056</td><td>账号</td><td colspan="2">020010011203056</td></tr>
<tr><td>开户行</td><td colspan="3">模拟银行金专支行</td><td>开户行</td><td colspan="2">模拟银行金专支行</td></tr>
<tr><td colspan="2">基准利率　%（年利率）</td><td>利率变动方式</td><td colspan="2">☑固定　□浮动</td><td>浮动率　%或浮动点数</td><td>贴息方式</td><td colspan="2">□中央贴息
□地方贴息</td></tr>
<tr><td colspan="2">借款当期执行利率　%（年利率）</td><td colspan="3">借款逾期利率　%（年利率）</td><td>限定贷款发放日</td><td>年　月　日</td><td>起息日期</td><td>年　月　日</td></tr>
<tr><td>借款期限</td><td colspan="4"></td><td>借款到期日</td><td>年　月　日</td><td>结息方式</td><td>□按月
□按季
□半年
□其他</td></tr>
<tr><td>分次发放时间标志</td><td colspan="8">____发放（一次性、按月、按季、按半年、按年），其中不发放月份 1 月</td></tr>
<tr><td>还款账号</td><td colspan="2">020010011203056</td><td>还款方式</td><td>一次性偿还</td><td>还款周期</td><td colspan="2">一次性归还本金
一次性归还利息</td><td>（一次性、按月、按季度、按半年、按年）</td></tr>
<tr><td>账号 1</td><td colspan="2"></td><td>户名 1</td><td></td><td>账号 2</td><td></td><td>户名 2</td><td></td></tr>
<tr><td rowspan="2">借款金额</td><td rowspan="2">币种</td><td rowspan="2">人民币</td><td rowspan="2">金额（大写）</td><td rowspan="2" colspan="2">人民币叁万元整</td><td colspan="3">十 亿 千 百 十 万 千 百 十 元 角 分</td></tr>
<tr><td colspan="3">¥ 3 0 0 0 0 0 0</td></tr>
<tr><td rowspan="2">分次发放金额</td><td rowspan="2">币种</td><td rowspan="2"></td><td rowspan="2">金额（大写）</td><td rowspan="2" colspan="2"></td><td colspan="3">十 亿 千 百 十 万 千 百 十 元 角 分</td></tr>
<tr><td colspan="3"></td></tr>
<tr><td colspan="4">本人同意将上述借款转入收款人账户。
借款人签章</td><td colspan="5">银行签章
信贷部门主管

信贷员</td></tr>
</table>

个人质押贷款发放的会计分录为：

借：贷款——个人质押贷款（王佳明户）　30 000.00

　贷：吸收存款——活期储蓄存款（王佳明户）　30 000.00

操作视频3-1

个人质押贷款发放

6.质押物处理

填制表外科目收入凭证（见表3-2），进行质押物的账务处理。

表3-2　模拟银行表外科目收入传票

表外科目（收入）：　2023年3月15日　第　号

户名或账号	摘　要	金　额
王佳明	人民币整存整取定期储蓄存单	50 000.00
合　计		50 000.00

会计：　保管：方斌　复核：王飞　记账：周虹

收入：质押物——人民币整存整取定期储蓄存单　50 000.00

7.后续处理

表外科目记账后，经办人员将质押权利凭证交管库员视同现金入库保管，同时出具个人质押贷款质押品收据交与客户。

【实践操作】

1.实践内容

模拟银行金专支行当日发生下列业务：

2023年3月18日上午，李明持一张存期为2年的100 000元面额的整存整取定期储蓄存单（开户日期为2022年7月18日）申请个人质押贷款，贷款金额为60 000元，贷款限期为3个月。

要求：以模拟银行柜员的身份进行相应业务的处理。

2.实践目标

掌握个人质押贷款发放业务处理流程。

3.考核标准

个人质押贷款发放业务处理准确率达100%，考核标准如下：

考核内容	评分标准	分值	学生得分	扣分说明
有效沟通（20分）	使用礼貌用语	5		
	给客户明确的引导	5		
	贷前调查详细	5		
	临时状况的应对	5		

续表

考核内容	评分标准	分值	学生得分	扣分说明
业务办理（40分）	凭证审核准确	10		
	业务处理迅速	10		
	信息录入准确	10		
	盖章准确清晰	10		
操作规范（40分）	凭证管理规范	10		
	印章管理规范	10		
	合同签订规范	10		
	质押物处理规范	10		
得分合计		分		
教师评价				

活动2　个人质押贷款收回

【业务引入】

2023年9月15日，王佳明到期归还2023年3月15日申请的30 000元个人质押贷款。

【操作流程】

个人质押贷款收回业务操作流程如图3-4所示。

业务受理 → 资料审核 → 还贷交易 → 质押物出库 → 质押物销户 → 后续处理

图3-4　个人质押贷款收回业务操作流程

【操作步骤】

1.业务受理

借款人归还贷款时，必须凭借款人身份证（如代理还款的，还须出示代理人身份证）、个人质押借款合同、个人质押贷款质押品收据和个人质押贷款借款凭证到网点办理还贷事宜。

2.资料审核

银行经办柜员收到借款人提交的资料后，调出借款凭证和贷款管理卡进行审核：有无质押品收据回单联；核对借款人姓名、贷款账号和借据编号；核对借款人有无逾期贷款，一般应先归还逾期贷款，再办理到期或提前还款。

3.还贷交易

银行经办柜员使用还贷交易，收回贷款本息（如图3-5所示），并打印还贷凭证和利息凭证。会计分录为：

借：吸收存款——活期储蓄存款（王佳明户）　　30 305.00

或　借：现金　　30 305.00

　贷：贷款——个人质押贷款（王佳明户）　　30 000.00

　　利息收入——个人质押贷款利息收入户　　305.00

微课3-3 个人存单质押贷款的收回

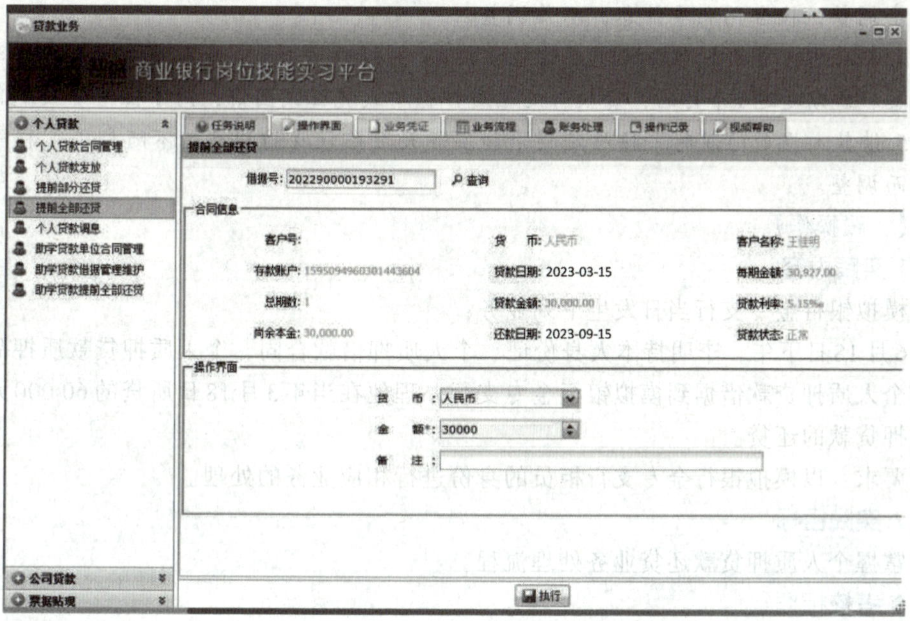

图3-5　还贷操作

4.质押物出库

经办柜员凭质押品收据回单联向管库员领取质押物。管库员使用质押品出入库单办理质押物的出库，并在抵（质）押物出入库单签章后，将质押物交经办柜员。

5.质押物销户

银行经办柜员填制表外科目付出凭证，进行质押物的销户处理。

付出：质押物——人民币整存整取定期储蓄存单　　50 000.00

然后填制质押凭证处理通知书，办理质押物的解除止付手续。

6.后续处理

经办柜员在还款凭证上签章后，将质押物、还款凭证回单联交借款人，同时将相关凭证资料整理归档。

操作视频3-2 个人质押贷款收回

【知识链接 3-1】

个人质押贷款利息计算规定

1.个人质押贷款期限的计算，按月归还的每期按30天计算，按季归还的每期按90天计算，按年归还的每期按360天计算，不满一个月的按实际天数计算（如果贷款银行规定个人质押贷款期限按实际天数计算的，则应根据实际天数计算贷款利息）。

2.个人质押贷款实行利随本清，到期一次还本付息。计算公式为：

贷款利息=贷款还款金额×贷款日利率×累计天数

3.个人质押贷款利率按同档次短期贷款利率确定，6个月以内（含6个月）的按6个月期贷款利率计息，6个月以上的按1年期贷款利率计息，并可以根据中国人民银行有关规定，在规定的幅度范围内实行利率浮动。在贷款合同有效期内，如果遇到法定利率调整，按合同利率计息，不作调整。

4.个人质押贷款发生逾期时，凡逾期在1个月以内（含1个月）的，按罚息利率计收罚息。逾期超过1个月的，贷款行处理质押存单或凭证式国债，用于抵偿贷款本息。

5.借款人提前还款时，按原定利率和实际天数已计收的利息，不随期限、利率的变化而调整。

【实践操作】

1.实践内容

模拟银行金专支行当日发生下列业务：

6月18日下午，李明持本人身份证、个人质押借款合同、个人质押贷款质押品收据和个人质押贷款借据到模拟银行金专支行办理他在当年3月18日所贷的60 000元个人质押贷款的还贷。

要求：以模拟银行金专支行柜员的身份进行相应业务的处理。

2.实践目标

掌握个人质押贷款还贷业务处理流程。

3.考核标准

个人质押贷款还贷业务处理准确率达100%，考核标准如下：

考核内容	评分标准	分值	学生得分	扣分说明
有效沟通（20分）	使用礼貌用语	5		
	给客户明确的引导	5		
	还贷资料审查详细	5		
	临时状况的应对	5		
业务办理（40分）	凭证审核准确	10		
	业务处理迅速	10		
	信息录入准确	10		
	盖章准确清晰	10		

续表

考核内容	评分标准	分值	学生得分	扣分说明
操作规范（40分）	凭证管理规范	10		
	印章管理规范	10		
	合同签订规范	10		
	质押物处理规范	10		
得分合计		分		
教师评价				

任务二　个人住房贷款业务操作处理

【基本知识】

1.个人住房贷款的概念及分类

按产品用途的不同，个人贷款产品可分为个人住房贷款、个人消费贷款和个人经营贷款等类别。个人住房贷款是指银行或其他金融机构向个人借款人发放的用于购买自用住房的贷款。

按资金来源的不同，个人住房贷款可以分为：

（1）商业性个人住房贷款。商业性个人住房贷款，也称自营性个人住房贷款，是指银行运用信贷资金向在城镇购买、建造或大修各类住房的个人发放的贷款。

（2）公积金个人住房贷款。公积金个人住房贷款，是指商业银行接受各地住房公积金管理中心的委托，以个人及其所在单位缴纳的住房公积金为主要资金来源，向购买、建造、翻建或大修自住住房的住房公积金缴存人，以及在职期间缴存住房公积金的离退休职工发放的住房贷款。该贷款属于不以营利为目的的政策性贷款，实行“低进低出”的利率政策。

（3）个人住房组合贷款。个人住房组合贷款，是指向按时足额缴存住房公积金的职工在购买、建造或大修住房时，同时发放的商业性个人住房贷款和公积金个人住房贷款的组合贷款。该贷款由前述两个独立的贷款品种组成，需要分别签订合同。

微课3-4

个人住房贷款

2.个人住房贷款对象及条件

凡具有完全民事行为能力的自然人，在符合下列条件的情况下都可以申请银行个

人住房贷款：

（1）合法有效的身份或居留证明；

（2）有稳定的经济收入、良好的信用、偿还贷款本息的能力；

（3）有合法有效的购买（建造、大修）住房的合同、协议以及贷款银行要求提供的其他证明文件；

（4）有贷款银行认可的资产进行抵押或质押，或（和）有足够代偿能力的法人、其他经济组织或自然人作为保证人；

（5）有购买（建造、大修）住房全部价款30%以上的住房首付款；

（6）贷款银行规定的其他条件。

3.个人住房贷款额度

个人住房贷款的发放一般是按拟购（建造、大修）住房价格扣除其不低于房款30%的首付款后的数量确定，最高为所购住房全部价款或评估价值（以低者为准）的70%，二套房贷额度最高为住房款的40%。

4.个人住房贷款期限

银行可根据实际情况，合理确定贷款期限，一般为10～25年，最长不得超过30年。

5.个人住房贷款担保方式

个人住房贷款可实行抵押、质押和保证三种担保方式。贷款银行可根据借款人的具体情况，采用一种或同时采用几种贷款担保方式。

6.个人住房贷款利率

个人住房贷款的利率按商业性贷款利率执行，上限放开，实行下限管理。中国人民银行2008年10月27日公布新的个人住房贷款利率，个人住房贷款的下限利率水平为相应期限档次贷款基准利率的0.7倍。

7.个人住房贷款偿还方式

偿还贷款本息的方式由借贷双方商定，并在借款合同中载明，贷款期限在1年以内（含1年）的，实行到期一次还本付息，利随本清；贷款期限在1年以上的，可采用等额本息还款法、等额本金还款法。

活动1　个人住房贷款发放

【业务引入】

2023年3月26日，客户张晶与万达房产公司签订购房合同，房款总价为50万元，首付15万元，与模拟银行签订按揭贷款协议，办理35万元的住房贷款。

【操作流程】

个人住房贷款发放业务操作流程如图3-6所示。

图3-6　个人住房贷款发放业务操作流程

【操作步骤】

1.业务受理

银行受理借款申请人提交的申请及有关资料后，初审借款人填写的贷款申请表（见表3-3）以及身份证、户口本、婚姻证明、购房合同、收入证明、购房首付款凭证及其他贷款银行所需的资料。

2.审查、审批

贷款银行审查、审批人员按照规定对贷款申请进行审查、审批。

3.签订合同

银行审批同意的，与借款申请人签订个人住房贷款借款合同、担保合同及其他法律文件。同时与借款申请人协商购买房屋保险，借款人同意购买的，应一次性交齐房屋保险费用。

表3-3 **模拟银行个人房屋抵押贷款申请表**

申请人基本情况			
姓名		身份证件号码	
婚姻状况	□已婚 □未婚 □离异 □丧偶	家庭人数	
学历	□初中或以下 □高中/中专 □大专 □大学本科 □硕士研究生或以上		
住宅地址		邮编	
住宅电话		移动电话	
工作单位名称		单位地址	
单位电话		工作职务	
单位性质	□国家机关 □国有企业 □股份制企业 □事业单位 □集体企业 □私营企业 □外资企业 □其他		
主要收入来源： 1.□月薪（□我行代发工资 □他行代发工资 □现金 月均__元） 2.□租金收入，月均__元 3.□经营收入，月均__元 4.□其他 主要债务支出： 1.□偿还除本笔贷款之外的贷款，月均___元 2.□其他债务支出，月均___元			
申请人配偶情况			
姓名		身份证件号码	
移动电话		月均收入	
单位名称		单位地址	
单位电话		工作职务	
单位性质	□国家机关 □国有企业 □股份制企业 □事业单位 □集体企业 □私营企业 □外资企业 □其他		
共同申请人1情况			
姓名		身份证件号码	
移动电话		月均收入	
单位名称		单位地址	
单位电话		工作职务	
与主申请人关系			
单位性质	□国家机关 □国有企业 □股份制企业 □事业单位 □集体企业 □私营企业 □外资企业 □其他		
共同申请人2情况			
姓名		身份证件号码	
移动电话		月均收入	
单位名称		单位地址	
单位电话		工作职务	
与主申请人关系			

续表

单位性质	□国家机关 □国有企业 □股份制企业 □事业单位 □集体企业 □私营企业 □外资企业 □其他			
申请贷款情况				
申请贷款金额			申请贷款期限	
借款用途（详细）				
申请还款方式	□按月等额本息 □按月等额本金 □按单周/双周/三周等额本息 □按月还息、按季/半年/年还本 □按月还息、到期一次性还本 □随心还 □其他			
放款账户			还款账户	
贷款担保				
抵押I	抵押人		身份证号码	
	电话		抵押房产类型	□住宅 □商铺 □商住两用房
	抵押房产地址			
	产权证编号		抵押房产评估价值	
	抵押房产使用情况：□自用 □出租 □空置 □其他___			
	产权人（含法定共有人）共______人			
	是否已在我行设定最高额抵押		□是 □否	
	是否申请设定最高额抵押		□是 □否	
抵押II	抵押人		身份证号码	
	电话		抵押房产类型	□住宅 □商铺 □商住两用房
	抵押房产地址			
	产权证编号		抵押房产评估价值	
	抵押房产使用情况：□自用 □出租 □空置 □其他___			
	产权人（含法定共有人）共______人			
	是否已在我行设定最高额抵押		□是 □否	
	是否设定最高额抵押		□是 □否	
申请人声明				
本人声明： 1.贵行经办客户经理已就上述情况与本人进行了面谈。 □是 □否 2.申请表中填写内容、资料均属真实，如有隐瞒或虚构，本人将承担一切法律和经济后果。本人同时授权贵行向有关方面查询、核实相关情况。不论申请批准与否，本人同意贵行不返还此表格。 3.本人授权贵行通过中国人民银行个人信息基础数据库等依法成立的个人信用数据库查询本人信用报告，并将本人的身份识别、职业和居住地址等个人基本信息，本人个人信贷交易记录，以及其他相关信用信息报送中国人民银行征信中心。 主申请人签字： 主申请人配偶签字： 共同申请人签字： 年 月 日				

4. 抵押登记

借款申请人与贷款银行按照规定到房屋管理部门进行房屋抵押登记，领取他项权证。

操作视频3-3

个人住房贷款发放

5. 发放贷款

借款及担保合同生效后，银行按规定发放贷款（如图3-7所示），将贷款资金划入开发商售房账户。会计分录为：

借：贷款——个人住房贷款（张晶户） 350 000.00

贷：吸收存款——单位活期存款（万达房产公司户） 350 000.00

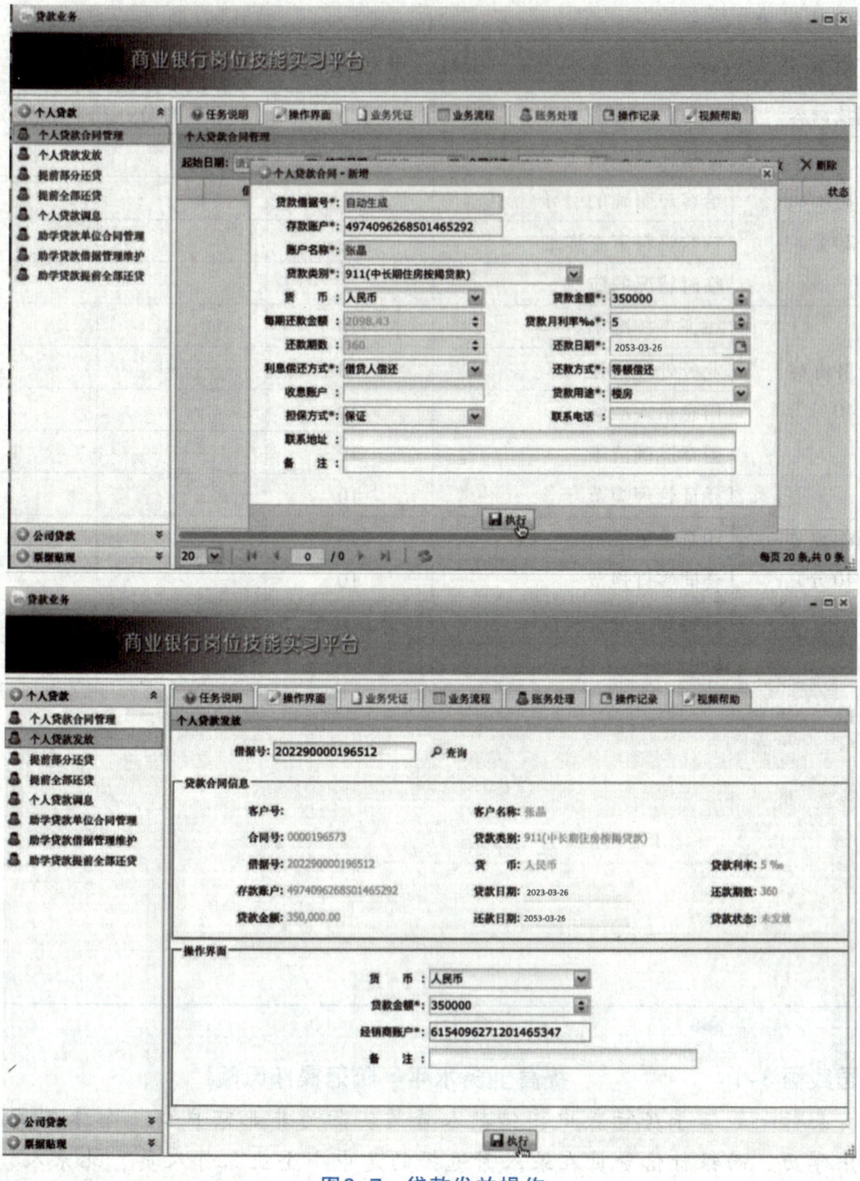

图3-7　贷款发放操作

【实践操作】

1. 实践内容

模拟银行金专支行当日发生下列业务：

2023年8月29日，客户赵佳敏与万达房产公司签订购房合同，房款总价170万元，首付60万元，与模拟银行签订按揭贷款协议，办理110万元的住房贷款。

要求：以模拟银行金专支行柜员的身份进行相应业务的处理。

2. 实践目标

掌握按揭贷款发放业务处理流程。

3. 考核标准

按揭贷款发放业务处理准确率达100%，考核标准如下：

考核内容	评分标准	分值	学生得分	扣分说明
有效沟通（20分）	使用礼貌用语	5		
	给客户明确的引导	5		
	贷款资料审查详细	5		
	临时状况的应对	5		
业务办理（40分）	凭证审核准确	10		
	业务处理迅速	10		
	信息录入准确	10		
	盖章准确清晰	10		
操作规范（40分）	凭证管理规范	10		
	印章管理规范	10		
	合同签订规范	10		
	抵押登记处理规范	10		
得分合计		分		
教师评价				

学思践悟 3-1　　提高业务水平　防范操作风险

某行一笔二手房贷款中，借款人资质实际为非北京户口、个体工商户、高中学历，而银行信贷员在录入时选择的是中小企业工作人员、北京人、大专学历，人为使借款人评分升高，导致此笔贷款直接进入快速通道，审批中心经查实予以驳回，并对相关人员进行责任追究。

资料来源：作者根据相关资料编写所得。

启示：

经办信贷员应本着诚信的原则，重视系统录入问题，对评分负责，对不符合基本要求的借款申请人应采取相应措施完善贷款风险把控。银行人员在进行系统录入时要认真仔细，确保关键信息与实际情况一致，不要擅自更改，以免因此造成反复延误审批时间。

活动2　个人住房贷款收回

【业务引入】

2023年4月25日，模拟银行按照签订的按揭贷款协议向客户张晶收取4月份贷款本息。

【操作流程】

个人住房贷款收回业务操作流程如图3-8所示。

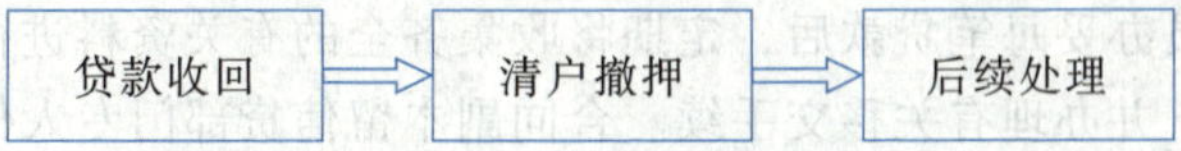

图3-8　个人住房贷款收回业务操作流程

操作视频3-4
个人住房贷款收回

【操作步骤】

1.贷款收回

银行采取委托扣款方式或柜台收取现款方式按期收回贷款本息，如图3-9所示。

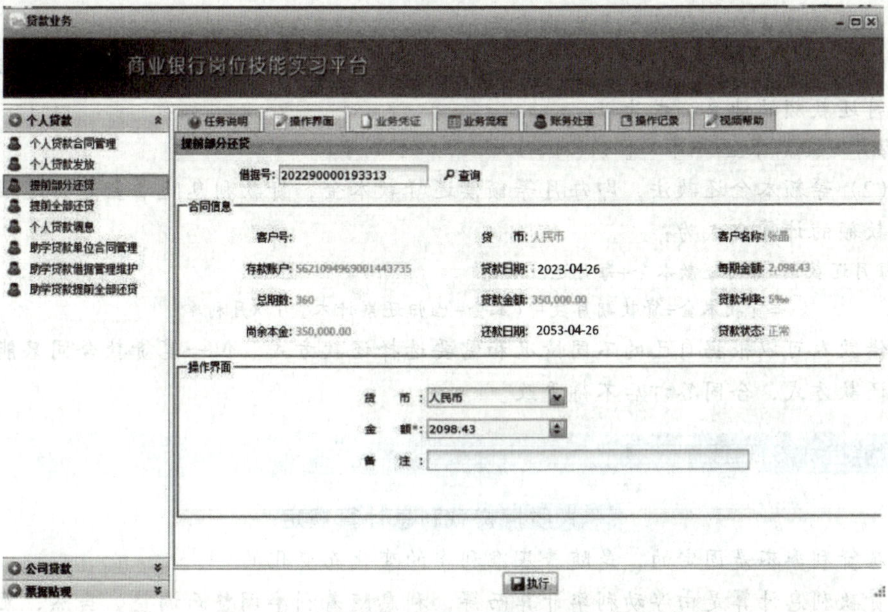

图3-9　个人住房贷款收回操作

（1）委托扣款方式：借款人应与贷款行签订委托扣款协议，贷款行按期收回贷款本息。会计分录为：

借：吸收存款——活期储蓄存款（张晶户）　　　　分期扣款金额
　贷：贷款——个人住房贷款（张晶户）　　　　分期扣款本金
　　　利息收入——个人住房贷款利息收入户　　　　分期扣款利息

（2）柜台还款方式：借款人将现金或信用卡、储蓄卡交柜台经办人办理贷款本息按期收回手续。会计分录为：

借：吸收存款——活期储蓄存款（张晶户）　　　　分期还款金额
或　借：现金　　　　分期还款金额

贷：贷款——个人住房贷款（张晶户） 分期还款本金

利息收入——个人住房贷款利息收入户 分期还款利息

2.清户撤押

当借款人按期还清全部借款本息后，信贷部门应销记抵（质）押物及权证登记簿，同时填制抵押物、质押物转出通知书通知会计部门和抵（质）押物保管部门。会计部门、保管部门审核无误后据此办理清户撤押手续。

3.后续处理

信贷经办人员办妥每笔贷款后，定期将收集齐全的有关资料进行整理，将合同正本交档案专管员，并办理有关移交手续。合同副本留信贷部门专人保管，以备日常管理。贷款本息结清后信贷部门应通知档案专管员将档案正式归档。

【知识链接 3-2】

个人住房贷款的还款方式

个人住房贷款的还款方式主要有两种：

（1）等额本息还款法，即每月以相等的额度平均偿还贷款本息，直至期满还清。其每月还款额的计算公式为：

$$每月还款额=本金\times利率\times\left[(1+利率)^{还款总期数}/(1+利率)^{还款总期数-1}\right]$$

（2）等额本金还款法，即每月等额偿还贷款本金，贷款利息随本金逐月递减。每月还款额的计算公式为：

每月还款额=每月还款本金+每月还款利息

=贷款本金÷贷款期月数+（本金−已归还累计本金）×月利率

借款人可以根据自己的不同情况和需要选择还款方式。但一笔贷款合同只能选择一种还款方式，合同签订后不得更改。

【知识链接 3-3】

个人质押贷款利息计算规定

房贷利率不是固定的，是随着基准利率的变化而变化的。

贷款利息计算是由浮动利率计算而得，利息随着利率调整而调整。当然，无论如何计算，对已支付的利息没有影响。对调整后的利息会有影响。一般银行利率调整后，所贷款项还没有偿还部分的利率也随之调整，主要有三种形式：

一是银行利率调整后，所贷款利率在次年的年初执行新调整的利率（如工商银行、农业银行、建设银行）。

二是满年度调整，即每还款满一年调整执行新的利率（如中国银行）。

三是双方约定，一般在银行利率调整后的次月执行新的利率水平。公积金贷款利率的调整一律在每年的1月1日。

无论基准利率如何调整，上浮（或下浮）的幅度不变，只是在新的利率基础上的上浮（或下浮）。

【实践操作】

1.实践内容

模拟银行金专支行当日发生下列业务：

2023年9月29日，模拟银行按照签订的按揭贷款协议向客户赵佳敏收取9月份贷款本息。

要求：以模拟银行金专支行柜员的身份进行相应业务的处理。

2.实践目标

掌握按揭贷款还贷业务处理流程。

3.考核标准

按揭贷款还贷业务处理准确率达100%，考核标准如下：

考核内容	评分标准	分值	学生得分	扣分说明
有效沟通（20分）	使用礼貌用语	5		
	给客户明确的引导	5		
	还贷资料审查详细	5		
	临时状况的应对	5		
业务办理（40分）	凭证审核准确	10		
	业务处理迅速	10		
	信息录入准确	10		
	盖章准确清晰	10		
操作规范（40分）	凭证管理规范	10		
	印章管理规范	10		
	合同签订规范	10		
	抵押物处理规范	10		
得分合计		分		
教师评价				

任务三　个人汽车消费贷款业务操作处理

【基本知识】

1.个人消费贷款概念及分类

个人消费贷款是指商业银行向个人发放的用于家庭或个人购买消费品或支付其他与个人消费相关费用的贷款消费的贷款。

个人消费贷款有以下六种：

（1）个人汽车贷款。个人汽车贷款是指银行向个人借款人发放的用于购买汽车产品的贷款。所购车辆按用途可分为自用车和商用车。前者指不以营利为目的的汽车；后者则是指以营利为目的的汽车。所购车辆按注册登记情况可以划分为新车和二手车。二手车是指从办理完机动车注册登记手续到规定报废的年限一年之前进行了所有权的变更，并依法办理过户手续的汽车。

（2）个人助学贷款。个人助学贷款是银行向在读学生或其直系亲属、法定监护人发放的用于满足其就学资金需求的贷款。个人助学贷款分为国家助学贷款和商业助学贷款。国家助学贷款是商业银行向我国境内的全日制高等学校中经济困难学生发放的，用于帮助他们支付在校期间的学费、住宿费和日常生活费，并由中央或地方财政根据教育部门设立的“助学贷款专户资金”给予财政贴息的贷款。商业助学贷款是指银行自主向正在接受非义务教育的学生或其直系亲属、法定监护人发放的，只能用于支付境内高等院校经济困难学生的学费、住宿费和就读期间基本生活费的商业贷款。

（3）个人耐用消费品贷款。个人耐用消费品贷款是指银行向个人发放的用于其购买耐用消费品的担保贷款。耐用消费品是指价值较大、使用寿命相对较长的家用商品，包括除房屋、汽车以外的家用电器、家具和健身器材等。借款人需在银行指定的特约商户处购买特定商品。特约商户通常具有一定的经营规模和较好的社会信誉，与银行签订耐用消费品合作协议。

（4）个人消费额度贷款。个人消费额度贷款是指商业银行向个人发放的、用于消费的、可在一定期限和额度内循环使用的贷款。个人可根据自己的消费需求先向银行申请有效额度，必要时再使用，不使用贷款，则不收取利息。在额度有效期内，客户可以随时向银行申请使用。

（5）个人旅游消费贷款。个人旅游消费贷款是指银行向个人发放的，用于个人及其家庭成员（包括借款申请人的配偶、子女及其父母）参加银行制定特约的各类旅行公司组织的旅游所需的贷款。旅游贷款遵循“定社旅游、专款专用”的原则。

（6）个人医疗贷款。个人医疗贷款是指银行向个人发放的，用于解决本人及其配偶或直系亲属就医时资金短缺问题的贷款。该贷款一般由贷款银行和保险公司联合当地特约医院办理，由借款人到特约医院领取并填写经医院签章认可的贷款申请书，持医院出具的诊断证明及住院证明到银行申办，获批后持其银行卡和银行盖章的贷款申请书及个人身份证到特约医院就医、结账。

2.个人汽车贷款对象

个人汽车贷款对象为年龄在18周岁（含）至60周岁（含）、具有完全民事行为能力的自然人。

3.个人汽车贷款额度

所购车辆为自用传统动力车的，贷款金额不超过所购汽车价格的80%；所购车辆为自用新能源车的，贷款金额不超过所购汽车价格的85%；所购车辆为商用传统动力车的，贷款金额不超过所购汽车价格的70%；所购车辆为商用新能源车的，贷款金额不超过所购汽车价格的75%，其中，商用载货车贷款金额不超过所购汽车价格的60%；所购车辆为二手车的，贷款金额不超过所购汽车价格的50%。

4.个人汽车贷款期限

所购车辆为自用车，最长贷款期限不超过5年；所购车辆为商用车，贷款期限不超过3年；二手车的贷款期限最长不得超过3年。

5.个人汽车贷款利率

个人汽车贷款利率按照商业银行的贷款利率规定执行。

6.个人汽车贷款担保方式

申请个人汽车贷款，借款人须提供一定的担保措施，包括纯车辆抵押、车辆抵押+担保机构、车辆抵押+自然人担保、车辆抵押+履约保证保险。

7.个人汽车贷款还款方式

贷款期限在一年以内的，可以采取按月还息任意还本法、等额本息还款法、等额本金还款法、一次性还本付息还款法等方式；贷款期限在一年以上的，可采取等额本息、等额本金还款法。具体还款方式由经办行与借款人协商并在借款合同中约定。

8.个人汽车贷款需要提供的申请材料

（1）个人贷款申请书。

（2）个人有效身份证件，包括居民身份证、户口簿、军官证、护照、港澳台同胞往来通行证等。借款人已婚的，要提供配偶的身份证明。

（3）户籍证明或长期居住证明。

（4）个人收入证明，必要时须提供家庭收入或财产证明。

（5）由汽车经销商出具的购车意向证明。

（6）购车首期付款证明。

（7）以所购车辆抵押以外的方式进行担保的，须提供担保的有关材料。

（8）如借款所购车辆为商用车，还需要提供所购车辆可合法用于运营的证明，如车辆挂靠运输车队的挂靠协议、租赁协议等。

（9）是个体商户的，必须提供个人的营业执照。

活动1　个人汽车贷款发放与收回

【业务引入】

2023年4月26日，客户王雪申请个人汽车贷款100 000元，期限为3年，采取等额本息还款方式。

【操作流程】

个人汽车贷款发放与收回业务操作流程如图3-10所示。

客户申请 ⇒ 签订合同 ⇒ 发放贷款 ⇒ 按期还款 ⇒ 贷款结清

图3-10 个人汽车贷款发放与收回业务操作流程

操作视频3-5

个人汽车贷款发放与收回

【操作步骤】

1.客户申请

客户向银行提出申请，书面填写申请表，同时提交相关资料。

2.签订合同

银行对借款人提交的申请资料调查、审批通过后，双方签订借款合同、担保合同，视情况办理相关公证、抵押登记手续等（如图3-11所示）。

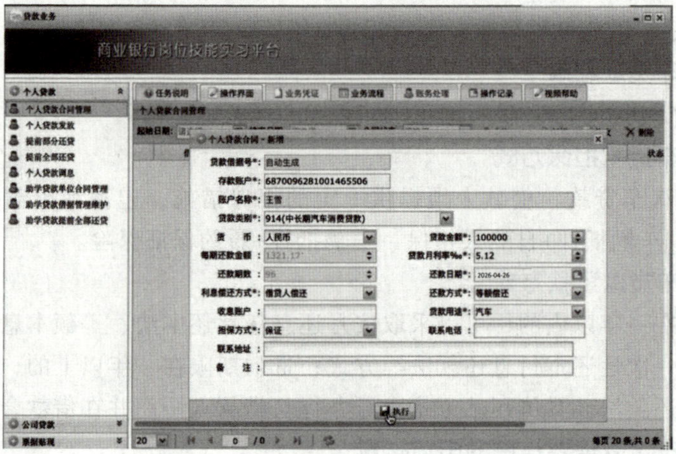

图3-11 个人汽车贷款借据管理操作

3.发放贷款

经银行审批同意发放的贷款，办妥所有手续后，银行按合同约定以转账方式直接划入汽车经销商的账户（如图3-12所示）。

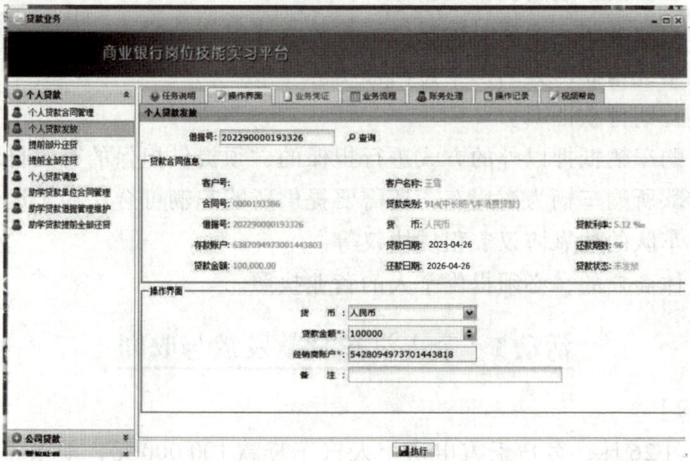

图3-12 个人汽车贷款发放操作

4. 按期还款

借款人按借款合同约定的还款计划、还款方式偿还贷款本息（如图3-13所示）。

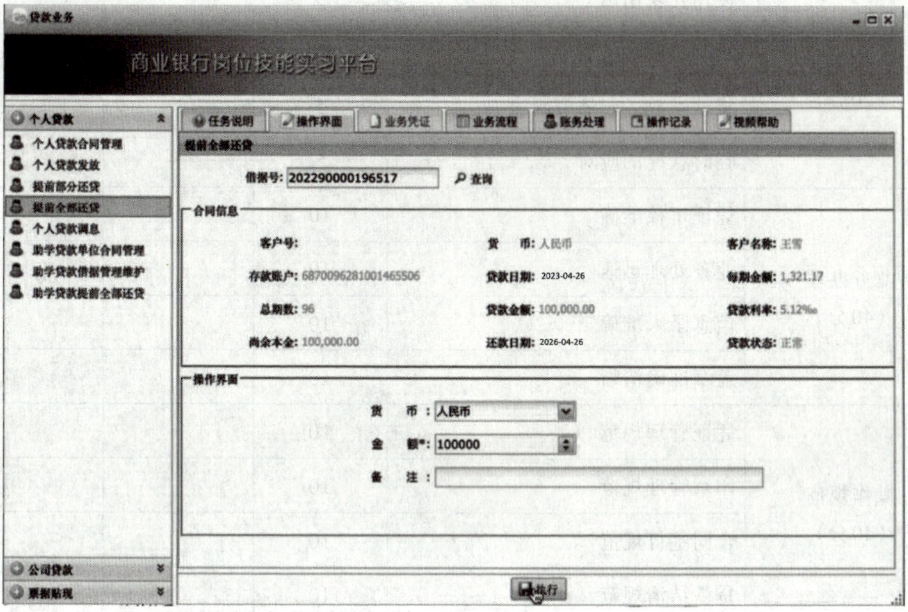

图3-13 个人汽车贷款还款操作

5. 贷款结清

贷款结清包括正常结清和提前结清两种。

（1）正常结清：在贷款到期日（一次性还本付息类）或贷款最后一期（分期偿还类）结清贷款。

（2）提前结清：在贷款到期日前，借款人如提前部分或全部结清贷款，须按借款合同约定，提前向银行提出申请，由银行审批后到指定会计柜台进行还款。

贷款结清后，借款人应持本人有效身份证件和银行出具的贷款结清凭证领回由银行收押的法律凭证和有关证明文件，并持贷款结清凭证到原抵押登记部门办理抵押登记注销手续。

微课3-5 个人汽车消费贷款

【实践操作】

1. 实践内容

模拟银行金专支行当日发生下列业务：

2023年8月1日，客户窦佳实申请个人汽车贷款30 000元，期限一年，采取一次性还本付息方式。

要求：以模拟银行金专支行柜员的身份进行相应业务的处理。

2. 实践目标

掌握个人汽车贷款业务处理流程。

3. 考核标准

个人汽车贷款业务处理准确率达100%，考核标准如下：

考核内容	评分标准	分值	学生得分	扣分说明
有效沟通（20分）	使用礼貌用语	5		
	给客户明确的引导	5		
	贷款发放、归还资料审查	5		
	临时状况的应对	5		
业务办理（40分）	凭证审核准确	10		
	业务处理迅速	10		
	信息录入准确	10		
	盖章准确清晰	10		
操作规范（40分）	凭证管理规范	10		
	印章管理规范	10		
	合同签订规范	10		
	贷款结清规范	10		
得分合计		分		
教师评价				

任务四　国家助学贷款业务操作处理

【基本知识】

1. 国家助学贷款的概念

国家助学贷款是由政府主导、财政贴息、财政和高校共同给予银行一定风险补偿金，银行、教育行政部门与高校共同操作的，帮助高校经济困难学生支付在校学习期间所需的学费、住宿费及生活费的银行贷款。

2. 贷款对象

中华人民共和国（不含香港特别行政区、澳门特别行政区和台湾地区）普通高等学校中经济确实困难的全日制本专科生（含高职生），研究生和第二学位学生，符合

下列条件的都可以申请国家助学贷款：

（1）具有中华人民共和国国籍，年满16周岁的需持有中华人民共和国居民身份证；

（2）具有完全民事行为能力（未成年人申请国家助学贷款须由其法定监护人书面同意）；

（3）诚实守信，遵纪守法，无违法违纪行为；

（4）学习刻苦，能够正常完成学业；

（5）因家庭经济困难，本人及其家庭所能筹集到的资金，不足以支付其学习期间的学习和生活基本费用。

3. 贷款额度

原则上，全日制本、专科生每人每学年最高不超过8 000元，全日制研究生每人每学年最高不超过12 000元。总额度以能正常完成学业所需年度乘以学年所需金额确定，具体贷款额度由借款人所在学校按本校的总贷款额度、学费、住宿费和生活费标准以及学生的困难程度确定。

4. 贷款期限

贷款学生应在毕业后1～2年内开始偿还贷款本金，6年内还清贷款本息。

5. 贷款担保

国家助学贷款是信用贷款，学生不需要办理贷款担保或抵押，但需要承诺按期还款，并承担相关法律责任。

6. 贷款利率

贷款利率执行中国人民银行规定的同期限贷款基准利率，不上浮。

7. 贷款偿还

贷款学生在校学习期间的助学贷款利息全部由财政补贴，并由有关部门直接交付给银行经办，贷款学生毕业后的利息由贷款本人全额支付。如出现还款违约行为，由此发生的罚息必须由贷款本人全部承担。

活动1　国家助学贷款发放与收回

【业务引入】

2023年4月26日，客户王雪申请国家助学贷款6 000元。

【操作流程】

国家助学贷款发放与收回业务操作流程如图3-14所示。

图3-14　国家助学贷款发放与收回业务操作流程

【操作步骤】

1. 业务申请

申请国家助学贷款需要客户提供以下材料：

（1）国家助学贷款申请书；

（2）本人学生证和身份证复印件（未成年人须提供法定监护人的有效身份证明和书面同意申请贷款证明）；

（3）本人对家庭经济困难情况的说明；

（4）乡、镇、街道民政部门和县级教育行政部门关于其家庭经济困难的证明，学生本人对其提供证明材料的真实性承担法律责任；

（5）银行或学校要求提供的其他证明文件和资料。

2.学校初审

学校机构在全国学生贷款管理中心下达的年度借款额度及控制比例内，组织学生申请借款，并接受学生的借款申请。

学校机构对学生提交的国家助学贷款申请材料进行资格审查，对其完整性、真实性、合法性负责，初审工作将在收到学生贷款申请后20个工作日内完成。

此项工作完成后，学校机构进行为期5天的公示，并对有问题的申请进行纠正。

初审工作无误后，学校机构在10个工作日内，在审查合格的贷款申请书上加盖公章予以确认，将审查结果通知学生，并编制《国家助学借款学生审核信息表》。

3.银行审批

学校有关部门负责对学生提交的国家助学贷款申请进行资格审查，并核查学生提交材料的真实性和完整性；银行负责最终审批学生的贷款申请。

4.签订合同

贷款申请被批准后，学校根据经办银行提供的借款学生名册，在10个工作日内完成组织学生填写、签署借款合同及借据的工作，并提交经办银行。学校应将学生申请或借款信息及时通知借款学生家长或其法定监护人。

经办银行在收到学校统一提交的借款合同及借据后的15个工作日内完成签署工作（如图3-15所示），并在5个工作日内将签署完毕的借款合同送达学校机构。

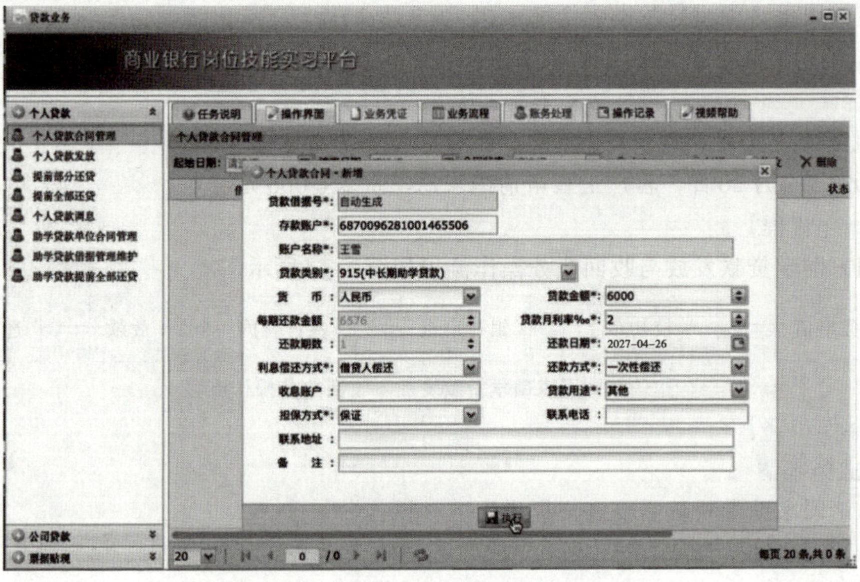

图3-15　国家助学贷款借据管理操作

5.放款

操作视频3-6 国家助学贷款发放与收回

贷款的具体发放将由银行为每名学生办理一张借记卡或活期存折（如图3-16所示）。

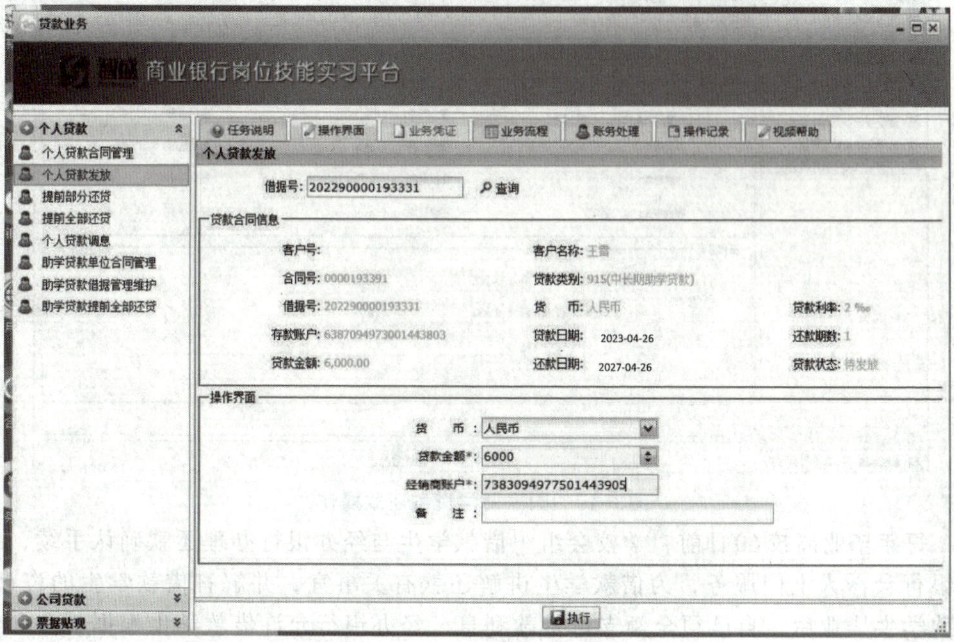

图3-16　国家助学贷款发放操作

学校负责监督学生的贷款使用情况，经办银行可以向学校了解贷款的发放和使用情况。

贷款学生在校学习期间，如果家庭经济状况明显改善，或获得了其他较大额度的资助、捐助，不需要继续贷款时，学生应在当年放款10天前，通过所在学校向银行提出书面的终止贷款发放申请。经银行同意后，学生与银行办理贷款合同变更等手续。

贷款学生有下列行为之一，银行可以停止发放贷款并要求清偿贷款本金：

（1）未按合同规定的用途使用贷款的；

（2）有违法乱纪行为，受校方行政处分或有关部门刑事处罚的；

（3）中途退学、被校方开除或取消学籍的；

（4）学习成绩差，无法完成学业的；

（5）出国留学或定居的；

（6）被宣告失踪、死亡、丧失完全民事行为能力或劳动能力的。

6.还款

借款学生使用助学贷款完成学业后，应重视自身信用，按时归还贷款。国家助学贷款还款操作如图3-17所示。

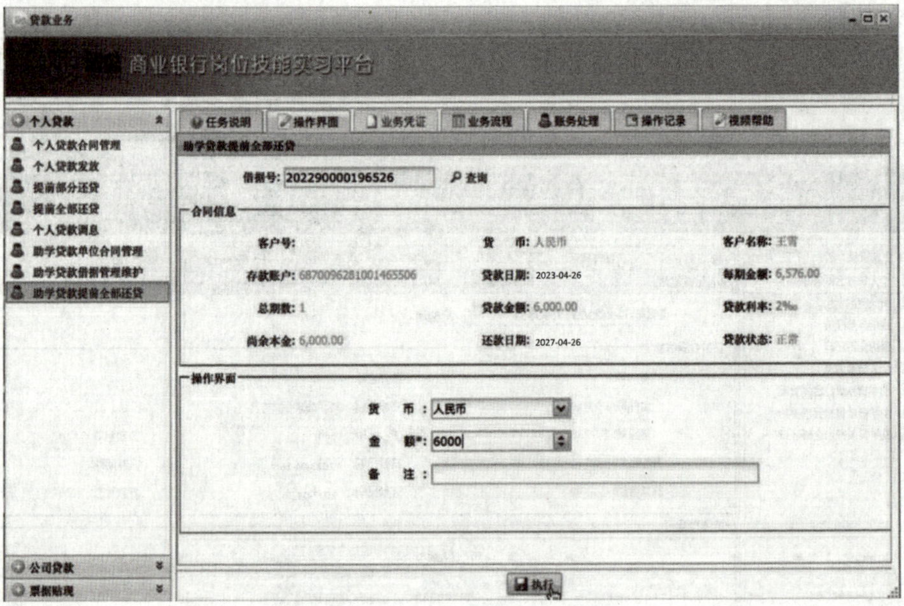

图3-17 国家助学贷款还款操作

每年毕业离校60日前，学校会组织借款学生与经办银行办理还款确认手续，经办银行会派人上门服务，为借款学生讲解还款有关事宜，并解答借款学生的咨询。借款学生毕业后，自己须全额支付贷款利息。经办银行允许借款学生根据就业和收入水平，自主选择毕业后24个月内的任何一个月起开始偿还贷款本金。具体还贷事宜，由借款学生在办理还款确认手续时向经办银行提出申请，由经办银行进行审批。

【实践操作】

1. 实践内容

模拟银行金专支行当日发生下列业务：

2023年8月1日，客户王雪申请国家助学贷款4 000元。

要求：以模拟银行金专支行柜员的身份进行相应业务的处理。

2. 实践目标

掌握国家助学贷款业务处理流程。

3. 考核标准

国家助学贷款业务处理准确率达100%，考核标准如下：

考核内容	评分标准	分值	学生得分	扣分说明
有效沟通（20分）	使用礼貌用语	5		
	给客户明确的引导	5		
	贷款发放、归还资料审查	5		
	临时状况的应对	5		

续表

考核内容	评分标准	分值	学生得分	扣分说明
业务办理（40分）	凭证审核准确	10		
	业务处理迅速	10		
	信息录入准确	10		
	盖章准确清晰	10		
操作规范（40分）	凭证管理规范	10		
	印章管理规范	10		
	合同签订规范	10		
	贷款结清规范	10		
得分合计		分		
教师评价				

学思践悟 3-2

请珍爱信用记录

——大学生国家助学贷款违约还款案例

2016年就读于某高校的14名大学生与银行签订了国家助学贷款借款合同，申请到2 000～12 000元不等的助学贷款。但是14名同学在完成学业后，不仅没有偿还助学贷款，也没有与银行签订补充合同和告知新的联系方式，导致银行无法催缴助学贷款，不得不通过法律途径向14名被告人追讨贷款本金及利息。

资料来源：作者根据相关资料编写所得。

启示：

国家助学贷款是由中央和省级政府共同推动的一种信用助学贷款，是党中央、国务院为实施科教兴国战略，加速人才培养，特别是使经济较困难的优秀青年得以深造的重大决策，是国家为了利用金融手段支持高等教育体制的深化改革，促进我国教育事业发展的重要举措。进一步完善高等学校经济困难学生的资助政策体系，缓解高校资助经费不足的矛盾。帮助学生树立自立自强观念，鞭策学生勤奋学习、努力上进，有力地推动高等学校学生素质教育的改革。为公民获得公平、公正的教育机会，提供社会保障机制。每一位申请贷款同学都应以诚信为本，按期偿还助学贷款，心存感恩，报效祖国。

【知识链接 3-4】

1.国家助学贷款代偿制度

为引导和鼓励高校毕业生面向西部地区和艰苦边远地区基层单位就业，减轻家庭困难学生的还款负担，从2006年起，中央部门所属普通高等学校中全日制本专科生（含高职）、研究生、第二学士学位的应届毕业生，自愿到西部地区和艰苦边远地区基层单位就业，服务期达到3年以上（含3年）的，其在校学习期间获得的国家助学贷款本金及其全部偿还之前产生的利息，由国家代为偿还。

2.助学贷款利息

贷款学生在校期间利息全部由财政补贴，其中，考入中央部属高校的学生，其贷款贴息由中央财政承担。考入地方高校的学生，跨省就读的，其贷款贴息由中央财政承担；在本省就读的，其贷款贴息由地方财政负担。贷款学生毕业后的利息全部由学生及家长（或其他法定监护人）负担。

3.助学贷款还款方式

（1）学生毕业前，一次或分次还清；

（2）学生毕业后，由其所在的工作单位将全部贷款一次垫还给发放贷款的部门；

（3）毕业生见习期满后，在2～5年内由所在单位从其工资中逐月扣还；

（4）毕业生工作的所在单位，可视其工作表现，决定减免垫还的贷款；

（5）对于贷款的学生，因触犯国家法律、校纪，而被学校开除学籍、勒令退学或学生自动退学的，应由学生家长负责归还全部贷款。

4.违约的借款学生应承担的后果

（1）国家助学贷款的借款学生如未按照与经办银行签订的还款协议约定的期限、数额偿还贷款，经办银行应对其违约还款金额计收罚息。

（2）经办银行会将已毕业学生的个人基本信息和还款情况录入中国人民银行的个人信用信息基础数据库，以供全国各金融机构依法查询。如国家助学贷款毕业学生违约情况严重，将影响其向金融机构申请办理其他个人消费信贷。

（3）违约人须承担相关法律责任。

项目小结

个人贷款作为贷款人向符合条件的自然人发放的用于个人消费、生产经营等用途的本外币贷款，应当遵循依法合规、审慎经营、平等自愿、公平诚信的原则。较为常见的个人贷款有个人住房贷款、个人汽车消费贷款、个人耐用消费品贷款、个人助学贷款等。不同的个人贷款用途应符合法律法规规定和国家有关政策，贷款人不得发放无指定用途的个人贷款。贷款人应加强贷款资金的支付管理，有效防范个人贷款业务风险。

项目训练

一、判断题

1. 个人质押贷款的质押物可以是人民币的整存整取定期储蓄存单，也可以是外币定期储蓄存单。（ ）

2. 个人质押贷款的最长期限可以超过质押品的到期日。（ ）

3. 个人住房贷款的利率按商业性贷款利率执行，下限放开，实行上限管理。（ ）

4. 个人住房贷款的贷款额度最高为所购住房全部价款的70%。（ ）

5. 个人住房贷款在贷款合同有效期内，若遇中国人民银行调整利率，对于已经发放的贷款，贷款期限在1年以上的，还是按照贷款合同利率执行。（ ）

6. 贷款学生在校学习期间的国家助学贷款利息和毕业后的利息全部由财政补贴。（ ）

7. 个人汽车消费贷款还款方式可采取等额本息还款法和等额本金还款法。（ ）

8. 借款人向贷款人申请大额耐用消费品贷款，必须提供保证、抵押和质押三种有效担保方式。（ ）

二、选择题

1. 个人质押贷款的最高额度一般不得超过所质押存单面额的（ ）。

A.60%　B.70%　C.80%　D.90%

2. 下列不可以作为个人质押贷款质物的是（ ）。

A.整存整取定期存单　B.凭证式国库券

C.外币整存整取定期存单　D.活期储蓄存折

3. 个人汽车消费贷款中如所购车辆为自用车，贷款金额不超过所购汽车价格的（ ）。

A.50%　B.60%　C.70%　D.80%

4.（ ）是信用贷款，不需要办理贷款担保或抵押。

A.个人住房贷款　B.个人汽车消费贷款

C.国家助学贷款　D.个人综合消费贷款

5.（ ）的贷款利率执行中国人民银行规定的同期限贷款基准利率，不上浮。

A.个人质押贷款　B.个人住房贷款

C.个人汽车消费贷款　D.国家助学贷款

三、综合实训

实训平台：http：//www.zsyun.com.cn/

实训账号：s1144038836

实训密码：cjgz888888

【实训内容】

1. 客户闵月到本行办理“中长期住房按揭贷款”业务。存款账户为闵月在本行开设的个人借记卡账户，贷款金额为30万元，贷款月利率为5.75‰，贷款期限为10年，贷款用途为楼房，担保方式为抵押，还款方式为等额偿还，利息偿还方式为借贷人偿还；经本行各级信贷部门审批并通过了个人客户闵月的贷款申请，经销商账户为长春安和置业股份有限公司在本行开立的建筑企业存款基本账户，柜员办理闵月的贷款全额发放业务；因央行调息，我行决定将贷款利率调为6‰；客户闵月需要提前还贷，综合柜员为其办理“中长期住房按揭贷款”现金提前全部还贷。

2. 丁远来我行办理“短期助学贷款”业务，存款账户为借记卡账户。贷款金额6 000元，贷款月利率3.75‰，贷款期限为半年，贷款用途其他，担保方式为保证，还款方式为一次性偿还，利息偿还方式为借贷人偿还。柜员为丁远全额发放助学贷款；客户丁远需提前还贷，我行柜员为其办理“短期助学贷款”提前全部还贷。

【实训目标】

1. 正确办理银行贷款业务。

2. 熟练完成银行实训平台操作。

3. 正确处理凭证。

4. 正确加盖印章。

【实训考核】

1. 平台操作准确率达到100%。

2. 凭证处理正确率达到100%。

项目四 个人结算业务处理

学习目标

知识目标

- 掌握银行各项个人汇兑业务的规定。
- 掌握银行各项个人支票业务的规定。
- 掌握银行各项银行卡业务的规定。

能力目标

- 能按照正确的业务规范办理各项个人汇兑业务。
- 能按照正确的业务规范办理各项个人支票业务。
- 能按照正确的业务规范办理各项银行卡业务。

素质目标

- 培养学生爱岗敬业、诚实守信、遵纪守法等职业道德。
- 培养学生的工匠精神。
- 培养学生充分的职场安全意识与健康意识。

任务一　个人汇兑业务处理

【基本知识】

汇兑是汇款人委托银行将其款项支付给收款人的结算方式。汇兑适用于单位和个人的各种款项的结算。

汇兑业务根据汇出行与汇入行联系方式的不同，可分为信汇、电汇两种。目前，各家商业银行均通过其系统内的电子汇划系统或人民银行现代化支付清算系统办理汇兑业务。

汇兑业务包括汇款汇出与汇款汇入两个操作环节。

个人通过银行办理汇兑业务，经办银行按照一定的标准收取手续费。

活动1　个人汇款汇出

【业务引入】

2023年3月15日，客户王佳明（身份证号码为2201041981100300××）来行申请将现金160 000元汇给长春的王大亮。

【操作流程】

个人汇款汇出业务操作流程如图4-1所示。

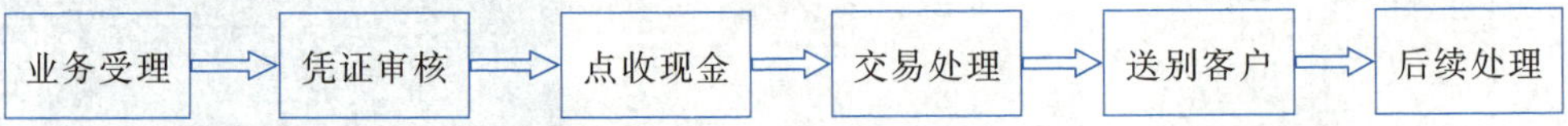

图4-1　个人汇款汇出业务操作流程

【操作步骤】

1.业务受理

申请人申请办理个人汇款汇出业务时，应向银行填交一式三联个人结算业务申请书（如图4-2所示）：第一联由银行作记账凭证，第二联由银行凭以发报或作出票依据，第三联为银行给客户的回单。

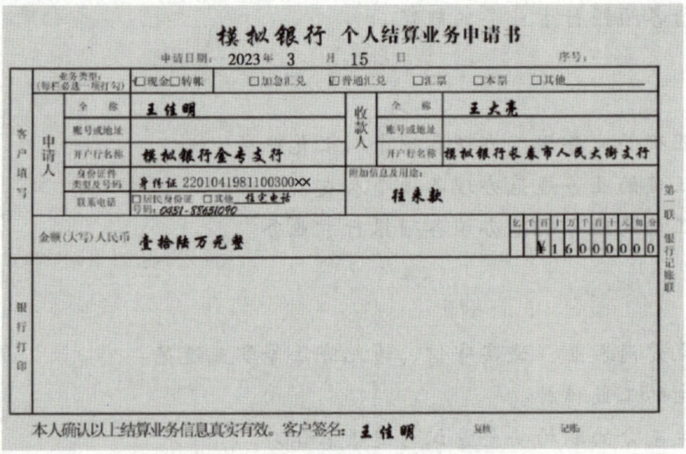

模拟银行　个人结算业务申请书

申请日期：2023年 3 月 15 日　　序号：

业务类型：（每栏必选一项打勾）☐现金☐转帐　☐加急汇兑　☑普通汇兑　☐汇票　☐本票　☐其他

客户填写 — 申请人：全称 王佳明；账号或地址；开户行名称 模拟银行金专支行；身份证件类型及号码 身份证 2201041981100300××；联系电话 ☐居民身份证 ☐其他 住宅电话 号码：0451-55651090

收款人：全称 王大亮；账号或地址；开户行名称 模拟银行长春市人民大街支行；附加信息及用途：往来款

金额（大写）人民币 壹拾陆万元整　¥16000000

银行打印

本人确认以上结算业务信息真实有效。客户签名：王佳明　复核　记账

第一联 银行记账联

图4-2　个人结算业务申请书

2.凭证审核

银行柜员受理客户申请书，并审核凭证。

（1）审核申请书填写的各项内容是否符合要求；

（2）审核金额、日期、收款人是否涂改；

（3）大小写金额是否一致；

（4）申请日期是否为当日；

（5）汇款人账户内是否有足够余额；

（6）填明“现金”字样的，申请人和收款人是否均为个人，并请申请人交存现金。

3.点收现金及交易处理

经审核无误后，汇出行以凭证第二联作为记账凭证，进行款项汇划，并做会计

分录：

借：现金 160 000.00

　贷：应解汇款——王佳明户 160 000.00

借：应解汇款——王佳明户 160 000.00

　贷：清算资金往来 160 000.00

借：现金 50.00

　贷：手续费收入 50.00

个人结算业务申请书审核记账后盖章，如图4-3所示。手续费收费凭证如图4-4所示。

微课4-1 个人汇款的汇出

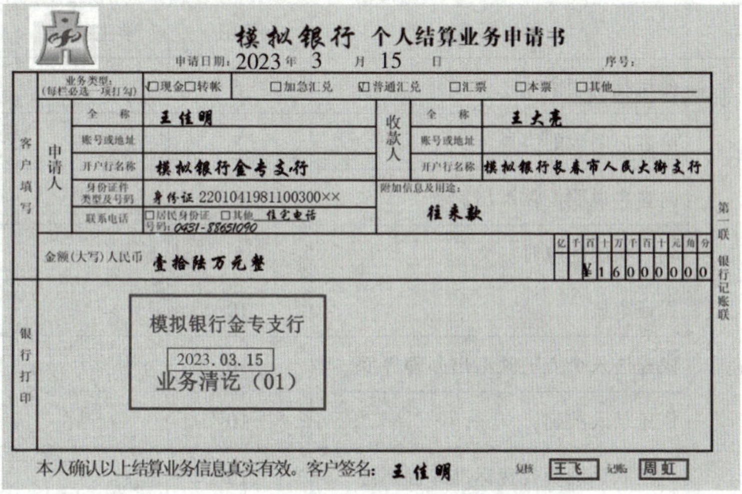

模拟银行 个人结算业务申请书

申请日期：2023年 3 月 15 日 序号：

业务类型：（每栏必选一项打勾） ☐现金☐转帐 ☐加急汇兑 ☑普通汇兑 ☐汇票 ☐本票 ☐其他

客户填写				
申请人	全称	王佳明	收款人 全称	王大亮
	账号或地址		账号或地址	
	开户行名称	模拟银行金专支行	开户行名称	模拟银行长春市人民大街支行
	身份证件类型及号码	身份证 2201041981100300××	附加信息及用途：	往来款
	联系电话	☐居民身份证 ☐其他 住宅电话 号码：0431-88651090		
金额（大写）人民币	壹拾陆万元整		亿千百十万千百十元角分	¥16000000

银行打印：模拟银行金专支行 2023.03.15 业务清讫（01）

第一联 银行记账联

本人确认以上结算业务信息真实有效。客户签名：王佳明 复核 王飞 记账 周虹

图4-3 个人结算业务申请书盖章样例

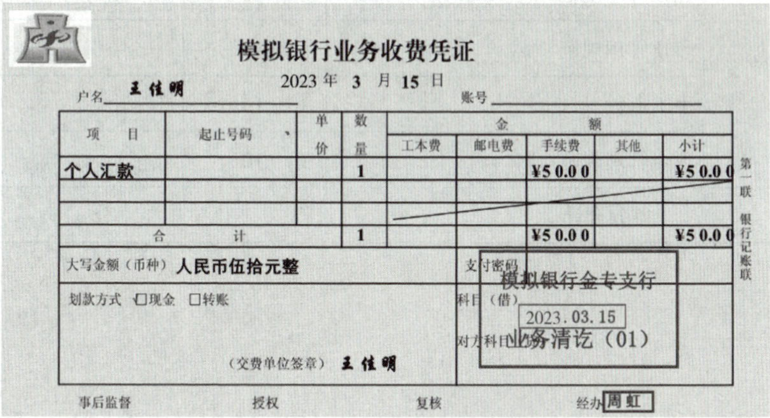

模拟银行业务收费凭证

2023年 3 月 15 日

户名 王佳明 账号

项目	起止号码	单价	数量	工本费	邮电费	手续费	其他	小计
个人汇款			1			¥50.00		¥50.00
合计			1			¥50.00		¥50.00

大写金额（币种）人民币伍拾元整

划款方式 ☑现金 ☐转账

支付密码 科目（借） 对方科目（贷） 模拟银行金专支行 2023.03.15 业务清讫（01）

（交费单位签章）王佳明

事后监督 授权 复核 经办 周虹

第一联 银行记账联

图4-4 手续费收费凭证

4.送别客户和后续处理

送别客户后，银行柜员在相关记账凭证上加盖相关业务印章及经办人员名章，作为办理业务的凭证与其他凭证一起装订保管。

【实践操作】

1.实践内容

（1）客户周州提交现金200 000元及个人结算业务申请书申请办理汇兑业务，收

款人为李晔，汇入行为模拟银行广元支行。

（2）客户王非提交现金390 000元及汇兑业务委托书申请办理汇兑业务，收款人为齐小明，汇入行为模拟银行泰顺支行。

要求：以模拟银行金专支行柜员的身份进行相应业务的处理。

2. 实践目标

掌握个人汇款业务处理流程。

3. 考核标准

能够快速、规范地完成个人汇款汇出业务，考核标准如下：

考核内容	评分标准	分值	学生得分	扣分说明
有效沟通（20分）	使用礼貌用语	5		
	给客户明确的引导	5		
	向客户说明汇款汇出流程	5		
	临时状况的应对	5		
业务办理（40分）	凭证审核	10		
	快速进入个人汇款汇出办理界面	10		
	信息录入准确	10		
	对汇款手续费收费标准掌握熟练	10		
操作规范（40分）	凭证管理规范	10		
	印章管理规范	10		
	手工点钞	10		
	现金管理规范	10		
得分合计		分		
教师评价				

活动2 个人汇款汇入

【业务引入】

2023年3月15日，模拟银行上海黄浦路支行经办人员收到模拟银行金专支行的贷报信息，系一笔个人现金汇入款，金额160 000元，汇款人王佳明，收款人王大亮当日来行办理取现手续。

【操作流程】

个人汇款汇入业务操作流程如图4-5所示。

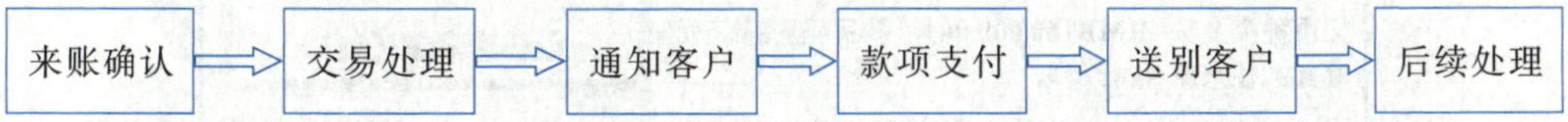

图4-5 个人汇款汇入业务操作流程

【操作步骤】

1.来账确认

申请人申请办理个人汇款汇入业务时，由银行进行相关票据及信息的审查，生成资金汇划补充凭证（如图4-6所示）。

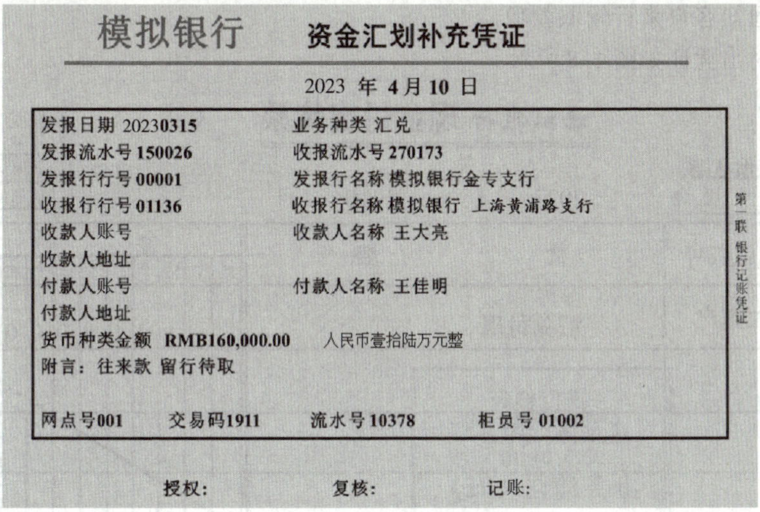
模拟银行 资金汇划补充凭证

2023 年 4月10 日

发报日期 20230315　业务种类 汇兑
发报流水号 150026　收报流水号 270173
发报行行号 00001　发报行名称 模拟银行金专支行
收报行行号 01136　收报行名称 模拟银行 上海黄浦路支行
收款人账号　收款人名称 王大亮
收款人地址
付款人账号　付款人名称 王佳明
付款人地址
货币种类金额 RMB160,000.00　人民币壹拾陆万元整
附言：往来款 留行待取

网点号001　交易码1911　流水号10378　柜员号01002

授权：　复核：　记账：

第一联 银行记账凭证

图4-6 资金汇划补充凭证

2.交易处理

经审核无误后，做会计分录如下：

借：清算资金往来　160 000.00
　贷：应解汇款——王佳明户　160 000.00
借：应解汇款——王佳明户　160 000.00
　贷：现金　160 000.00

资金汇划补充凭证审核记账后盖章，如图4-7所示。

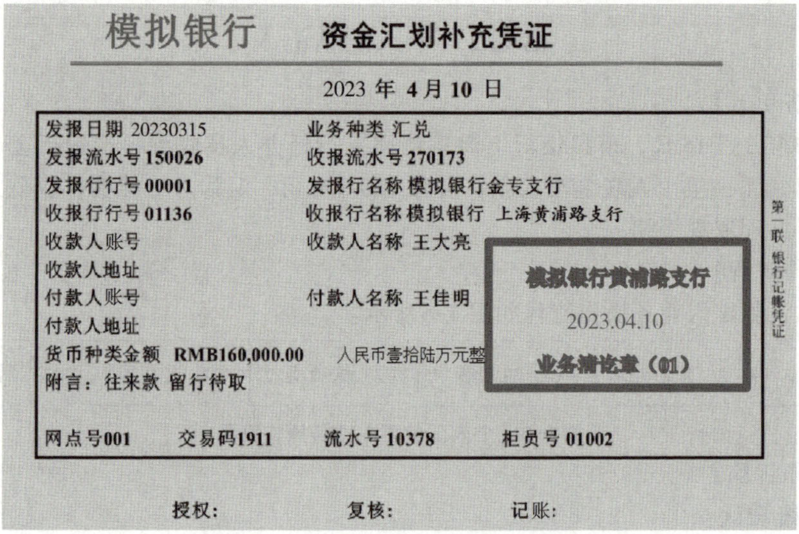
模拟银行　资金汇划补充凭证

2023 年 4月 10 日

发报日期 20230315	业务种类 汇兑
发报流水号 150026	收报流水号 270173
发报行行号 00001	发报行名称 模拟银行金专支行
收报行行号 01136	收报行名称 模拟银行 上海黄浦路支行
收款人账号	收款人名称 王大亮
收款人地址	
付款人账号	付款人名称 王佳明
付款人地址	
货币种类金额 RMB160,000.00	人民币壹拾陆万元整
附言：往来款 留行待取	

网点号001　交易码1911　流水号10378　柜员号01002

模拟银行黄浦路支行 2023.04.10 业务清讫章（01）

第一联 银行记账凭证

授权：　复核：　记账：

微课 4-2

个人汇款的汇入

图4-7　资金汇划补充凭证盖章样例

3. 通知客户及款项支付

银行通知客户来行领取款项。

现金付出凭证如图4-8所示。

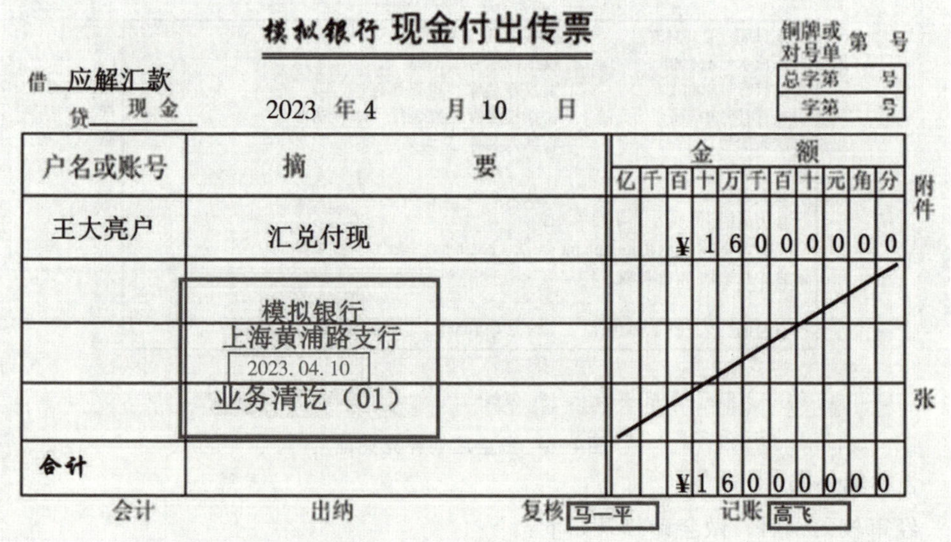
模拟银行 现金付出传票

铜牌或对号单 第 号　总字第 号　字第 号

借 应解汇款　贷 现金　2023 年 4 月 10 日

户名或账号	摘要	金额（亿千百十万千百十元角分）
王大亮户	汇兑付现	¥16000000
	模拟银行 上海黄浦路支行 2023.04.10 业务清讫（01）	
合计		¥16000000

附件 张

会计　出纳　复核 马一平　记账 高飞

图4-8　现金付出凭证

4. 送别客户及后续处理

送别客户后，银行柜员在相关记账凭证上加盖相关业务印章及经办人员名章，作为办理业务的凭证与其他凭证一起装订保管。

【实践操作】

1. 实践内容

（1）模拟银行广元支行收到一笔个人现金汇入款，金额200 000元，汇款人周

州，汇出行是模拟银行金专支行，收款人李晔，审核无误办理记账手续，后经通知当日收款人来行办理取现手续。

（2）模拟银行泰顺支行收到一笔个人现金汇入款，金额390 000元，汇款人王非，汇出行是模拟银行金专支行，收款人为齐小明，审核无误办理记账手续，经通知次日收款人来行办理取现手续。

要求：分别以模拟银行广元支行、模拟银行泰顺支行柜员的身份进行相应业务的处理。

2.实践目标

掌握个人汇款业务处理流程。

3.考核标准

能够快速、规范地完成个人汇款汇入业务，考核标准如下：

考核内容	评分标准	分值	学生得分	扣分说明
有效沟通（20分）	使用礼貌用语	5		
	给客户明确的引导	5		
	向客户说明汇款汇入流程	5		
	临时状况的应对	5		
业务办理（40分）	快速进入业务办理界面	10		
	来账确认准确	10		
	信息录入准确	10		
	盖章准确清晰	10		
操作规范（40分）	凭证管理规范	10		
	印章管理规范	10		
	手工点钞	10		
	现金管理规范	10		
得分合计		分		
教师评价				

任务二　个人支票业务处理

【基本知识】

个人支票是个人签发的，委托办理支票存款业务的银行，在见票时无条件支付确定的金额给收款人或者持票人的票据。个人支票以个人信誉为保证，以支票为支付结算凭证，可用于转账、取现和购物。签发的个人支票有效期为10天。

在银行申请个人支票，首先要开立支票存款账户。开立账户要填写银行个人支票账户开立申请书，并提供个人印鉴。申请人需年满18周岁。银行受理申请后，应对客户进行信用评估，基本条件包括有稳定的资产和收入，月薪不低于一定金额（目前多数银行定为5 000元人民币），信用良好，当前无债务纠纷，同时要求个人存款余额须达到一定金额（10 000元人民币左右）以上。

申请人购买支票时要出具有效身份证件，在支票购买凭证上加盖预留银行的个人印章或签名，交纳个人支票的工本费，即可获得支票。目前个人支票分为两种：一种是个人现金支票，主要用于直接到银行支取现金。个人现金支票每次可购买3张，每张工本费0.80元。另一种是个人转账支票，更多地用于购物或其他消费。个人转账支票5张为最高限购数，每张工本费稍高，为1.20元。

微课4-3

支票规定

个人支票不允许透支。当使用者以透支的方式开具个人支票后，不仅将受到该张支票总金额5%但不低于1 000元的罚款，还将被取消个人支票使用资格。也就是说，如有一次信用不良记录，使用资格就随之消失。

活动1　个人现金支票取款

【业务引入】

2023年4月19日，客户赵红持现金支票到模拟银行金专支行办理取现业务，金额6 100元。

【操作流程】

个人现金支票取款业务操作流程如图4-9所示。

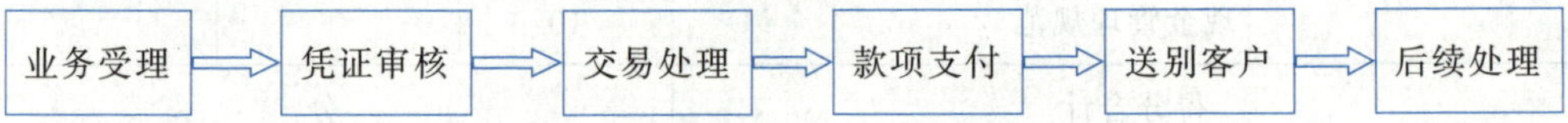

图4-9　个人现金支票取款业务操作流程

【操作步骤】

1.业务受理及凭证审核

（1）持票人开户行受理并审核持票人送交的支票和二联进账单；

（2）承办柜员录入相关要素信息，并核对系统与资料的一致性；

（3）当支票在前台录入成功后，由后台复核人员进行审查复核；

（4）复核通过后，进行账务查询，确认资金是否支出。

模拟银行现金支票样例如图4-10所示。

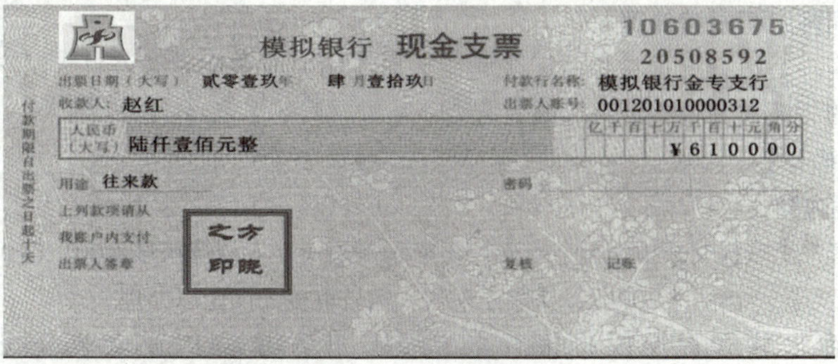

图4-10　现金支票样例

2. 交易处理

经审核无误后，系统完成交易，如图4-11所示。做会计分录如下：

借：活期储蓄存款——赵红　　　　6 100.00

　贷：现金　　　　6 100.00

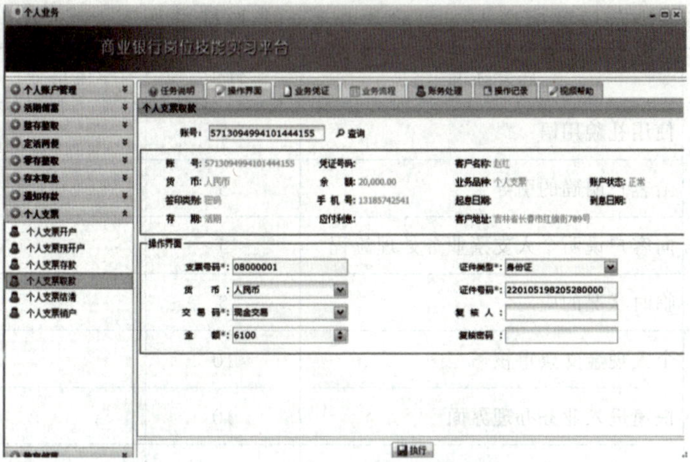

图4-11　个人支票取款操作

操作视频4-1

个人现金支票取款

3. 款项支付

现金支票审核记账后盖章，如图4-12所示。

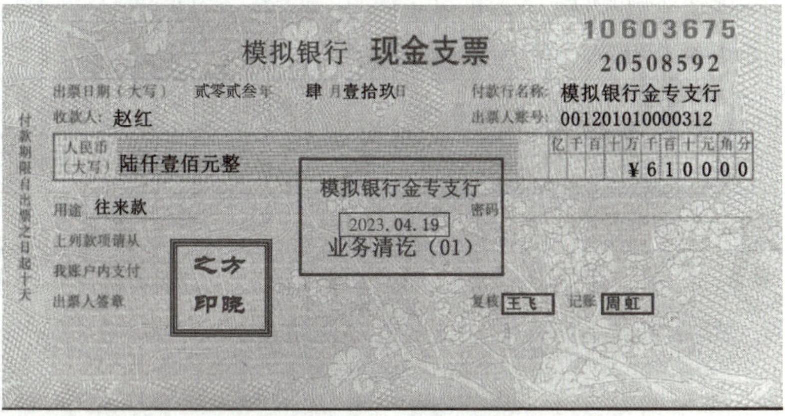

图4-12　现金支票盖章样例

4.送别客户和后续处理

送别客户后银行柜员在相关记账凭证上加盖相关业务印章及经办人员名章，作为办理业务的凭证与其他凭证一起装订保管。

【实践操作】

1.实践内容

（1）客户李曦提交模拟银行金专支行开户人张月（个人结算账号：001201010000311）签发的现金支票，金额18 200元，支取往来款。柜员审核无误予以办理。

（2）客户林立提交模拟银行金专支行开户单位广亚家装公司（账号：00120101000308）签发的现金支票，金额16 500元，支取劳务费。柜员审核无误予以办理。

要求：以模拟银行金专支行柜员的身份进行相应业务的处理。

2.实践目标

掌握个人现金支票业务处理流程。

3.考核标准

能够快速、规范地完成个人支票取款业务，考核标准如下：

考核内容	评分标准	分值	学生得分	扣分说明
有效沟通（20分）	使用礼貌用语	5		
	给客户明确的引导	5		
	向客户说明个人支票业务处理流程	5		
	临时状况的应对	5		
业务办理（40分）	个人现金支票审核	10		
	快速进入业务办理界面	10		
	信息录入准确	10		
	配钞及盖章准确清晰	10		
操作规范（40分）	支票加盖附件章	10		
	印章管理规范	10		
	手工点钞	10		
	现金管理规范	10		
得分合计		分		
教师评价				

活动2　个人转账支票

【业务引入】

2023年4月21日，客户方晓签发转账支票支付国美家电有限公司购货款，金额27 400元。

【操作流程】

个人转账支票业务操作流程如图4-13所示。

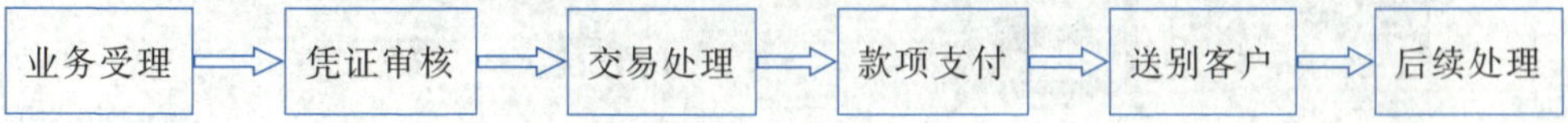

图4-13　个人转账支票业务操作流程

【操作步骤】

1.业务受理及凭证审核

（1）持票人开户行受理并审核持票人送交的支票和二联进账单；

（2）承办柜员录入相关要素信息，并核对系统与资料的一致性；

（3）当支票在前台录入成功后，由后台复核人员进行审查复核；

（4）复核通过后，进行账务查询，确认资金是否到账。

模拟银行转账支票样例如图4-14所示。

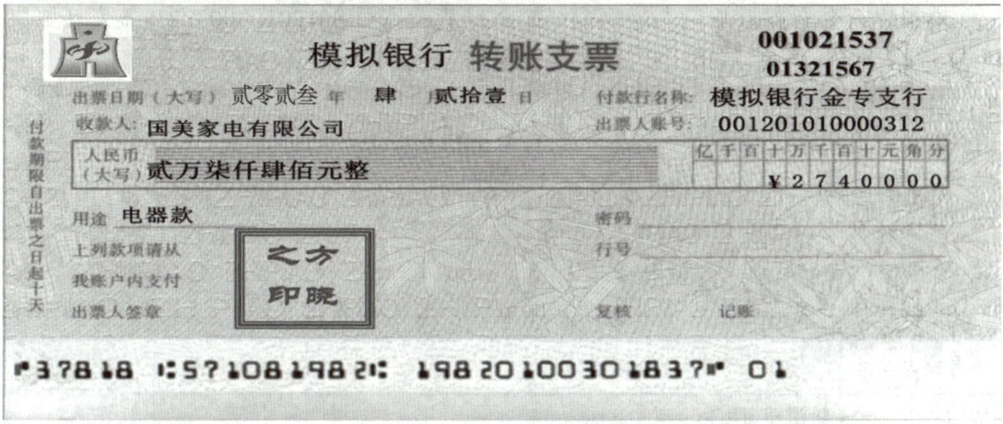

模拟银行 转账支票

001021537
01321567

出票日期（大写）贰零贰叁 年 肆 月 贰拾壹 日　付款行名称：模拟银行金专支行

收款人：国美家电有限公司　出票人账号：001201010000312

付款期限自出票之日起十天

人民币（大写）贰万柒仟肆佰元整　亿千百十万千百十元角分 ¥2740000

用途 电器款　密码

上列款项请从　行号

我账户内支付

出票人签章　之方印晓　复核　记账

图4-14　转账支票样例

2.交易处理

经审核无误后，做会计分录如下：

借：活期储蓄存款——方晓　　27 400.00

　贷：活期存款——国美家电有限公司　　27 400.00

3.款项支付

转账支票审核记账后盖章，如图4-15所示，并出具进账单。

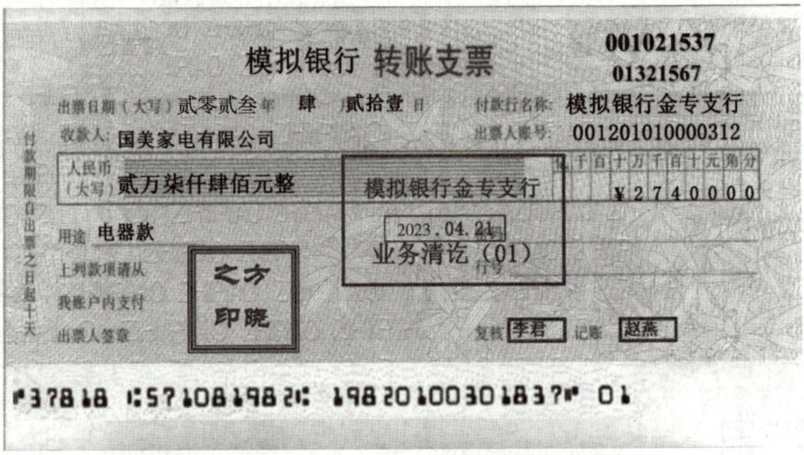
模拟银行 转账支票　001021537　01321567

出票日期（大写）贰零贰叁年 肆 月贰拾壹日　付款行名称：模拟银行金专支行

收款人：国美家电有限公司　出票人账号：001201010000312

人民币（大写）贰万柒仟肆佰元整　¥2740000

用途 电器款

上列款项请从我账户内支付

出票人签章

复核 李君　记账 赵燕

付款期限自出票之日起十天

模拟银行金专支行 2023.04.21 业务清讫（01）

图4-15　转账支票盖章样例

微课 4-4

个人转账支票收付款

4.送别客户和后续处理

送别客户后，银行柜员在相关记账凭证上加盖相关业务印章及经办人员名章，作为办理业务的凭证与其他凭证一起装订保管。

【实践操作】

1.实践内容

模拟银行金专支行开户人赵物殳（个人结算户账号0012010000322）签发转账支票与进账单，金额 7 300 元，系支付同行开户单位第一百货公司（账号：001201010000532）货款。柜员审核无误予以办理。

要求：以模拟银行金专支行柜员的身份进行相应业务的处理。

2.实践目标

掌握转账支票业务处理流程。

3.考核标准

能够快速、规范地完成个人支票转账业务，考核标准如下：

考核内容	评分标准	分值	学生得分	扣分说明
有效沟通（20分）	使用礼貌用语	5		
	给客户明确的引导	5		
	向客户说明个人支票转账业务流程	5		
	临时状况的应对	5		
业务办理（40分）	转账支票审核	10		
	快速进入转账办理界面	10		
	信息录入准确	10		
	盖章准确清晰	10		

续表

考核内容	评分标准	分值	学生得分	扣分说明
操作规范（40分）	凭证审核规范	10		
	印章管理规范	10		
	凭证管理规范	10		
	附件处理规范	10		
得分合计		分		
教师评价				

任务三　银行卡业务处理

【基本知识】

1.银行卡的概念及分类

银行卡是指由商业银行向社会发行的具有消费信用、转账结算、存取现金等全部或部分功能的信用支付工具。

银行卡按其是否具有消费信贷（透支）功能，分为信用卡和借记卡；按对象不同，分为单位卡（商务卡）、个人卡；按信息载体不同，分为磁条卡、芯片（IC）卡；按使用范围和结算币种，分为国际卡与国内卡；按信誉等级，分为金卡和普通卡。

2.信用卡的分类

信用卡按是否向发卡银行交存备用金分为贷记卡、准贷记卡两类。贷记卡是指发卡银行给予持卡人一定信用额度，持卡人可在信用额度内先消费后还款的银行卡；准贷记卡是指持卡人须先按发卡银行要求交存一定金额的备用金，当备用金账户余额不足以支付时，可在发卡银行规定的信用额度内透支的银行卡。

3.借记卡的分类

借记卡按功能不同，可分为转账卡（含储蓄卡）、专用卡、储值卡。借记卡不具备透支功能。转账卡是实时扣款的借记卡，具有转账结算、存取现金和消费功能。专用卡是指具有专门用途（专门用途是指在百货、餐饮、饭店、娱乐行业以外的用途）、在特定区域使用的借记卡，具有转账结算、存取现金的功能。储值卡是发卡银行根据持卡人要求将其资金转至卡内储存，交易时直接从卡内扣款的预付钱包式借记卡。

具有完全民事行为能力的公民可申领个人卡，其资金以现金存入或以其工资性款项及属于个人的劳务报酬收入转账存入，严禁将单位的款项存入个人卡账户。

学思践悟 4-1　违规出售、出借银行卡

2021年4月，任某的朋友找到任某，以每张银行卡300元的报酬向任某“借用”银行卡，之后任某办理了五张银行卡及五张电话卡交给其朋友，任某出售银行卡共获利1 520元。次日，其朋友再次找到任某，任某为其提供了人脸识别等帮助，其朋友将其银行卡内钱款转走。经调查，任某的五张银行卡内共接收了诈骗款13.9万元。后经法院认定，任某明知他人利用信息网络实施犯罪仍然出售银行卡，提供结算帮助，已构成犯罪。任某最终被法院判定为帮助信息网络犯罪活动罪，被判处有期徒刑一年，并处罚金3 000元。

资料来源：作者根据相关资料编写所得。

启示：

《中华人民共和国刑法》第二百八十七条第二款规定：帮助信息网络犯罪活动罪是指明知他人利用信息网络实施犯罪，为其犯罪提供互联网接入、服务器托管、网络存储、通信传输等技术支持，或者提供广告推广、支付结算等帮助，情节严重的，处三年以下有期徒刑或者拘役，并处或者单处罚金。其中提供银行卡的行为多被认定是提供了支付结算帮助，情节严重会涉嫌帮助信息网络犯罪活动罪。本案中的任某明知他人利用信息网络实施犯罪仍然出售银行卡，提供结算帮助，已构成犯罪，并受到了应有的惩罚。党的二十大报告提出：“法治社会是构筑法治国家的基础。弘扬社会主义法治精神，传承中华优秀传统法律文化，引导全体人民做社会主义法治的忠实崇尚者、自觉遵守者、坚定捍卫者。”每个公民都应增强法律意识，努力使遵法学法守法用法在全社会蔚然成风。

活动1　银行卡开卡

操作视频4-2　银行卡发放

【业务引入】

2023年4月16日，客户陈然到模拟银行金专支行开立借记卡，并存入现金5 000元。

【操作流程】

银行卡发放业务操作流程如图4-16所示。

业务受理 ⇒ 资料审核 ⇒ 信息录入 ⇒ 客户签收 ⇒ 送别客户 ⇒ 后续处理

图4-16　银行卡发放业务操作流程

微课4-5　银行卡开卡

【操作步骤】

1. 业务受理

申请人须填写借记卡申请表，并将本人有效身份证件原件、现金一并交给柜员。

2. 资料审核

柜员需对申请表信息及身份证件进行审核，只能本人办理，不得代办。柜员将客

户现金进行清点、检验和捆扎。清点现金按“三先三后”程序操作。收入现金必须坚持手工清点，并用带有检伪功能的点钞机进行两遍复点。

3.信息录入

审核申请书并清点现金无误后，操作系统为客户办理业务，如图4-17、4-18所示。

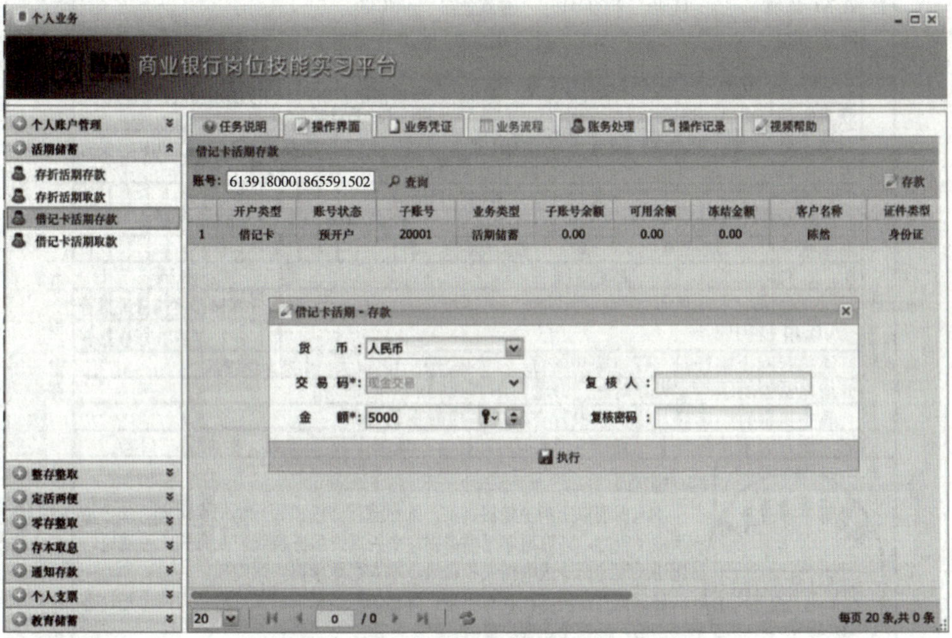

图4-17　开立个人账户

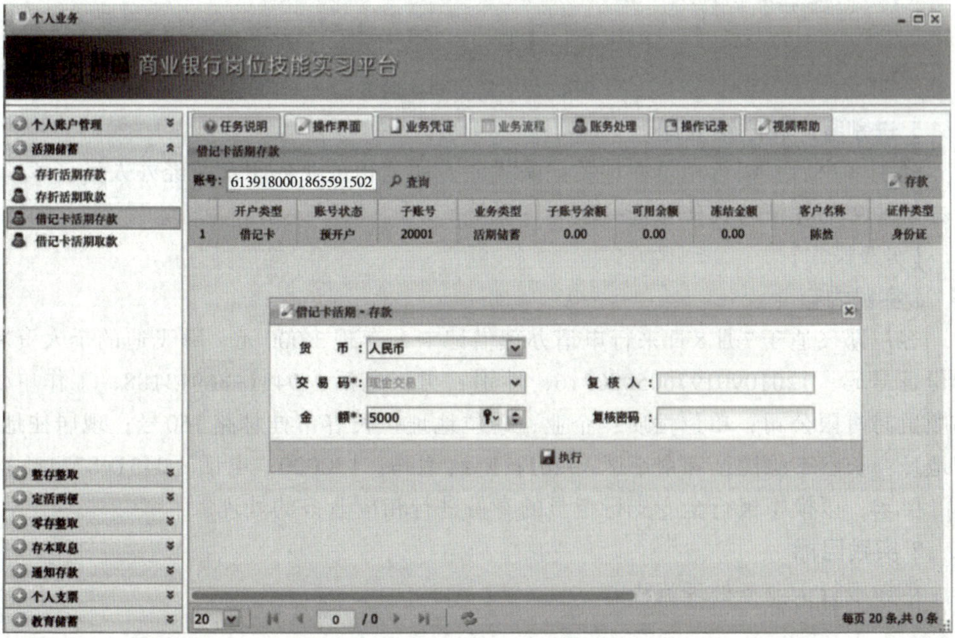

图4-18　借记卡活期存款

4.客户签收

模拟银行借记卡申请表如图4-19所示。

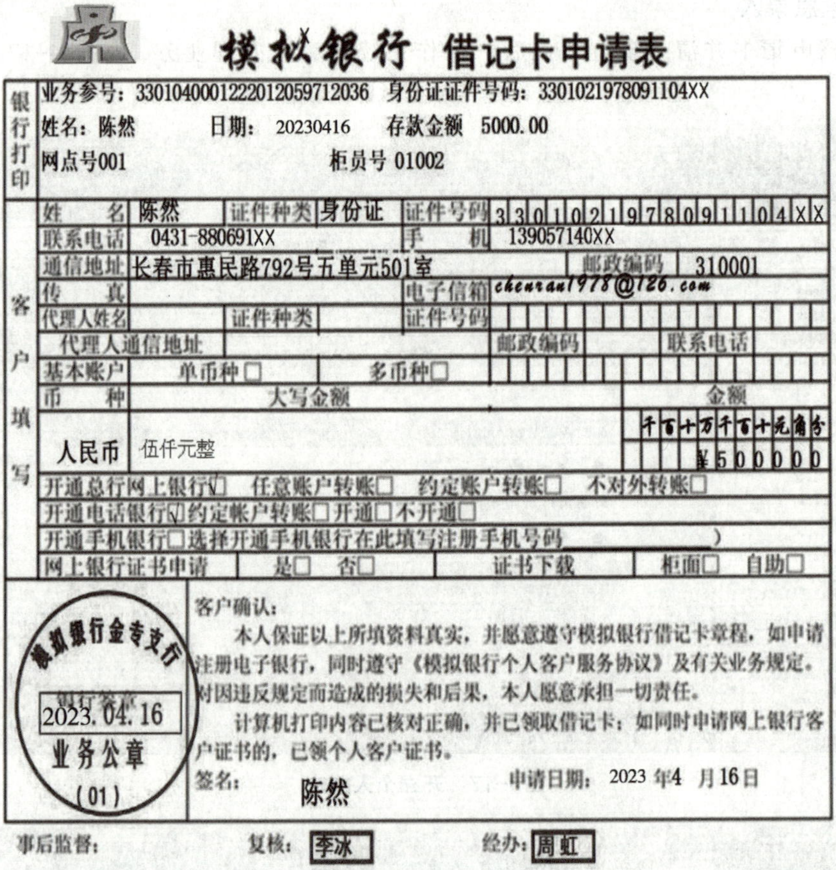

模拟银行 借记卡申请表

银行打印	业务参号：3301040001222012059712036 身份证证件号码：3301021978091104XX 姓名：陈然 日期：20230416 存款金额 5000.00 网点号001 柜员号 01002

客户填写					
姓名	陈然	证件种类	身份证	证件号码	3301021978091104XX
联系电话	0431-880691XX			手机	139057140XX
通信地址	长春市惠民路792号五单元501室			邮政编码	310001
传真				电子信箱	chenran1978@126.com
代理人姓名		证件种类		证件号码	
代理人通信地址				邮政编码	联系电话
基本账户	单币种□	多币种□			
币种	大写金额			金额（千百十万千百十元角分）	
人民币	伍仟元整			¥500000	
开通总行网上银行√ 任意账户转账□ 约定账户转账□ 不对外转账□					
开通电话银行√ 约定帐户转账□ 开通□ 不开通□					
开通手机银行□ 选择开通手机银行在此填写注册手机号码（ ）					
网上银行证书申请	是□ 否□	证书下载		柜面□ 自助□	

第一联 银行留存

客户确认：

本人保证以上所填资料真实，并愿意遵守模拟银行借记卡章程，如申请注册电子银行，同时遵守《模拟银行个人客户服务协议》及有关业务规定。对因违反规定而造成的损失和后果，本人愿意承担一切责任。

计算机打印内容已核对正确，并已领取借记卡；如同时申请网上银行客户证书的，已领个人客户证书。

签名：陈然 申请日期：2023年4月16日

（印章：模拟银行金专支行 2023.04.16 业务公章 (01)）

事后监督： 复核：李冰 经办：周虹

图4-19 借记卡申请表

5.送别客户和后续处理

送别客户后，银行柜员在相关记账凭证上加盖相关业务印章及经办人员名章，作为办理业务的凭证与其他凭证一起装订保管。

【实践操作】

1.实践内容

客户邓飞迪于7月8日来行申请办理借记卡，存现3 000元。邓飞迪的个人资料：身份证号码：1201090197605080316；性别：男；电话：0431-86913188；工作单位：鸿顺贸易有限公司；单位性质：企业；单位地址：长春市桂林路160号；现居住地详细地址：长春市绿园区和众小区3-201；邮政编码：130000；电话：0431-87218848。

要求：以模拟银行金专支行柜员的身份进行相应业务的处理。

2.实践目标

掌握银行卡业务处理流程。

3. 考核标准

能够快速、规范地完成个人银行卡开卡业务处理，考核标准如下：

考核内容	评分标准	分值	学生得分	扣分说明
有效沟通（20分）	使用礼貌用语	5		
	给客户明确的引导	5		
	向客户说明个人银行卡开卡业务流程	5		
	临时状况的应对	5		
业务办理（40分）	快速进入开卡办理界面	10		
	信息录入准确	10		
	现金清点准确	10		
	盖章准确清晰	10		
操作规范（40分）	凭证审核规范	10		
	借记卡需连号使用	10		
	印章管理规范	10		
	现金处理规范	10		
得分合计		分		
教师评价				

活动2 银行卡存现

【业务引入】

2023年4月20日，客户陈然到柜台办理银行卡存现业务，金额3 800元。

【操作流程】

银行卡存现业务操作流程如图4-20所示。

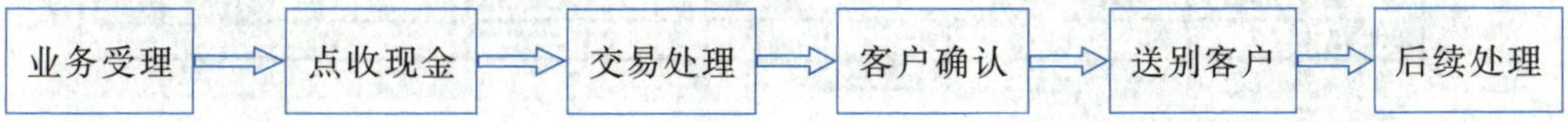

图4-20 银行卡存现业务操作流程

【操作步骤】

1.业务受理

申请人需将银行卡交给经办柜员，柜员口头询问客户存款金额。若需填写存款凭条，则将存款凭条连同现金和卡折一同交付柜员。

2.点收现金

柜员清点现金，并进行口头核对，核对无误后现金入箱。如果有存款金额超过柜员限额，则需获得授权。

3.交易处理

操作视频4-3 银行卡存现

读取银行卡磁条进行系统操作，录入业务信息，如图4-21所示。

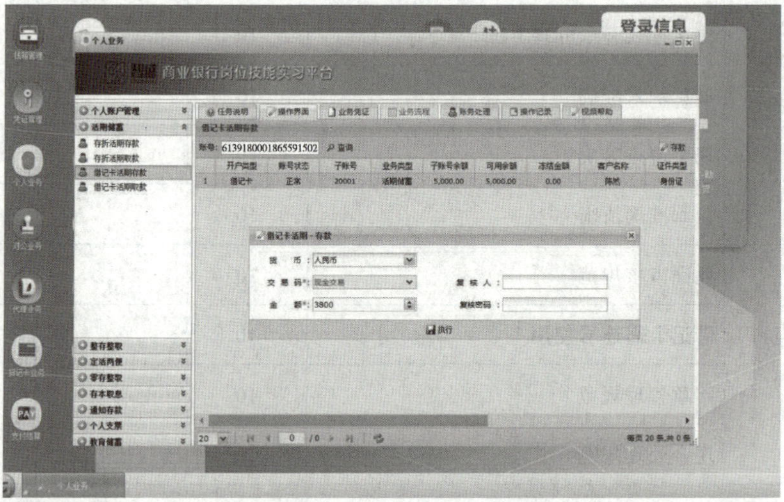

图4-21 银行卡存现

4.客户确认

柜员打印存款凭条，请客户核对凭条无误后在存款凭条上签字确认，柜员在存款凭条上加盖现金收讫章和名章，授权业务加盖授权人名章，如图4-22所示。

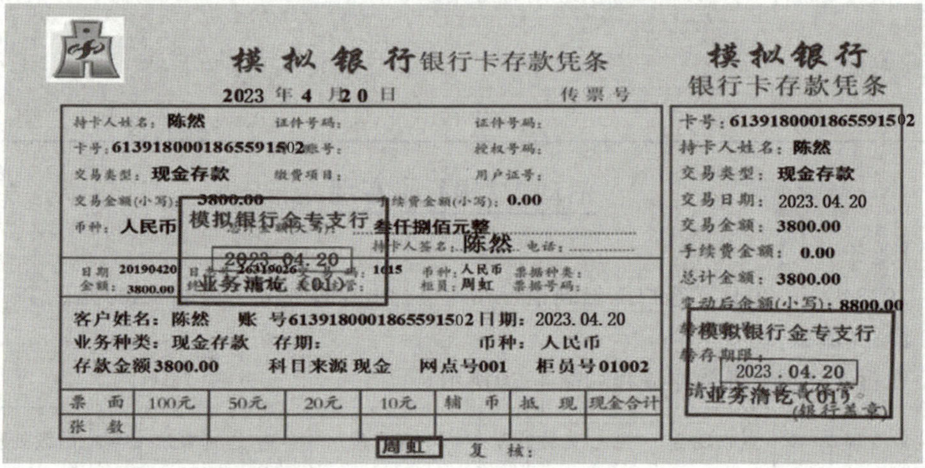

图4-22 存款凭条

5. 送别客户及后续处理

柜员将银行卡交还客户，送别客户，最后保存存款凭条作为办理业务的凭证。

【实践操作】

1. 实践内容

（1）客户邓飞迪于7月15日来行办理借记卡存现业务，存款金额20 000元。

（2）客户张晶于7月15日来行办理借记卡存现业务，存款金额56 000元。

要求：以模拟银行金专支行柜员的身份进行相应业务的处理。

2. 实践目标

掌握银行卡存现业务处理流程。

3. 考核标准

能够快速、规范地完成个人银行卡存款业务处理，考核标准如下：

考核内容	评分标准	分值	学生得分	扣分说明
有效沟通（20分）	使用礼貌用语	5		
	给客户明确的引导	5		
	向客户说明个人银行卡存现业务流程	5		
	临时状况的应对	5		
业务办理（40分）	快速进入银行卡存款办理界面	10		
	信息录入准确	10		
	现金清点准确	10		
	盖章准确清晰	10		
操作规范（40分）	凭证审核规范	10		
	印章管理规范	10		
	凭证管理规范	10		
	现金处理规范	10		
得分合计		分		
教师评价				

活动3　银行卡取现

【业务引入】

2023年4月29日，客户陈然到柜台办理银行卡取现业务，金额6 500元。

【操作流程】

银行卡取现业务操作流程如图4-23所示。

业务受理 ⇒ 凭证审核 ⇒ 交易处理 ⇒ 客户确认 ⇒ 送别客户 ⇒ 后续处理

图4-23　银行卡取现业务操作流程

【操作步骤】

微课4-6 银行卡存取现金

1.业务受理

申请人需将银行卡交给经办柜员，说出取款金额。若需填写取款凭条，则由客户填写取款凭条，一起交付柜员。取款金额超过5万元人民币的，还需提交身份证原件。

2.凭证审核

柜员与客户口头核对取款金额并由柜员审核取款凭条。对取款金额超过5万元人民币的，还应该审核身份证件及取款人身份，并登记资金的来源或用途。

3.交易处理

读取银行卡磁条进行系统操作，录入业务信息，如图4-24所示。如果取款金额超过柜员的现金限额，则需获得授权。

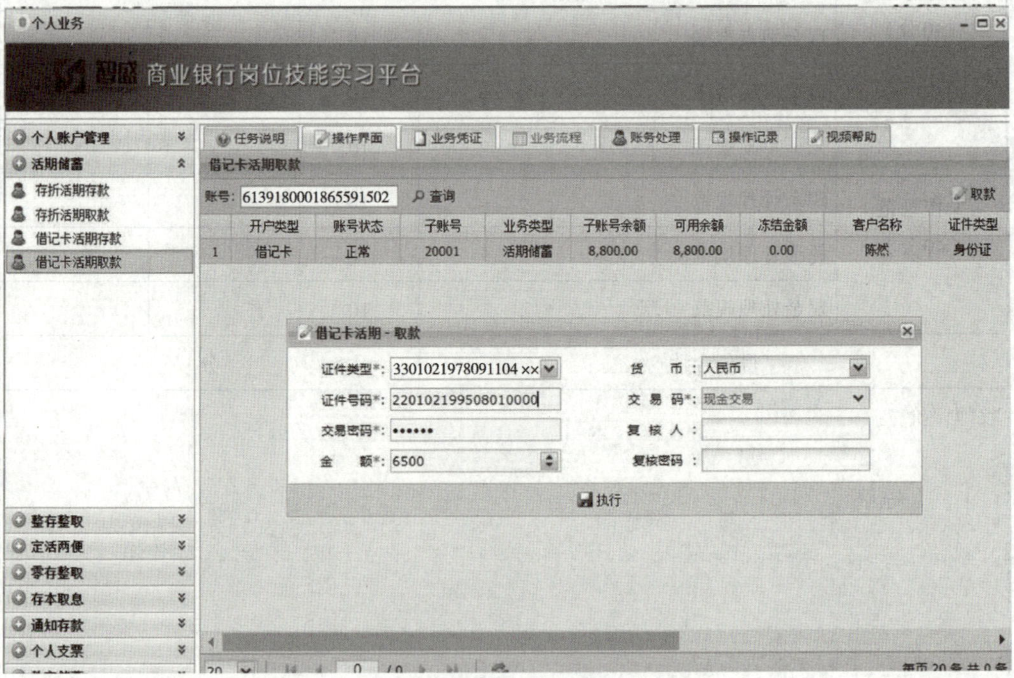

图4-24　银行卡取现操作

4.客户确认

柜员打印取款凭条，请客户核对凭条无误后在取款凭条上签字确认，柜员在取款凭条上加盖现金收讫章和名章，授权业务加盖授权人名章，如图4-25所示。

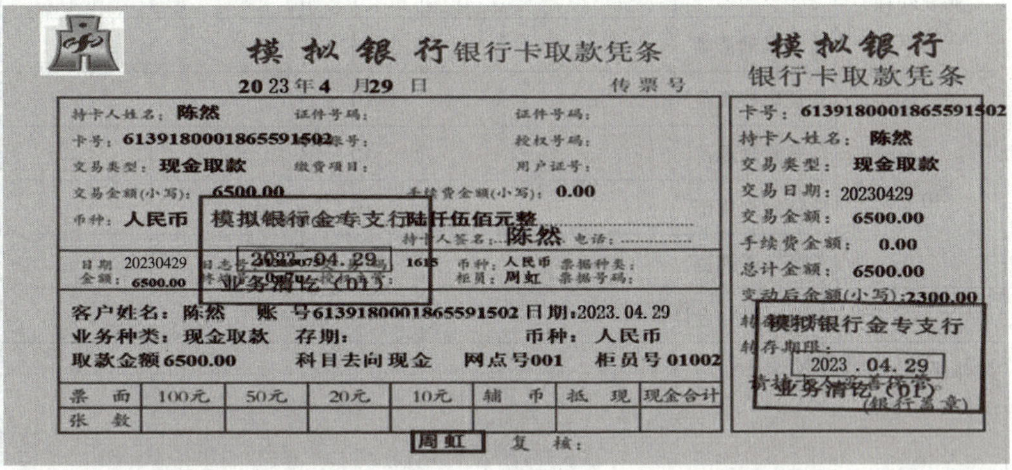
模拟银行银行卡取款凭条

2023年4月29日 传票号

持卡人姓名：陈然 证件号码： 证件号码：

卡号：6139180001865591502 校权号码：

交易类型：现金取款 缴费项目： 用户证号：

交易金额(小写)：6500.00 手续费金额(小写)：0.00

币种：人民币 陆仟伍佰元整

持卡人签名：陈然 电话：

日期 20230429 金额：6500.00 币种：人民币 柜员：周虹

客户姓名：陈然 账号6139180001865591502 日期:2023.04.29

业务种类：现金取款 存期： 币种：人民币

取款金额6500.00 科目去向现金 网点号001 柜员号01002

票面	100元	50元	20元	10元	辅币	抵现	现金合计
张数							

周虹 复核：

模拟银行
银行卡取款凭条

卡号：6139180001865591502

持卡人姓名：陈然

交易类型：现金取款

交易日期：20230429

交易金额：6500.00

手续费金额：0.00

总计金额：6500.00

变动后余额(小写)：2300.00

模拟银行金专支行 2023.04.29 业务清讫(01)

图4-25 取款凭条

5.送别客户及后续处理

按照现金付款流程配款，同时将现金、卡折、身份证交还客户，送别客户。如客户对现金面值有特殊要求，在条件允许的情况下应当予以满足。最后，保存取款凭条作为办理业务的凭证。

【实践操作】

1.实践内容

（1）客户邓飞迪于7月22日来行办理借记卡取现业务，取款金额16 000元。

（2）客户张晶于7月22日来行办理借记卡取现业务，取款金额30 000元。

要求：以模拟银行金专支行柜员的身份进行相应业务的处理。

2.实践目标

掌握银行卡取现业务处理流程。

3.考核标准

能够快速、规范地完成个人银行卡取款业务处理，考核标准如下：

考核内容	评分标准	分值	学生得分	扣分说明
有效沟通（20分）	使用礼貌用语	5		
	给客户明确的引导	5		
	向客户说明个人银行卡取现业务流程	5		
	临时状况的应对	5		
业务办理（40分）	快速进入业务办理界面	10		
	信息录入准确	10		

续表

考核内容	评分标准	分值	学生得分	扣分说明
业务办理（40分）	现金清点准确	10		
	盖章准确清晰	10		
操作规范（40分）	凭证审核规范	10		
	印章管理规范	10		
	凭证管理规范	10		
	现金处理规范	10		
得分合计		分		
教师评价				

活动4　银行卡销户

【业务引入】

2023年5月8日，客户陈然到柜台办理银行卡销户业务。

【操作流程】

银行卡销户业务操作流程如图4-26所示。

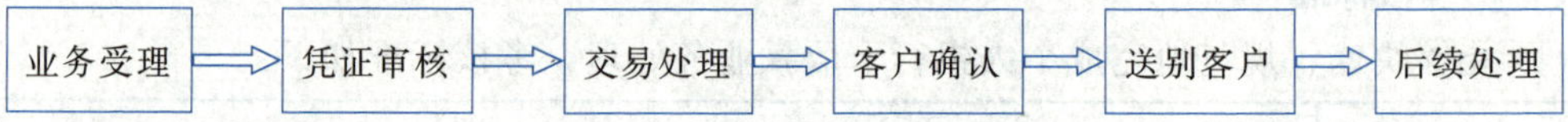

图4-26　银行卡销户业务操作流程

【操作步骤】

1.业务受理

申请人需将银行卡及身份证件交给经办柜员。

2.凭证审核

柜员需对相关信息及身份证件进行审核，将客户现金及利息进行统计结算。

3.交易处理

柜员通过操作系统为客户办理销户业务，如图4-27所示。

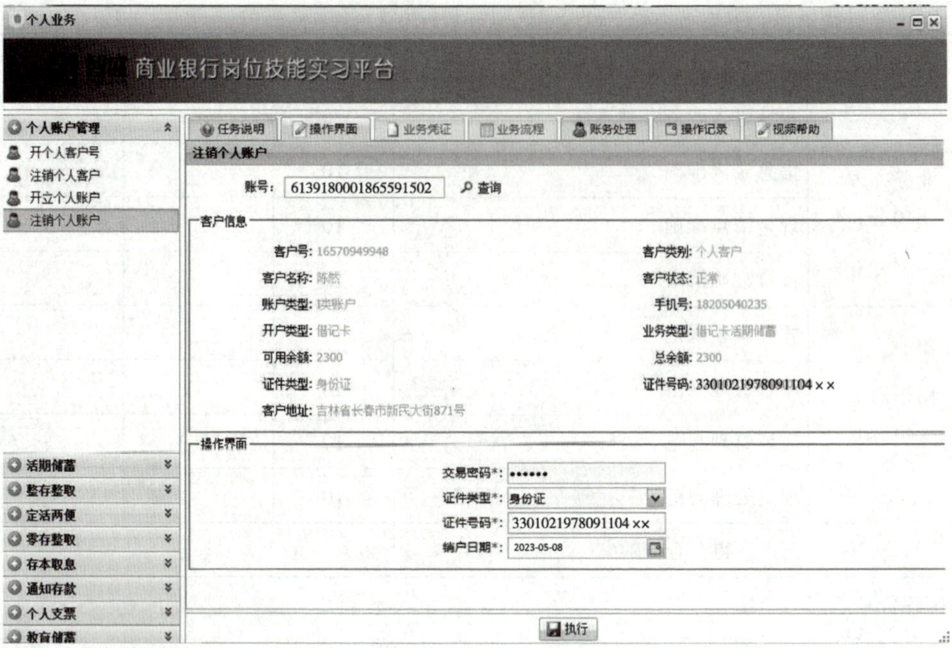

图4-27　银行卡销户操作

4. 客户确认

客户对上述业务进行确认。

5. 送别客户及后续处理

送别客户后，银行柜员在相关记账凭证上加盖相关业务印章及经办人员名章，作为办理业务的凭证与其他凭证一起装订保管。

【实践操作】

1. 实践内容

（1）客户邓飞迪于8月25日来行办理银行卡销户手续。

（2）客户张晶于7月22日来行办理银行卡销户手续。

要求：以模拟银行金专支行柜员的身份进行相应业务的处理。

2. 实践目标

掌握银行卡销户业务处理流程。

3. 考核标准

能够快速、规范地完成个人银行卡销户业务处理，考核标准如下：

考核内容	评分标准	分值	学生得分	扣分说明
有效沟通（20分）	使用礼貌用语	5		
	给客户明确的引导	5		
	向客户说明个人银行卡销户业务流程	5		
	临时状况的应对	5		

续表

考核内容	评分标准	分值	学生得分	扣分说明
业务办理（40分）	快速进入业务办理界面	10		
	信息录入准确	10		
	现金清点准确	10		
	盖章准确清晰	10		
操作规范（40分）	凭证审核规范	10		
	印章管理规范	10		
	凭证管理规范	10		
	现金处理规范	10		
得分合计			分	
教师评价				

活动5　银行卡挂失业务

【业务引入】

2023年4月30日，客户陈然到柜台办理银行卡挂失业务。

【操作流程】

银行卡挂失业务操作流程如图4-28所示。

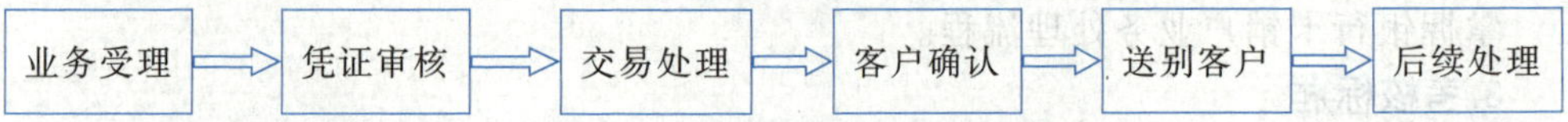

图4-28　银行卡挂失业务操作流程

【操作步骤】

1.业务受理

微课4-7 银行卡挂失及销户

客户因银行卡遗失、被盗、损坏或密码错记、遗忘、印鉴丢失等情况申请办理挂失时，由客户提供本人有效身份证件（代理他人办理挂失时，须同时提供代理人和被代理人的有效身份证件），到存款开户的营业机构申请挂失。

2.凭证审核

客户办理正式挂失应填写“个人挂失业务申请书”一式三联（如图4-29所示）。

经办行根据客户提供的资料经审核无误，查询确认存款未被支取、未被冻结止付后，根据存款挂失有关规定，方可受理挂失申请。

3.交易处理

受理正式挂失时，经办行应填制“挂失手续费收费凭证”一式三联（如图4-30所示），按规定向申请人收取挂失手续费，并在三联“挂失申请书”上加盖业务用公章和经办人名章，在系统完成挂失操作，如图4-31所示。

模拟银行 个人挂失业务申请书

2023年 4 月30 日　　挂失编号：

客户填写（口挂可免填）				
存款种类	银行卡	挂失种类：正式☑ 口头☐ 密码☐ 印鉴☐ 其他____		
账号/卡号	6139180001865591502	开户日期 2023年4月16日	挂失金额	5800.00
户名 陈然 证件种类 身份证 号码 3301021978091104×× 地址 长春市惠民路792号五单元501室 电话 0431-880691××		代理人资料	户名____ 证件种类____号码____ 地址____ 电话____	

银行打印		
受理挂失	日期 20230430 交易码1753 流水号51301 业务种类 银行卡挂失 户名陈然 账号/卡号6139180001865591502 余额2300.00 网点号001 柜员号01002 授权01006 李冰 周虹	以上申请事宜请按规定给予办理，倘日后发生纠葛，申请人及代理人愿负完全责任。 打印内容已核实无误 客签户名 陈然
处理结果	（业务公章 2023.04.30 (01)）	打印内容已核实无误 客签户名

第一联 申请人挂失受理回执，办理后续处理时交回银行留存

1、存单/折的口头挂失的有效期限为五天；存单/折/卡正式挂失七天后可办理补领新存单/折/卡或者销户取现的手续。
2、存单/折的印鉴挂失更换和密码挂失重置自挂失日起七天后生效；卡密码挂失重置自挂失日起五天后生效。
3、密码挂失业务处理，存单，折，卡及印鉴挂失业务的后续处理必须由客户本人办理。

图4-29　挂失业务申请书

模拟银行

② **挂失手续费收费凭证**

2023 年 4 月 30 日　　字第　号

挂失人姓名	陈然	挂失储蓄种类（或印鉴）	银行卡
申请挂失笔数	手续费金额（千 百 十 元 角 分）	附注：	
1	1 0 0 0	模拟银行金专支行 2023.04.30 业务清讫（01）	
合计	¥1 0 0 0	（现金收讫章）	
人民币（大写）壹拾元整			

制单　　记账 周虹　　出纳　　复核

第二联 收入传票

图4-30　挂失手续费收款凭证

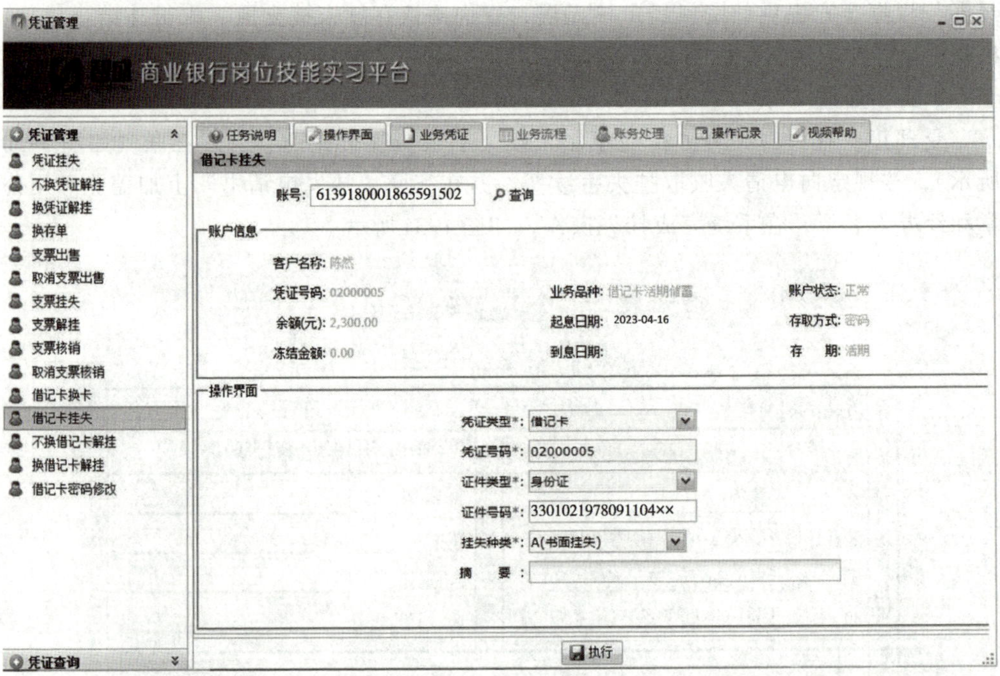

图4-31　银行卡挂失操作

4. 客户确认

经客户签字确认后，第一联凭以登记“挂失登记簿”，留存专夹保管；第二联退客户，待挂失7天后，凭以办理换新银行卡或支取现金；第三联随当日凭证交业务部门。

5. 送别客户和后续处理

柜员将相关材料交还客户，送别客户。最后，保存相关凭条作为办理业务的凭证。

【实践操作】

1. 实践内容

（1）客户邓飞迪于8月17日来行办理银行卡挂失手续。

（2）客户张晶于8月17日来行办理银行卡挂失手续。

要求：以模拟银行金专支行柜员的身份进行相应业务的处理。

2. 实践目标

掌握银行卡挂失业务处理流程。

3. 考核标准

能够快速、规范地完成个人银行卡挂失业务处理，考核标准如下：

考核内容	评分标准	分值	学生得分	扣分说明
有效沟通（20分）	使用礼貌用语	5		
	给客户明确的引导	5		
	向客户说明个人银行卡销户业务流程	5		
	临时状况的应对	5		

续表

考核内容	评分标准	分值	学生得分	扣分说明
业务办理（40分）	快速进入挂失业务办理界面	10		
	信息录入准确	10		
	现金清点准确	10		
	盖章准确清晰	10		
操作规范（40分）	凭证审核规范	10		
	印章管理规范	10		
	凭证管理规范	10		
	现金处理规范	10		
得分合计		分		
教师评价				

项目小结

个人结算业务包括个人汇兑业务、个人支票业务及银行卡业务等在内的多种业务类型。这些结算业务具有活期储蓄功能，同时也具有普通转账功能。通过开立个人银行结算账户，银行可以为客户办理现金存取、转账结算等服务，同时通过个人银行结算账户，客户可以使用支票、信用卡等信用支付工具。

项目训练

一、判断题

1. 对汇入款项因收款人情况发生变化需要转汇的要重新办理汇款手续，可以更改收款人的名称和用途，如注明不得转汇的，则不能办理转汇手续。（　　）

2. 个人汇款，在汇入行没有解付的情况下汇款人可以申请办理退汇。（　　）

3. 个人支票允许个人在资金额度1%的范围内透支。（　　）

4. 支票的金额、收款人名称可以由出票人授权补记，未补记前不可以背书转让，但可以提示付款。（　　）

5. 支付结算中票据上的签章可以是签名、盖章，也可以是签名加盖章支付。（ ）

6. 转账卡是实时扣账的借记卡，只具有转账功能。（ ）

7. 支票没有金额起点，但有最高限额。（ ）

8. 我国香港、澳门、台湾居民以及外国公民在我国境内金融机构开立个人结算账户时，都应出具护照。（ ）

9. 个人汇款的汇款人如果发现款项汇错了可以申请退汇，但是汇入行已经解付的，则银行不予办理。（ ）

10. 国内结算业务中，在票据和结算凭证中大写数字金额如使用繁体字，不可受理。（ ）

11. 票据的大写日期未按要求规范填写的，银行可以受理，但由此造成损失的，也要由银行承担赔偿责任。（ ）

12. 银行卡按是否要向发卡行缴存备用金可分为信用卡和借记卡。（ ）

13. 具备完全民事行为能力的公民可以申领个人卡。（ ）

二、选择题

1. 汇款人和收款人均为个人，需要在汇入银行支取现金的，应在申请书的“金额”大写栏先填写“（ ）”字样，后填写金额。

A. 同意　B. 现金　C. 汇款　D. 人民币

2. 借记卡大额取现需要（ ）。

A. 提前3天通知银行　B. 提交持卡人有效身份证件

C. 本人亲自前往　D. 副行长授权

3. 当使用者以透支方式开具个人支票后，将受到该张支票总金额（ ）但不低于1 000元的罚款。

A.3%　B.4%　C.5%　D.6%

4. 储蓄卡属于（ ）。

A. 专用卡　B. 转账卡　C. 储值卡　D. 准贷记卡

5. 转账支票的提示付款期限为自出票日起（ ）。

A.10天　B.1个月　C.2个月　D.6个月

三、综合实训

实训平台：http：//www.zsyun.com.cn/

实训账号：s1144038836

实训密码：cjgz888888

【实训内容】

1. 张雅眉签发了一张本票，现转标识为现金，转让标志为不可再转让，付款账户为张雅眉的借记卡账户，付款类型为有卡折支付，收款账户为丁远的借记卡账户。出票金额1 000元，手续费收费方式为转账；张雅眉来我行兑付本票，持票人账户为梁家慧的借记卡账户，提示付款日期为出票日之后第30天，兑付类型为挂失兑付。

2. 王枫签发了一张本票，现转标识为现金，转让标志必须为不可再转让，付款账户为王枫的借记卡账户，付款类型为有卡折支付，收款账户为张雅眉的借记卡账户。出票金额2 000元，手续费收取方式为现金；王枫签发的本票，因打印失败，进行重打；王枫签发的本票遗失之后，我行柜员为其办理挂失业务。

【实训目标】

1. 登录银行业务综合技能实训平台，熟练完成上述操作。

2. 正确打印凭证，加盖银行公章和私章；正确处理凭证。

【实训考核】

1. 平台操作准确率达到100%。

2. 凭证处理正确率达到100%。

项目五 代理业务处理

学习目标

知识目标

- 掌握银行各项个人代理国债业务的规定。
- 掌握银行各项个人代理基金业务的规定。
- 掌握银行各项个人代理缴费业务的规定。

能力目标

- 能按照正确的业务规范办理各项个人代理国债业务。
- 能按照正确的业务规范办理各项个人代理基金业务。
- 能按照正确的业务规范办理各项个人代理缴费业务。

素质目标

- 培养学生爱岗敬业、诚实守信、遵纪守法等职业道德。
- 培养学生的工匠精神。
- 培养学生充分的职场安全意识与健康意识。

任务一　代理国债业务处理

【基本知识】

1. 国债的概念

国债，又称国家公债，是国家以其信用为基础，按照债券的一般原则，通过向社会筹集资金所形成的债权债务关系。国债是由国家发行的债券，是中央政府为筹集财政资金而发行的一种政府债券，是中央政府向投资者出具的、承诺在一定时期支付利息和到期偿还本金的债权债务凭证。由于国债的发行主体是国家，所以它具有最高的信用度，被公认为是最安全的投资工具。

2. 国债的分类

我国发行的国债可分为凭证式国债、储蓄式国债、记账式国债三种。

（1）凭证式国债

凭证式国债，是指国家采取不印刷实物券，而用填制“中华人民共和国凭证式国债收款凭证”方式发行的国债。

① 基本特征：凭证式国债是以国债收款凭单的形式来作为债权证明，通过商业银行柜台，面向城乡居民个人和机构投资者发行，可记名，可以办理挂失、质押贷款、出具资产证明书等业务，但不可上市流通转让。起存金额为100元（含100元），并且购买的金额必须是100元的整数倍。

微课5-1 凭证式国债

② 计息方式：凭证式国债从购买之日起计息，按发行日公布的利率计息，若公布日至发行结束日遇到储蓄存款利率调整，尚未发行的本期国债票面利率，在利率调整日按同档期银行储蓄存款利率的相同百分点做同向调整，到期一次性还本付息，逾期支取不计付利息。

③ 提前支取：在持有期内，持券人如遇特殊情况需要提取现金，可以到购买网点提前兑取，但只能全部支取。提前兑取时，除偿还本金外，利息按实际持有天数及相应的利率档次计算，经办机构按兑付本金的1‰收取手续费。

（2）储蓄式国债

储蓄式国债是我国财政部面向中华人民共和国境内发行的、面向个人投资者销售的、以电子方式记录债权的人民币债券，又称为电子式国债。

微课5-2 储蓄式国债

① 基本特征：采用实名制，不可流通转让。投资者需要开立债券账户和资金账户，并填写购买申请书后方可办理。储蓄式国债可以办理提前兑取、质押贷款、非交易过户、开户电子式国债持有证明等。

② 计息方式：储蓄式国债从开始发行之日起计息，付息方式分为利随本清和定期付息两种，财政部于指定付息日或到期日通过试点商业银行向投资者支付利息和本金，其发行利率一般高于相同期限银行定期存款年收益率，逾期不计付利息。

③ 提前支取：储蓄式国债允许提前支取，提前支取时按当期国债发行文件规定的提前支取扣息方式扣息后支付本金。提前支取金额须为100元的整数倍，按支取本金额的1‰收取手续费。

（3）记账式国债

记账式国债又名无纸化国债，是由财政部通过无纸化方式发行的、以电脑记账方式记录债权并可以上市交易的债券。

① 基本特征：记账式国债可以在银行间债券市场发行上市，也可在证券交易所市场发行上市，还可在银行间债券市场及证券交易所市场发行上市，可记名、挂失。

② 计息方式：记账式国债根据不同的年限，有不同的付息方式，一般中长期的记账式国债，采用年付或半年付，这些利息可以用来再投资，相当于复利计息。

活动1 国债买入

【业务引入】

2023年6月8日，客户张强（身份证号码为2201041981100300××）持现金和本人身份证件来行购买凭证式国债50 000元，定期5年，经办柜员李丽为该客户办理，复

核人为张卫。

【操作流程】

国债买入业务操作流程如图5-1所示。

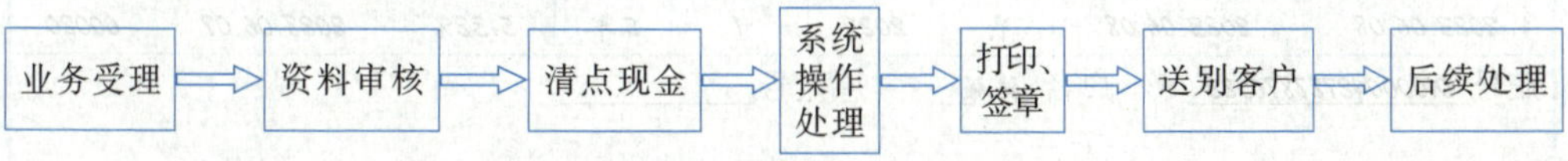

图5-1 国债买入业务操作流程

【操作步骤】

1.业务受理

客户来银行办理凭证式国债的买入业务时，需要提交本人有效身份证件，还应填写并提交一式两联的凭证式国债购买申请书（见表5-1）。

表5-1 模拟银行凭证式国债购买申请书

户名：张强　证件类别：身份证　证件号码：2201041981100300××

购买金额	千	百	十	万	千	百	十	元	角	分	国债品种	2023年度第1期5年期
			¥	5	0	0	0	0	0	0	普通客户兑付方式	凭密码☑ 无限制☐

银行确认栏							
金额	大写	人民币伍万元整	兑付方式	凭密码☐ 无限制☐			
	小写	¥50 000.00					
户名	张强	卡号		顺序号		流水号	
品种	凭证式国债	购买日期	2023.06.08	到期日	2028.06.07	年利率	5.32%

模拟银行金专支行 2023.06.08 业务清讫章（01）

张卫　李丽

注：以上各项确认时请在☐内打√

2.资料审核

接到客户提交的材料后，应认真审核以下内容：

（1）如客户是本人办理，是否携带本人有效身份证件；如为代理他人办理，是否一同携带代理人有效身份证件。

（2）客户填交的凭证式国债购买申请书是否填写完整、清晰、正确。

3.清点现金

若客户是转账购买凭证式国债的，柜员须先办理转账业务；若客户是现金购买凭证式国债的，应按照“三先三后”原则清点现金，先点大数后点细数，先点主币后点辅币，先点大额票面后点小额零币。

4.系统操作处理

启动“债券发行”交易，按照凭证式国债购买申请书填写的内容认真录入户名、购买金额、凭证号码等要素，需要授权的则需请示主办柜员或主管柜员授权。

5.打印、签章

打印凭证式国债收款凭证（见表5-2）和凭证式国债购买申请书，并认真审核打印出的内容是否有误，其中凭证式国债购买申请表上加盖业务清讫章和柜员名章，在

凭证式国债收款凭证上加盖业务公章和柜员名章。

表 5-2 中华人民共和国凭证式国债收款凭证

购买日期	起息日期	印密	年度	期次	期限	年利率	到期日期	柜员号
2023.06.08	2023.06.08	密	2023	1	5年	5.32%	2028.06.07	00020

账号 01000042727876523　户名 张强　原账号________

金额（大、小写）人民币伍万元整　¥50 000.00

银行签章

模拟银行金专支行 2023.06.08 业务公章

会计分录：	兑取日期	计息天数	年利率	利息	柜员号

兑取时：复核　出纳　记账　购买时：复核 张卫　出纳　记账 李丽

凭证式国债买入的会计分录为：

若为现金买入，会计分录为：

借：现金　　50 000.00

　贷：代理发行国债——代理发行国债户　　50 000.00

若为转账买入，会计分录为：

借：活期储蓄存款　　50 000.00

　贷：代理发行国债——代理发行国债户　　50 000.00

6.送别客户

柜员将打印盖章好的凭证式国债收款凭证、凭证式国债购买申请表客户回单联、客户身份证件一并交给客户，并礼貌送别客户。

微课 5-3 国债的购买

7.后续处理

柜员将打印盖章好的凭证式国债购买申请表银行记账联留存，并整理相关的凭证。

【实践操作】

1.实践内容

模拟银行金专支行当日发生下列业务：

2023年6月22日上午，客户苏林持现金100 000元现金来行购买5年期凭证式国债，年利率为5.32%，其身份证号为305230198603212031，经办柜员李丽为该客户办理，复核人为张卫。

要求：以模拟银行金专支行柜员的身份进行相应业务的处理。

2.实践目标

掌握代理国债购买业务处理流程。

3.考核标准

代理国债购买业务处理准确率达100%，考核标准如下：

考核内容	评分标准	分值	学生得分	扣分说明
有效沟通（20分）	使用礼貌用语	5		
	给客户明确的引导	5		
	客户资料填写确认	5		
	临时状况的应对	5		
业务办理（40分）	凭证审核准确	10		
	业务处理迅速	10		
	信息录入准确	10		
	盖章准确清晰	10		
操作规范（40分）	凭证管理规范	10		
	印章管理规范	10		
	现金管理规范	10		
	客户服务规范	10		
得分合计		分		
教师评价				

活动2　国债兑付

【业务引入】

2023年6月20日，客户张强（身份证号码为2201041981100300××）持本人有效身份证件及2023年6月8日购买的50 000元5年期凭证式国债来我行提出兑付申请，经办柜员李丽为该客户办理，复核人为张卫。

【操作流程】

凭证式国债兑付业务操作流程如图5-2所示。

业务受理 ⇒ 资料审核 ⇒ 系统操作处理 ⇒ 打印、签章 ⇒ 送别客户 ⇒ 后续处理

图5-2　凭证式国债兑付业务操作流程

【操作步骤】

1.业务受理

客户来银行办理凭证式国债兑付业务时，应向银行提交本人有效身份证件及买入时银行交付的凭证式国债收款凭证。

微课5-4 国债的兑付

2.资料审核

接到客户提交的材料后，应认真审核以下内容：

（1）如客户是本人办理，是否携带本人有效身份证件；如为代理他人办理，是否一同携带代理人有效身份证件。

（2）审核该凭证式国债是否到期，是否为同城或分行辖区营业网点发行的。

3.系统操作处理

启动“凭证式国债兑付”交易，根据系统提示正确录入账号、金额等要素，如果超过5万元（含5万元）的大额交易，需要主办级柜员或主管柜员授权。凭证式国债兑付的会计分录为：

若为现金兑付，会计分录为：

借：代理兑付债券——代理兑付国债户　　50 000.00

　贷：现金　　50 000.00

若为转账兑付，会计分录为：

借：代理兑付债券——代理兑付国债户　　50 000.00

　贷：活期储蓄存款　　50 000.00

4.打印、签章

柜员打印凭证式国债收款凭证（见表5-3）和一式两联的债券兑付清单，债券兑付清单需交客户确认签字，柜员在凭证式国债收款凭证和债券兑付清单上加盖业务清讫章和柜员名章，如果超权限的业务还需加盖授权人名章。

5.送别客户

柜员将需要支付的现金本息、客户身份证件、债券兑付清单客户回单联交给客户，并礼貌送别客户。

6.后续处理

柜员将该业务的凭证式国债收款凭证、债券兑付清单银行记账联留存，并整理相关凭证。

表5-3 模拟银行中华人民共和国凭证式国债收款凭证

购买日期	起息日期	印密	年度	期次	期限	年利率	到期日期	柜员号
2023.06.08	2023.06.08	密	2023	1	5年	5.32%	2028.06.07	00020

账号 01000042727876523　户名 张强　原账号

金额（大写）人民币伍万元整　¥ 50 000.00　结清

银行签章　模拟银行 2023.06.08 业务清讫章（01）　模拟银行金龙支行 2023.06.08 业务公章

会计分录：	兑取日期	计息天数	年利率	利息	柜员号
	2023.06.20	12	5.32%	0.00	00020

兑取时：复核 张卫　出纳　记账 李丽　购买时：复核 张卫　出纳　记账 李丽

【知识链接 5-1】

同档期凭证式国债和整存整取定期储蓄存款的计息区别

同档期凭证式国债和整存整取定期储蓄存款的计息区别如下：

（1）利息水平不同。凭证式国债利率比同档期整存整取定期储蓄存款利率略高。

（2）计息方式不同。整存整取定期储蓄存款提前支取应给客户支付利息，提前支取部分按支取日银行挂牌活期储蓄存款利率计息；凭证式国债持有时间不满半年的不计付利息，超过半年的按实际持有天数及发行时公布的同档次利率支付利息。

【实践操作】

1.实践内容

模拟银行金专支行当日发生下列业务：

2023年10月20日上午，客户苏林来支取2023年6月22日购买的凭证式国债，金额100 000元，请以柜员的身份为客户办理相关的支取业务并计算相关利息。

2.实践目标

掌握代理国债兑付业务处理流程。

3.考核标准

代理国债兑付业务处理准确率达100%。

考核内容	评分标准	分值	学生得分	扣分说明
有效沟通（20分）	使用礼貌用语	5		
	给客户明确的引导	5		
	客户资料填写确认	5		
	临时状况的应对	5		
业务办理（40分）	凭证审核准确	10		
	业务处理迅速	10		
	信息录入准确	10		
	盖章准确清晰	10		
操作规范（40分）	凭证管理规范	10		
	印章管理规范	10		
	现金管理规范	10		
	客户服务规范	10		
得分合计		分		
教师评价				

任务二　代理基金业务处理

【基本知识】

1.基金的概念

基金又称证券投资基金，是指通过发售基金份额募集资金形成独立的基金财产，由基金管理人管理、基金托管人托管，以资产组合方式进行证券投资，基金份额持有人按其所持份额享受收益和承担风险的投资工具。

2.基金的分类

基金按照运作方式不同，可以分为：

（1）封闭式基金

封闭式基金是指基金的发起人在设立基金时，限定了基金单位的发行总额，筹集到这个总额后，基金即宣告成立，并进行封闭，在一定时期内不再接受新的投资，又称为固定型投资基金。

（2）开放式基金

开放式基金是指基金管理公司在设立基金时，发行基金单位的总份额不固定，可视投资者的需求追加发行。投资者也可根据市场状况和各自的投资决策，或者要求发行机构按现期净资产值扣除手续费后赎回股份或受益凭证，或者再买入股份或受益凭证，增持基金单位份额。为了满足投资者中途抽回资金，实现变现的要求，开放式基金一般都从所筹资金中拨出一定比例，以现金形式保持这部分资产。相对于封闭式基金来说，开放式基金更具有市场选择性强、流动性好、透明度高、方便投资等方面的优势。

目前，银行营业网点办理的基金均为开放式基金，基金发行总额可以根据市场供求情况增加或减少，投资者也可以按基金的净值在规定的营业场所申购或赎回基金单位。

3.基金的基本规定

（1）申购与赎回原则

基金遵循“金额申购、份额赎回”的原则，即申购以金额申请，赎回以份额申请。基金发行期间，投资人必须在发行期内办理认购手续；发行期结束，营业网点立即停止接受认购申请。基金续存期内，投资人必须在规定的基金开放日内提交基金交易申请。

（2）基金费用

投资人买卖开放式基金需要承担以下费用：

① 认购费。开放式基金的收费有前端收费和后端收费两种方式。前端收费是在投资人认购款中一次性扣除，后端收费是在赎回时从赎回金额中扣除。目前，国内的开放式股票基金的认购费率一般为认购金额的1%～2%，复制型基金的认购费率全部为2%，是收费标准中最高的一种。

② 申购费。我国法律规定，基金申购费率一般为申购金额的1%～2%，并且适

用的费率一般随申购金额的增加而降低，或者随持有时间的增长而降低。

③ 赎回费。我国法律规定，基金赎回费率不得超过赎回金额的3%，赎回费收入在扣除基本手续费后，余额应该归还基金所有者。

④ 基金管理费。基金管理费是指支付给实际运用基金资产、为基金提供专业服务的基金管理人的费用。管理费逐日计提，月底由托管人从基金资产中一次性支付给基金管理人，不须另向投资人收取。

⑤ 基金托管费。基金托管费是指基金托管人为基金提供服务而向基金投资人收取的费用。托管费逐日计提，按月从基金资产中一次性支付给基金托管人，不须另向投资人收取。

⑥ 其他费用。

（3）巨额赎回

根据《开放式证券投资基金试点办法》的规定，开放式基金单个开放日中，基金净赎回申请超过基金总份额的10%时，将被视为巨额赎回。

巨额赎回申请发生时，基金管理人在当日接受赎回比例不低于基金总份额的10%的前提下，可以对其余赎回申请延期办理。也就是说，基金经理根据情况可以给予赎回，也可以拒绝这部分的赎回，被拒绝赎回的部分可延迟至下一个开放日办理，并以该开放日当日的基金资产净值为依据计算赎回金额。当然，发生巨额赎回并延期支付时，基金管理人应当通过邮寄、传真或者招募说明书规定的其他方式，在招募说明书规定的时间内通知基金投资人，说明有关处理方法，同时在指定媒体及其他相关媒体上公告。通知和公告的时间，最长不得超过3个证券交易日。

活动1 基金账户开户

【业务引入】

2023年6月8日，李磊持本人身份证件来银行申请开立个人基金账户（身份证号码：330210198902180O××），经办柜员李丽为该客户办理，复核人为张卫。

【操作流程】

基金账户开户申请业务操作流程如图5-3所示。

图5-3 基金账户开户申请业务操作流程

【操作步骤】

1.业务受理

客户来银行办理基金账户申请业务时，需提交本人有效身份证件并填写一式两联的代理基金开/销户申请书（见表5-4）。

2.资料审核

银行经办柜员受理客户申请后，应按规定认真审核以下材料：

（1）客户提交的身份证件是否是公安局签发的在有效期内的合法身份证件。因为基金业务只能客户本人办理，所以还需检查是否为客户本人身份证原件及复印件。

（2）客户填写的代理基金开/销户申请书内容是否完整、正确、清晰，机构投资者盖章是否与预留银行印章一致。

（3）检查客户有没有银行资金账号，如果没有，客户还需填写储蓄开户申请表，开立与基金交易卡捆绑的银行资金账号。

表5-4 模拟银行代理基金开/销户申请书

业务种类	开户☑ 销户☐		
申请人	李磊	经办人	李磊
银行卡号	0100009238925483××		
投资者证件类别	居民身份证	证件号码	3302101989021800××
经办人证件类别	居民身份证	证件号码	3302101989021800××
基金账号（开户免填）			
基金注册登记人名称	李磊		
申请人	李磊	经办人	李磊
投资者证件类别	居民身份证	证件号码	3302101989021800××
经办人证件类别	居民身份证	证件号码	3302101989021800××
银行卡号	0100009238925483××	业务种类	
基金账号	13021390283909××	客户签名：	李磊
基金注册登记人名称	李磊		
委托号	65982	受理时间 2023.06.08	机构投资人预留印鉴：

银行签章　　复核 张　卫　　经办 李　丽

微课5-5

基金开户

3.系统操作处理

进入基金交易账户界面，输入客户的详细个人信息，同时开通转账业务，建立资金账户与基金交易账户唯一的对应关系，进行捆绑。

4.打印、签章

经办柜员打印代理基金开/销户申请书和证券业务回单（见表5-5），一同交给客户核对签字，并在代理基金开/销户申请书和证券业务回单上加盖业务工作者和柜员名章。

表5-5 模拟银行证券业务回单

网点名称（业务公章）

银行打印

交易日期：2023-6-8

客户名称：李磊

身份证件号码：3302101989021800××

银行资金账号：0100009238925483××

基金账号：13021390283909××

柜员号：00020

模拟银行金华支行 2023.06.08 业务公章

复核 张　卫　　经办 李　丽　　客户签字 李磊

5. 送别客户

经办柜员经打印、签章好的代理基金开/销户申请书和证券业务回单的客户回单联与客户的身份证件、银行资金账户、基金交易卡一并交给客户，客户清点无误后，礼貌送别客户。

6. 后续处理

柜员将打印盖章好的代理基金开/销户申请书和证券业务回单的银行记账联留存，并整理相关的凭证。

【知识链接 5-2】

基金交易账户

（1）投资人可以前往开放式基金直销中心或代理销售网点（包括证券公司营业部、银行营业网点等）办理开户。

（2）基金开户机构受理投资人开户申请后，于当日（T日）收市后将开户申请数据发送基金登记注册机构。登记注册机构于T+1日返回开户处理结果。开户机构在T+2日为投资人打印基金账户卡，投资人当日即可使用该账户继续开立交易账户。

（3）投资人提交的开户资料与基金登记注册机构数据库中账户记录重复时，注册机构将不受理该投资人的开户申请。

（4）基金账户卡是投资人办理开放式基金业务的重要凭证，如果不慎遗失或损坏，投资人应当立即向基金开户机构申请办理账户冻结或挂失补办。

【实践操作】

1. 实践内容

客户李飞于2023年1月24日持本人身份证件到银行想要开办一个基金账户，他的身份证号为330102198802062890，借记卡账户为001020016928743。

要求：以模拟银行金专支行柜员的身份进行相应业务的处理，包括凭证审核、业务数据录入、凭证盖章与凭证处理。

2. 实践目标

掌握代理基金业务处理流程。

3. 考核标准

代理基金业务处理准确率达100%，考核标准如下：

考核内容	评分标准	分值	学生得分	扣分说明
有效沟通（20分）	使用礼貌用语	5		
	给客户明确的引导	5		
	客户资料填写确认	5		
	临时状况的应对	5		

续表

考核内容	评分标准	分值	学生得分	扣分说明
业务办理（40分）	凭证审核准确	10		
	业务处理迅速	10		
	信息录入准确	10		
	盖章准确清晰	10		
操作规范（40分）	凭证管理规范	10		
	印章管理规范	10		
	账户管理规范	10		
	客户服务规范	10		
得分合计		分		
教师评价				

活动2　基金认购/申购

【业务引入】

2023年6月10日，李磊持本人身份证件、已开立的个人基金账户和银行资金账户要求申购30 000元博时精选股票基金（交易代码050004），经办柜员李丽为该客户办理，复核人为张卫。

【操作流程】

基金账户认购/申购业务操作流程如图5-4所示。

业务受理 ⇒ 资料审核 ⇒ 清点现金 ⇒ 系统操作处理 ⇒ 打印、签章 ⇒ 送别客户 ⇒ 后续处理

图5-4　基金认购/申购业务操作流程

【操作步骤】

1. 业务受理

客户来银行办理基金认购/申购业务时，除了需要提交本人有效身份证件及复印件、基金交易卡、与基金交易卡捆绑的银行资金账户以外，还需填写一式两联的基金认购/申购委托单（见表5-6）。

表5-6　模拟银行证券买入（基金认购/申购）委托单

☑基金　□债券　□账户金　　2023年6月10日

客户填写					
客户名称	李磊		证券卡号	1302139028390901	
被授权人姓名			市场代码		
证券代码	050004		证券名称	博时精选股票基金	
基金客户填写□认购　☑申购		债券客户填写		账户金客户填写	
金额（元）	30 000.00	价格（元/百元）		价格（元/克）	
份额		数量（百元）		数量（元）	
银行打印					
客户名称：李磊 申购日期：2023-6-10 基金名称：博时精选股票基金 基金代码：050004 申购金额：¥30 000.00					
银行预留印鉴（机构） 模拟银行金专支行 2023.06.08 业务公章					

复核 张　卫　　　经办 李　丽　　　客户签章 李磊

2.资料审核

银行经办柜员受理客户申请后，应按规定认真审核以下材料：

（1）客户提交的身份证件是否是公安局签发的、在有效期内的合法身份证件，是否为本人的身份证件及复印件。

（2）客户填写的基金认购/申购委托单内容是否完整、正确、清晰，机构投资者盖章是否与预留银行印章一致。

（3）客户是否是第一次申购某基金，如果是第一次申购，客户还需填写开放式基金账户业务申请表，并在“增开交易账户”栏里注明要认购/申购的基金。

（4）检查客户资金账户上是否有足额资金认购该基金产品，如果金额不够，也可以允许客户持现金办理认购/申购业务。

3.清点现金

如果客户资金账户的资金不足以认购该基金产品，持有现金来办理时，经办柜员应按照“三先三后”原则清点现金，先点大数后点细数，先点主币后点辅币，先点大额票面后点小额零币。清点无误后，将该款项先存入客户的银行资金账户。

4.系统操作处理

经办柜员刷客户的银行资金账户银行卡，提示投资者输入交易密码，柜员在系统界面中正确录入基金认购/申购委托单上的基金代码、认购金额（份额）等信息，确认无误后将银行资金账户内的购买资金划入基金账户，此时基金认购/申购交易成功。

微课5-6

基金的认购与申购

5.打印、签章

该交易的手续费从客户的银行资金账户中扣除，柜员打印基金认购/申购委托单和证券业务回单，一同交给客户核对无误后签字，然后柜员在基金认购/申购委托单和证券业务回单上加盖业务公章和柜员名章。

6.送别客户

经办柜员将打印、签章好的基金认购/申购委托单和证券业务回单的客户回单联

与客户的身份证件、银行资金账户、基金交易卡一并交给客户，客户清点无误后，礼貌送别客户。

7.后续处理

柜员将打印、签章好的基金认购/申购委托单和证券业务回单的银行记账联留存，并整理相关的凭证。

【知识链接 5-3】

基金认购与申购的区别

基金认购与申购都属于开放式基金交易的行为，但是两者有着明显的区别：

基金认购是指投资者在开放式基金募集期间、基金尚未成立时购买基金单位的过程。通常认购价为基金单位面值（1元）加上一定的销售费用。投资者认购基金应在基金销售点填写认购申请书，交付认购款项。

基金申购是指投资者到基金管理公司或选定的基金代销机构开设基金账户，按照规定的程序申请购买基金单位的过程。申购基金单位的数量是以申购日的基金单位资产净值为基础计算的，具体计算方法须符合监管部门有关规定的要求，并在基金销售文件中载明。

【实践操作】

1.实践内容

客户李飞于2023年2月10日持本人身份证件、基金交易卡、与基金交易卡捆绑的银行资金账户等到银行办理基金的申购，预申购20 000份华安策略优选基金，该基金的基金代码为040008，客户填写基金认购/申购委托单，到柜台办理此业务。

要求：以模拟银行金专支行柜员的身份进行相应业务的处理，包括凭证审核、业务数据录入、凭证盖章与凭证处理。

2.实践目标

掌握代理基金认购业务处理流程。

3.考核标准

代理基金认购业务处理准确率达100%，考核标准如下：

考核内容	评分标准	分值	学生得分	扣分说明
有效沟通（20分）	使用礼貌用语	5		
	给客户明确的引导	5		
	客户资料填写确认	5		
	临时状况的应对	5		
业务办理（40分）	凭证审核准确	10		
	业务处理迅速	10		
	信息录入准确	10		
	盖章准确清晰	10		

续表

考核内容	评分标准	分值	学生得分	扣分说明
操作规范（40分）	凭证管理规范	10		
	印章管理规范	10		
	现金管理规范	10		
	客户服务规范	10		
得分合计		分		
教师评价				

活动3 基金赎回

【业务引入】

2023年7月15日，李磊持本人身份证件、已开立的个人基金账户和银行资金账户要求赎回已持有的博时精选股票基金，经办柜员李丽为该客户办理，复核人为张卫。

【操作流程】

基金赎回业务操作流程如图5-5所示。

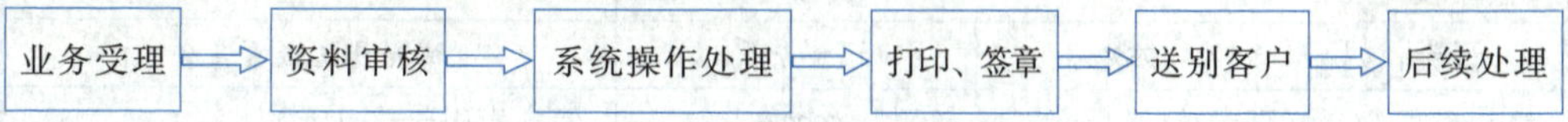

图5-5 基金赎回业务操作流程

【操作步骤】

微课5-7 基金的赎回

1.业务受理

客户申请办理基金赎回业务时，除了需要提交本人有效身份证件及复印件、基金交易卡、与基金交易卡捆绑的银行资金账户以外，还需填写一式两联的基金赎回/预约赎回委托单（见表5-7）。

2.资料审核

银行经办柜员受理客户申请后，应按规定认真审核以下材料：

（1）客户提交的身份证件是否是公安局签发的、在有效期内的合法身份证件，是否为本人的身份证件及复印件。

（2）客户填写的基金赎回/预约赎回委托单内容是否完整、正确、清晰，机构投资者盖章是否与预留银行印章一致。

（3）检查客户的基金账户，是否存在挂失、冻结、权益、未完成交易委托等事

项，如果存在以上现象，则无法办理基金的赎回。

3.系统操作处理

经办柜员刷卡读入客户银行卡信息，提醒投资人输入密码，录入客户赎回基金的交易信息（基金交易代码、赎回份额等），确认提交后交易成功。待日终确认赎回交易价格后，赎回资金将划入客户与基金账户捆绑的银行资金账户，其中该交易的手续费自动从客户的银行资金账户中扣除。

4.打印、签章

收到受理成功信息后，柜员打印基金赎回/预约赎回委托单和证券业务回单，一同交给客户核对无误后签字，然后柜员在基金赎回/预约赎回委托单和证券业务回单上加盖业务公章和柜员名章。

5.送别客户

经办柜员打印签章好的基金赎回/预约赎回委托单和证券业务回单的客户回单联与客户的身份证件、银行资金账户、基金交易卡一并交给客户，客户清点无误后，礼貌送别客户。

6.后续处理

柜员将打印签章好的基金赎回/预约赎回委托单和证券业务回单的银行记账联留存，并整理相关的凭证。

表 5-7 模拟银行基金赎回/预约赎回委托单

特别提示：投资莫忘风险，买卖更需谨慎，请您仔细阅读背面客户须知。

□债券 ☑基金 2023年7月15日

客户填写				
客户名称	李磊	证券号码	1302139028390901	
被授权人姓名		市场代码		
证券代码	050004	证券名称	博时精选股票基金	
卖出/赎回数量（百元/份基金单位）		5000份	债券卖出价格（元）	
基金赎回方式		☑赎回	确认编号	
		□预约赎回	确认日期	
巨额赎回未成交部分选择		□推迟到下一开放日 □撤销	预约赎回指定日期	年 月 日
银行打印				
客户名称：李磊 赎回日期：2023-7-15 基金名称：博时精选股票基金 基金代码：050004 赎回份额：5000 银行预留印鉴（机构）				

模拟银行金专支行 2023.06.08 业务公章

复核 张 卫　　经办 张 卫　　客户签章 李磊

【知识链接 5-4】

开放式基金申购与赎回

开放式基金遵循“全额申购、份额赎回”的原则。

申购开放式基金单位数额份额的计算方法如下：

申购份额=申购金额（1−申购费率）/申购当日基金单位资产净值

开放式基金的赎回费用及赎回金额采用未知价法，计算方法如下：

赎回金额=赎回日基金单位资产净值×赎回份额×（1−赎回费率）

【实践操作】

1.实践内容

客户李飞于2023年3月14日持本人身份证件、基金交易卡、与基金交易卡捆绑的银行资金账户等到银行办理基金的赎回，预赎回10 000份华安策略优选基金，该基金的基金代码为040008，客户填写基金赎回/预约赎回委托单，到柜台办理此业务。

要求：以模拟银行金专支行柜员的身份进行相应业务的处理，包括凭证审核、业务数据录入、凭证盖章与凭证处理。

2.实践目标

掌握代理基金赎回业务处理流程。

3.考核标准

代理基金赎回业务处理准确率达100%，考核标准如下：

考核内容	评分标准	分值	学生得分	扣分说明
有效沟通（20分）	使用礼貌用语	5		
	给客户明确的引导	5		
	客户资料填写确认	5		
	临时状况的应对	5		
业务办理（40分）	凭证审核准确	10		
	业务处理迅速	10		
	信息录入准确	10		
	盖章准确清晰	10		
操作规范（40分）	凭证管理规范	10		
	印章管理规范	10		
	证件管理规范	10		
	客户服务规范	10		
	得分合计		分	
教师评价				

任务三　代理缴费业务处理

【基本知识】

1.代理缴费业务的概念

代理缴费业务是指银行与代理业务单位签订相关协议，又与客户建立相应的委托支付关系，根据委托单位提供的代收清单，代理客户缴交某项费用，并通过转账或现金缴费的方式将款项划转委托单位的一种服务方式。

2.银行代理缴费业务的种类

银行的代理缴费业务随着时代的发展，也在不断创新丰富，目前主要涉及通信、物业管理、社会保障、税费、交通、行政事业等九大类近100个品种。具体可办理的业务有：

（1）通信类：电话初装费、电话费、电子银行服务费等；

（2）物业管理类：水费、电费、燃气费、物业管理费、有线电视费等；

（3）社会保障类：医疗保险金、失业保险金、养老保险金等；

（4）税收类：法律、行政法规规定的代扣代缴、代收代缴税款，代征个人、个体及实行核定征收税款的小型企业的税收等；

（5）交通类：汽油费、养路费、交通罚款等；

（6）行政事业类：公共事业费、各种行政罚款、工商管理费等；

（7）报刊订阅类：报刊订阅费等；

（8）代理股票交易业务：银证转账业务相关费用；

（9）其他：代企业清收欠款、学生学杂费、咨询费、单位集资款等。

3.银行代理缴费方式

目前，办理银行代理缴费业务时，客户主要有两种常见的途径缴纳各项费用：

（1）客户与银行签订转账付款协议，委托银行定期从客户指定的银行账户划拨相应的资金给公用事业单位。

（2）客户定期持公用事业单位的各项费用清单来银行办理现金缴纳业务。

活动1　代理缴费业务申请

【业务引入】

2023年3月11日，赵倩持本人身份证件来我行申请开办代理缴纳电费业务，经办柜员李丽为该客户办理。

【操作流程】

代理缴费业务申请的操作流程如图5-6所示。

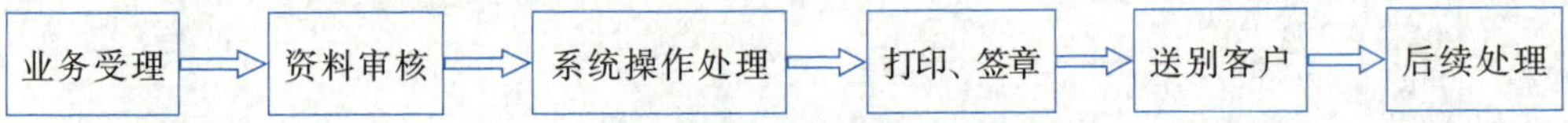

图5-6　代理缴费业务申请的操作流程

【操作步骤】

1.业务受理

客户申请办理代理缴费业务时，除了需要提交本人有效身份证件以外，还需填写公共事业费自动转账付款授权书（见表5-8）。

表5-8 模拟银行公共事业费自动转账付款授权书

本人自愿授权模拟银行金专支行按收费单位提供的金额，自本人银行卡账户内按月（期）支付费用，并接受以下规定：

1.银行按收费单位“用费通知”的金额以转账方式支付款项。

2.同一账户同时发生授权支付多项费用时，由银行按接受收费单位通知先后顺序支付。

3.本人账户内应有足够支付费用的款项，发现存款余额不足以支付时，应及时存入，若因本人账户内存款不足，致扣款不成功的，其责自负，并按有关具体规定缴付滞纳金。

4.本人对于付出的款项持疑义时，应当月向收费单位查询，过月由银行按授权内容办理扣款。

5.若本人终止授权，须立书面终止授权书，送受理银行，银行在接到终止授权书的一个月后执行。

6.立授权书日即为授权生效日。

授权转账支付项目				
代缴项目	装机（表）户名	号码或编号		装机（表）地址
代缴电费	赵倩	04871		一品红城5-301
银行卡户名	赵倩	卡号	0100008793267498888	
授权人资料	收信人姓名	联系电话		身份证号码
	赵倩	1520007××××		2201061982020788××
	地址			邮编
	一品红城5-301			130000

受理银行签章　　授权人签章 赵倩　经办人签章 张卫　　2023年3月11日

（印章：模拟银行金专支行 2023.03.11 业务公章）

2.资料审核

银行经办柜员受理客户申请后，应按规定认真审核以下材料：

（1）客户提交的身份证件是否是公安局签发的、在有效期内的合法身份证件。

（2）客户填写的公共事业费自动转账付款授权书内容是否填写完整、正确、清晰。

（3）检查客户是否有银行账户，如果没有则需要客户开立。若客户有银行账户，审核该账户是否为本行受理的账户，是否为客户本人的账户。

3.系统操作处理

经办柜员输入代理缴费申请交易代码进入交易界面，正确输入客户信息（账号、客户名称等），如图5-7所示，确认后交易成功。

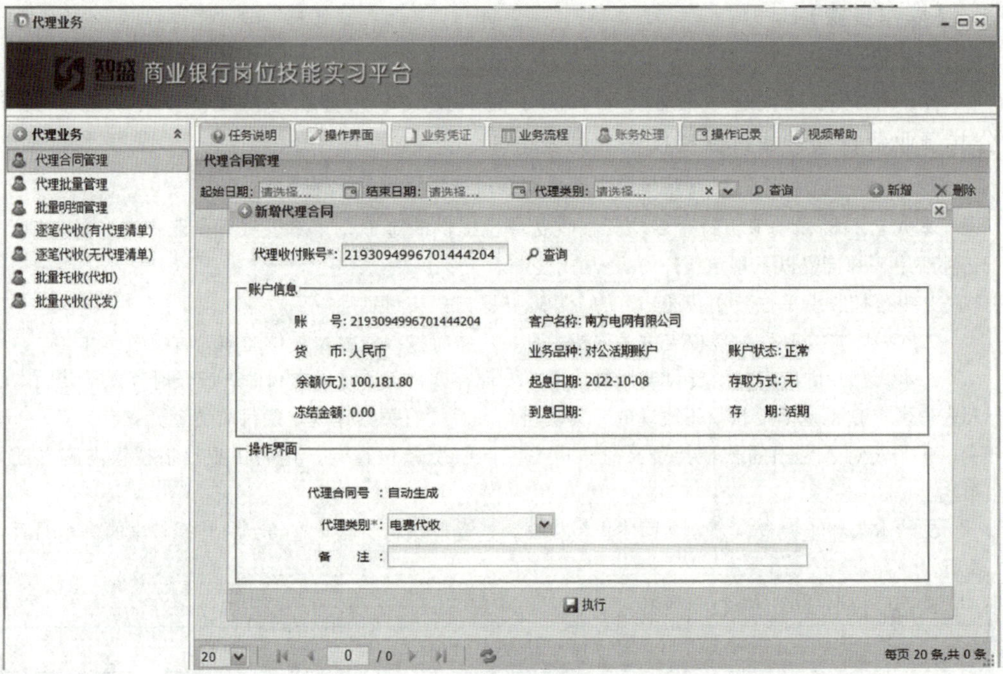

图5-7 代理合同管理

操作视频5-1

代理缴费业务

4.打印、签章

收到受理成功信息后，柜员打印业务受理单，交给客户核对无误后签字，然后柜员在公共事业费自动转账付款授权书和业务受理单上加盖业务公章和柜员名章。

5.送别客户

经办柜员将打印、签章好的公共事业费自动转账付款授权书和业务受理单的客户回单联与客户的身份证件、银行资金账户一并交给客户，客户清点无误后，礼貌送别客户。

6.后续处理

柜员将打印、签章好的公共事业费自动转账付款授权书和业务受理单的银行记账联留存，并整理相关的凭证。

【实践操作】

1.实践内容

客户王燕于2023年2月14日持本人身份证件、本人银行卡，意委托银行代理缴纳水费，客户银行卡卡号为6014282827316278б，身份证号码为330109199108092280，客户居住地为杭州市龙潭小区8-302，邮编310004，客户填写公共事业费自动转账付款授权书后，到柜台办理此业务。

要求：以模拟银行金专支行柜员的身份进行相应业务的处理，包括凭证审核、业务数据录入、凭证盖章与凭证处理。

2.实践目标

掌握缴费业务处理。

3.考核标准

代理缴费业务处理准确率达100%，考核标准如下：

考核内容	评分标准	分值	学生得分	扣分说明
有效沟通（20分）	使用礼貌用语	5		
	给客户明确的引导	5		
	客户资料填写确认	5		
	临时状况的应对	5		
业务办理（40分）	凭证审核准确	10		
	业务处理迅速	10		
	信息录入准确	10		
	盖章准确清晰	10		
操作规范（40分）	凭证管理规范	10		
	印章管理规范	10		
	账户管理规范	10		
	客户服务规范	10		
得分合计		分		
教师评价				

活动2　代理续缴费

【业务引入】

2023年4月5日，赵倩持现金182.80元来我行缴纳电费，经办柜员李丽为该客户办理。

【操作流程】

代理续缴费业务的操作流程如图5-8所示。

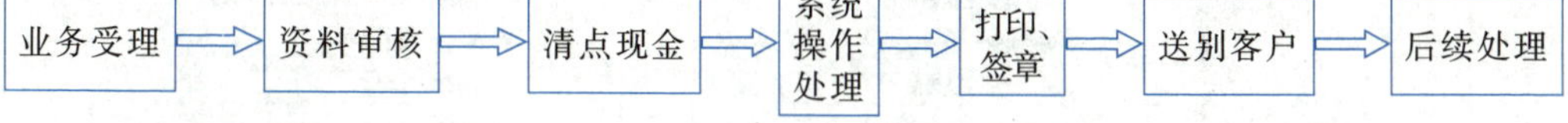

图5-8　代理续缴费业务的操作流程

【操作步骤】

1.业务受理

经办柜员接待客户，受理客户代理续缴费业务。

2.资料审核

银行经办柜员受理客户申请后，应按规定认真审核以下材料：

（1）审核客户是否与银行签订了自动扣款授权协议。如果授权了，银行定期从客户指定的银行账户中扣除相应的续费金额；如果未授权，客户办理现金缴费业务的，柜员要求客户填写现金收费凭条（见表5-9）。

表5-9　模拟银行现金收费凭条

银行填写	户号：6011325468　地址：一品红城5-301 电费总金额（大写）：人民币壹佰捌拾贰元捌角 （小写）：￥182.80 备注：上次调尾：0　本次调尾：0　截尾电数：0	模拟银行金专支行 2023.04.05 业务清讫章
用户填写	用户姓名：赵倩　编号：6011325468 缴费金额（大写）人民币壹佰捌拾贰元捌角　￥182.80 收费单位 缴费种类：□学费　☑电费　□电话费　□水费　□手机费　□寻呼费 □报刊费　□煤气费　□路桥费　□税费　□其他	

事后监督　复核张　卫　经办李　丽

（2）审核客户所提交的催缴通知单，确认是否属于本行受理范围内的业务。

3.清点现金

柜员应在监控下和客户视线范围内的柜台上清点，清点时应按照“三先三后”原则，先点大数后点细数，先点主币后点辅币，先点大额票面后点小额零币。清点后与客户填写的现金收费凭条上的金额进行核对，确认无误后先将现金放置于桌面上，待该业务办理结束后再予以收存。

4.系统操作处理

经办柜员输入代理续缴费业务代码进入交易界面，正确输入客户缴费信息（账号、客户名称等）（如图5-9所示），确认后交易成功。

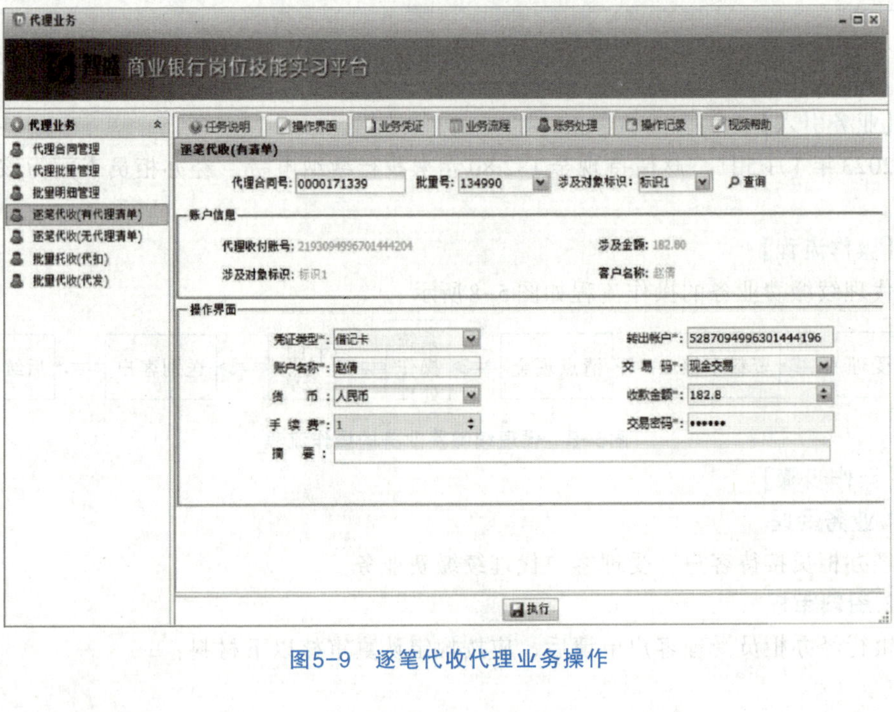

图5-9　逐笔代收代理业务操作

微课5-8

代理缴费业务

5.打印、签章

收到受理成功信息后，柜员打印现金收费凭条和代缴费收据，并加盖业务清讫章和柜员名章。

6.送别客户

经办柜员经打印、签章好的代缴费收据交给客户，客户核对无误后，礼貌送别客户。

7.后续处理

柜员将打印盖章好的现金收费凭条留存，并整理相关的凭证。

【实践操作】

1.实践内容

客户王军于2023年1月25日，持煤气费催缴单来我行缴纳煤气费86.52元，客户住址为长春市清湖小区3-102，户号31549901。

要求：以模拟银行金专支行柜员的身份进行相应业务的处理，包括凭证审核、业务数据录入、凭证盖章与凭证处理。

2.实践目标

掌握缴费业务处理流程。

3.考核标准

代理缴费业务处理准确率达100%，考核标准如下：

考核内容	评分标准	分值	学生得分	扣分说明
有效沟通（20分）	使用礼貌用语	5		
	给客户明确的引导	5		
	客户资料填写确认	5		
	临时状况的应对	5		
业务办理（40分）	凭证审核准确	10		
	业务处理迅速	10		
	信息录入准确	10		
	盖章准确清晰	10		
操作规范（40分）	凭证管理规范	10		
	印章管理规范	10		
	现金管理规范	10		
	客户服务规范	10		
得分合计		分		
教师评价				

项目小结

银行代理业务是指商业银行接受客户的委托、代为办理客户指定的经济事务、提供金融服务并收取一定费用的业务，包括代理国债业务、代理基金业务、代理缴费业务等。代理业务是银行典型的中间业务，银行充分利用自身的信誉、技能、信息等资源代客户行使监督管理权、提供各项金融服务，为客户提供省时、方便、快捷的服务，资金结算及时，方便收款单位统管资金。对银行来说，虽然代理业务金额大多偏小，但其普及面广、资金成本低，是商业银行扩大市场、提高社会信用度的重要工具。在银行具体办理过程中，首先要认真核对业务类别和客户提交的相关材料，然后认真严谨地按照业务规程进行操作处理。

项目训练

一、判断题

1. 储蓄式国债可以在市场中流通买卖。（　）

2. 客户购买凭证式国债时，只可以现金购买，不可以转账购买。（　）

3. 开放式基金的发行总额是固定的，不可以根据市场供求情况变化。（　）

4. 基金业务不仅可以本人亲自办理，也可以由他人代理办理。（　）

5. 基金账户不仅可以供投资人本人使用，也可以借他人使用。（　）

6. 基金的认（申）购不仅可以通过银行资金账户金额直接购买，也可以持现金办理。（　）

7. 客户认购/申购基金的交易手续费可以以现金形式支付。（　）

8. 代理缴费业务只可以通过转账的方式进行划转交付。（　）

二、选择题

1.凭证式国债的购买起点金额是（　　）。

A.50元　　B.100元　　C.500元　　D.1 000元

2.目前凭证式国债提前支取时银行要按照金额的（　　）收取手续费。

A.0.5‰　　B.1‰　　C.1.5‰　　D.2‰

3.储蓄式国债从（　　）起开始计息。

A.发行之日　　B.发行期结束　　C.提前兑取日　　D.购买之日

4.存款（　　）以内的国债是没有利息的。

A.3个月　　B.半年　　C.1年　　D.2年

5.基金的申购与赎回需遵循（　　）原则。

A.金额申购、金额赎回　　B.金额申购、份额赎回

C.份额申购、金额赎回　　D.份额申购、份额赎回

6.基金发行期间，投资人必须在（　　）办理认购手续。

A.续存期内　B.续存期结束　C.发行期内　D.发行期结束

7.我国法律规定，基金赎回费率不得超过赎回金额的（　　）。

A.1%　B.1.5%　C.2%　D.3%

8.如果客户已经和银行签订了自动扣款授权协议，银行会定期从客户的（　　）中扣除相应的缴费金额。

A.指定的银行账户　B.基金账户

C.基金交易卡　D.定期存款

三、综合实训

实训平台：http：//www.zsyun.com.cn/

实训账号：s1144038836

实训密码：cjgz888888

【实训内容】

2023年6月22日，客户苏娜，其身份证号为305230198603212031，来行办理以下代理业务：

1.持现金200 000元来行购买3年期凭证式国债，年利率为4.32%。

2.委托银行代理缴纳水费，提供银行卡卡号为66094409873278166，客户居住地为长春市富奥小区8-302，邮编130004，客户填写公共事业费自动转账付款授权书后，到柜台办理此业务。

3.客户于2023年9月25日，持水费催缴单来我行缴纳水费34.68元。

要求：以模拟银行金专支行柜员的身份进行相应业务的处理，包括凭证审核、业务数据录入、凭证盖章与凭证处理。

【实训目标】

1.登录银行业务综合技能实训平台，熟练完成上述操作。

2.正确打印凭证，加盖银行公章和私章；正确处理凭证。

【实训考核】

1.平台操作准确率达到100%。

2.凭证处理正确率达到100%。

项目六

个人外汇业务处理

学习目标

知识目标

- 掌握银行各项个人外币存款业务的规定。
- 掌握银行各项个人外币兑换业务的规定。

能力目标

- 能按照正确的业务规范办理各项外币存款业务。
- 能按照正确的业务规范办理外币兑换业务。

素质目标

- 培养学生爱岗敬业、诚实守信、遵纪守法等职业道德。
- 培养学生的工匠精神。
- 培养学生充分的职场安全意识与健康意识。

任务一　个人外币存款业务处理

【基本知识】

外汇是外国货币或以外国货币表示的，用于国际结算的支付手段。外币支付凭证，指票据、银行存款凭证、邮政储蓄凭证等。外币有价证券指政府公债、公司债券、股票等其他外汇资金。外汇存款是银行组织吸收外汇资金的主要渠道，是银行外汇资金来源的重要组成部分。外汇存款的种类，可以按存款对象、存入资金形态、存款期限等行分类。

外汇存款按存款对象，可分为单位外汇存款和个人外币储蓄存款。中国大陆公民、中国港澳台同胞、居住在中国（含港澳台地区）境内外的外国人、外籍华人和华侨，均可凭实名制认可的有效身份证件在银行办理外币储蓄存款。

外汇存款按存入资金形态，可分为现汇存款和现钞存款。现汇存款是指以境外汇入或携入的外币票据转存的存款，现钞存款是指存款人从境外携入或持有可自由兑换

的外币现钞存入的存款。

外汇存款按存款期限，可分为定期存款和活期存款。

目前，外币储蓄存款的币种包括美元、港元、英镑、欧元、日元、加拿大元、澳大利亚元、瑞士法郎和新加坡元等。

活动1　个人外币储蓄存款开户

【业务引入】

2023年1月6日，客户王聪持本人身份证件（身份证号：2201051991091114××）来模拟银行金专支行存入1 000欧元，6个月定期储蓄存款，同时存入2 000美元活期储蓄存款。

【操作流程】

个人外币储蓄存款开户业务操作流程如图6-1所示。

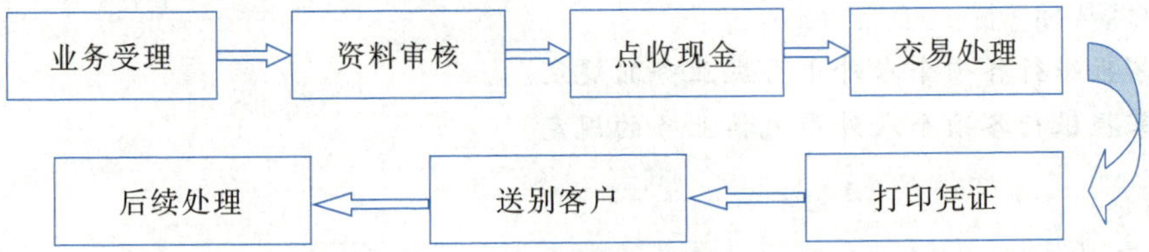

图6-1　个人外币储蓄存款开户业务操作流程

【操作步骤】

1.业务受理

柜员聆听客户口述的外币储蓄存款业务要求。

2.资料审核、点收现金

经办柜员按照规定审核客户提交的有效身份证件。按规定当面清点现金，核对金额，并且鉴别真伪。

3.交易处理

经办柜员选择外币活期（定期）储蓄存款开户界面，按系统提示录入相关要素。预留密码的由客户通过密码键盘输入密码。打印存款凭条交客户签字确认。

如办理现钞存入时，可直接通过个人外币存款的现钞户进行办理，不必通过汇钞套算。

其会计分录为：

借：现金　　EUR 1 000.00

　贷：定期储蓄存款——王聪户　　EUR 1 000.00

借：现金　　USD 2 000.00

　贷：活期储蓄存款——王聪户　　USD 2 000.00

个人外币存款的现汇户如办理现汇存入时会计分录为：

借：汇入汇款（或其他科目）　　外币

　贷：活期（定期）储蓄存款——××户　　外币

4. 打印凭证、送别客户

经办柜员系统处理后，打印存单或存折，核对内容无误后，在存单（或存折）上加盖储蓄业务专用印章，然后把凭证连同身份证件一并交客户，送别客户。

5. 后续处理

经办柜员在存款凭条上加盖业务清讫章与经办柜员名章，作为办理业务的凭证与其他凭证一起整理存放。

【知识链接 6-1】

世界主要国家和地区货币名称和货币符号见表6-1。

表6-1　世界主要国家和地区货币名称和货币符号

国家和地区	中文	英文	符号
中国	人民币元	Renminbi Yuan	CNY
中国香港	港元	HongKong Dollar	HKD
日本	日元	Japanese Yen	JPY
新加坡	新加坡元	Singapore Dollar	SGD
欧元区	欧元	Euro	EUR
瑞士	瑞士法郎	Swiss Franc	CHF
英国	英镑	Pound	GPB
美国	美元	U.S. Dollar	USD
加拿大	加元	Canadian Dollar	CAD
澳大利亚	澳大利亚元	Australian Dollar	AUD

【实践操作】

1. 实践内容

模拟银行金专支行当日发生下列业务：

（1）储户张鹏存入1 000欧元活期储蓄存款。

（2）储户金倩存入3 000美元3个月定期储蓄存款。

（3）储户孙超存入2 000英镑6个月定期储蓄存款。

要求：以模拟银行金专支行柜员的身份进行相应业务的处理，包括凭证审核、业务数据录入，凭证盖章与凭证处理。

2. 实践目标

掌握个人外币存款业务处理流程。

3. 考核标准

能够快速、规范地完成个人外币存款业务处理，考核标准如下：

考核内容	评分标准	分值	学生得分	扣分说明
有效沟通（20分）	使用礼貌用语	5		
	给客户明确的引导	5		
	为客户推荐合适的产品	5		
	临时状况的应对	5		
业务办理（40分）	凭证审核	10		
	快速进入业务办理界面	10		
	信息录入准确	10		
	盖章准确清晰	10		
操作规范（40分）	凭证管理规范	10		
	印章管理规范	10		
	手工点钞	10		
	现金管理规范	10		
得分合计		分		
教师评价				

活动2　个人外币活期存款续存

【业务引入】

2023年3月12日，王聪来行续存1 500美元至个人外币活期账户。

【操作流程】

个人外币活期存款续存业务操作流程如图6-2所示。

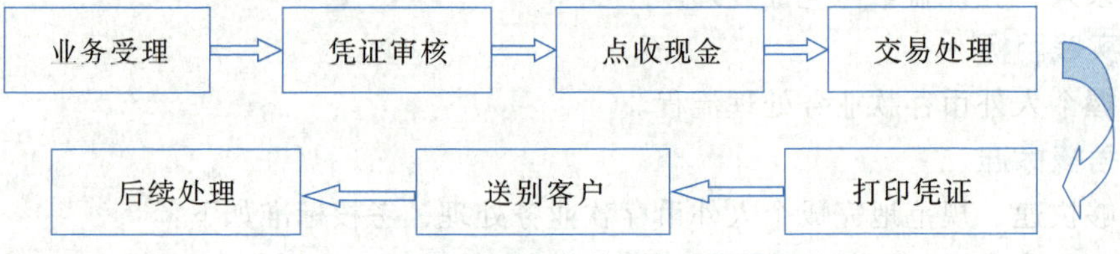

图6-2　个人外币活期存款续存业务操作流程

【操作步骤】

1. 业务受理

客户续存外币活期储蓄存款时，应将现金与凭证一起交银行柜员，口头核对存入金额。

2. 凭证审核

柜员核对客户提交的储蓄存款凭证。

3. 点收现金

经办柜员在监控下和客户视线范围内按规定当面清点核对，并鉴别真伪。

4. 交易处理、打印凭证

经办柜员进入外币活期储蓄存款续存界面，按系统提示录入账户信息，确认提交后根据系统提示打印存折和存款凭证，存款凭证交客户签字确认。

会计分录为：

借：现金　　　　USD1 500.00

　贷：活期储蓄存款——王聪户　　　　USD1 500.00

5. 送别客户

经办柜员将存折连同存款凭条回单盖章后交与客户，送别客户。

6. 后续处理

经办柜员在存款凭条上加盖业务清讫章与经办柜员名章，作为业务凭证与其他凭证一起整理存放。

【实践操作】

1. 实践内容

模拟银行金专支行当日发生下列业务：

储户张鹏续存3 000欧元活期储蓄存款。

要求：以模拟银行金专支行柜员的身份进行相应业务处理，包括凭证审核、业务数据录入、凭证盖章与凭证处理。

2. 实践目标

掌握个人外币活期存款续存业务处理流程。

3. 考核标准

能够快速、规范地完成个人外币存款续存业务处理，考核标准如下：

考核内容	评分标准	分值	学生得分	扣分说明
有效沟通（20分）	使用礼貌用语	5		
	给客户明确的引导	5		
	为客户推荐合适的产品	5		
	临时状况的应对	5		
业务办理（40分）	凭证审核	10		
	快速进入业务办理界面	10		

续表

考核内容	评分标准	分值	学生得分	扣分说明
业务办理（40分）	信息录入准确	10		
	盖章准确清晰	10		
操作规范（40分）	凭证管理规范	10		
	印章管理规范	10		
	手工点钞	10		
	现金管理规范	10		
得分合计		分		
教师评价				

活动3　个人外币储蓄存款支取

【业务引入】

2023年3月18日，王聪来到模拟银行金专支行支取1 000美元。

【操作流程】

个人外币储蓄存款支取业务操作流程如图6-3所示。

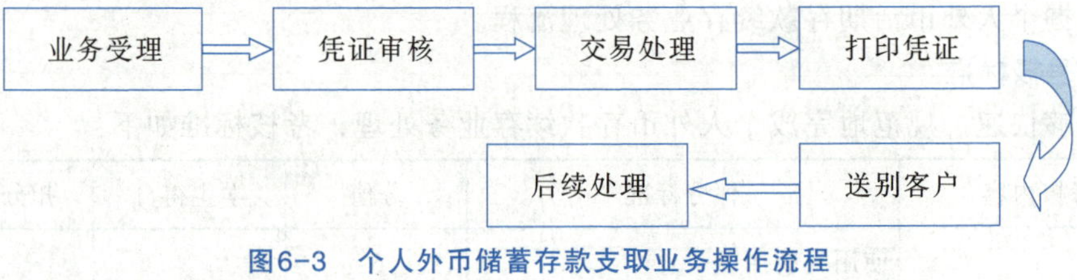

图6-3　个人外币储蓄存款支取业务操作流程

【操作步骤】

1.业务受理

客户办理外币存款支取时，应将凭证、有效身份证件一并交银行柜员，口头核对支取金额。

2.凭证审核

经办柜员按照规定审核客户提交的凭证、有效身份证件是否真实有效。

3.交易处理

经办柜员进入外币活期储蓄取款界面，按系统提示录入相关要素进行业务操作，凭密码支取的要求客户录入个人密码，打印存折和取款凭证，把取款凭证交客户签字确认。

会计分录为：

借：活期储蓄存款——王聪户　　　　　　　　USD1 000.00

　贷：现金　　　　　　　　　　　　　　　　　　USD1 000.00

4.打印凭证及送别客户

经办柜员完成业务操作后，打印存折，核对无误后，按记账金额配款，并将存折、现金、取款凭证回单联一并交与客户，与客户道别。

5.后续处理

经办柜员在取款凭条上加盖业务清讫章与经办柜员名章，作为业务凭证与其他凭证一起整理存放。

【实践操作】

1.实践内容

模拟银行金专支行当日发生下列业务：

储户张鹏支取1 000欧元活期储蓄存款。

要求：以模拟银行金专支行柜员的身份进行相应业务的处理，包括凭证审核、业务数据录入、凭证盖章与凭证处理。

2.实践目标

掌握个人外币取款业务处理流程。

3.考核标准

能够快速、规范地完成个人外币取款业务处理，考核标准如下：

考核内容	评分标准	分值	学生得分	扣分说明
有效沟通（20分）	使用礼貌用语	5		
	给客户明确的引导	5		
	为客户推荐合适的产品	5		
	临时状况的应对	5		
业务办理（40分）	凭证审核	10		
	快速进入业务办理界面	10		
	信息录入准确	10		
	盖章准确清晰	10		
操作规范（40分）	凭证管理规范	10		
	印章管理规范	10		
	手工点钞	10		
	现金管理规范	10		
得分合计		分		

续表

考核内容	评分标准	分值	学生得分	扣分说明
教师评价				

活动4　个人外币储蓄存款销户与利息计算

【业务引入】

2023年7月6日，王聪来模拟银行金专支行支取其全部活期存款，并支取6个月到期定期存款1 000欧元。银行工作人员按规定为其办理销户手续。

【操作流程】

个人外币储蓄存款销户业务操作流程如图6–4所示。

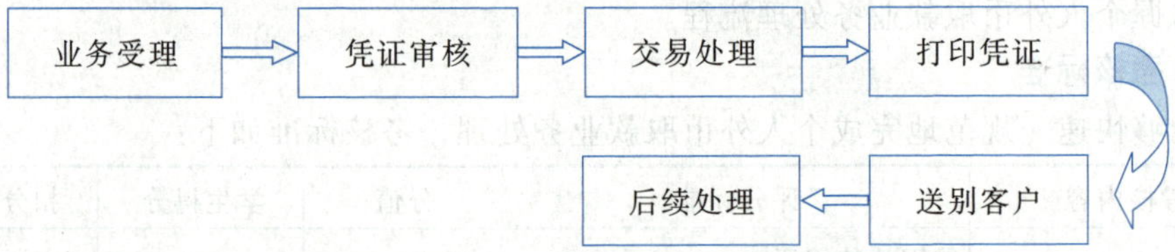

图6–4　个人外币储蓄存款销户业务操作流程

【操作步骤】

1.活期储蓄存款销户

（1）业务受理。客户办理销户时应提供有效身份证件和存款凭证。

（2）凭证审核。经办柜员按照规定审核客户提交的存折、有效身份证件。

（3）交易处理。经办柜员刷折后，进入外币活期储蓄销户界面，按系统提示录入相关要素进行业务操作，凭密码支取的由客户录入个人密码，打印取款凭证交客户确认签名，收回凭条。

会计分录为：

借：活期储蓄存款——××户　　外币
　　利息支出　　外币
　贷：现金　　外币

（4）打印凭证及送别客户。经办柜员账务记载成功后，打印利息清单、存折，核对内容无误后，按记账金额配款，利息清单一联连同现金一并交客户，送别

客户。

（5）后续处理。经办柜员在取款凭条与利息清单上加盖业务清讫章与经办柜员名章，作为业务凭证与其他凭证一起装订保管。存折上加盖“销户”和“附件”章后，作为储蓄取款凭条附件。

2.定期储蓄存款销户

（1）业务受理。客户办理定期储蓄存款销户时应提交存单，提前支取的还须提供取款人本人有效身份证件，如他人代理取款还应出示代理人有效身份证件。

（2）凭证审核。经办柜员按照规定审核客户提交的存单、有效身份证件。大额支取、提前支取或代理他人支取的，经办柜员将证件名称、号码摘录在存单背面。

（3）交易处理。经办柜员选择外币定期储蓄销户界面，按画面提示录入相关要素进行记账操作，凭密码支取的由客户录入个人密码。

会计分录为：

借：定期储蓄存款——王聪户	EUR 1 000.00	
应付利息（或利息支出）	EUR 0.25	
贷：现金		EUR 1 000.25

（4）打印凭证及送别客户。经办柜员完成系统操作后，打印存单、利息清单，核对内容无误后，按记账金额配款，将利息清单连同现金一并交给客户，送别客户。

（5）后续处理。经办柜员在存单和利息清单上加盖业务清讫章与柜员名章，作为业务凭证与其他凭证一起整理存放。

3.定期储蓄存款部分提前支取

（1）业务受理。办理定期储蓄存款部分提前支取时应提交存单和客户本人有效身份证件。

（2）凭证审核。经办柜员按照规定审核客户提交的存单和有效身份证件，并将证件名称、号码摘录在存单背面。

（3）账务处理。经办柜员进入外币定期储蓄部分提前支取界面，按系统提示录入相关要素进行操作，凭密码支取的由客户录入个人密码。对剩余金额进行转存处理。

会计分录为：

借：定期储蓄存款——××户	外币	
利息支出（提前支取部分）	外币	
贷：现金（提前支取部分本金+利息）		外币
定期储蓄存款（剩余本金）——××户		外币

（4）打印凭证及送别客户。经办柜员账务记载成功后打印原存单销户记录、部分提前支取利息清单、转存部分存款凭条、新存单等，核对内容无误后，按部分提前金额配款。根据系统提示打印凭证，核对内容无误后，利息清单客户联和提前支取部分现金、新存单、身份证件一并交与客户。

（5）后续处理。经办柜员在原存单、利息清单、转存部分存款凭条上加盖业务清讫章和柜员名章，作为业务凭证和其他凭证一起整理存放。

【知识链接 6-2】

小额账户管理费

计算利息的基本公式如下：

活期存款利息=外币本金×活期存款利率÷360×实际天数

定期存款利息=外币本金×定期存款利率÷12×存期月数

个人外币存款按各银行公布的个人外币存款利率分档次利率计付外币利息。活期存款每年12月20日为计算利息日，次日银行自动将利息转入原存款账户。如遇利率调整，按调整日前后不同利率分段计算利息。

定期存款以存入当日的利率为计息标准，不论存款期内利率是否变动，均按存入日利率计算利息，如提前支取，按支取日的活期存款利率计算利息，到期续存，按续存日同档次利率计算利息。

【实践操作】

1.实践内容

模拟银行金专支行当日发生下列业务：

（1）储户张鹏来模拟银行金专支行，要求将其欧元活期储蓄存款账户进行销户。

（2）储户金倩提交存单到期支取其3个月期定期储蓄存款3 000美元。

（3）储户孙超提交存单提前支取其6个月定期储蓄存款1 000英镑。

要求：以模拟银行金专支行柜员的身份进行相应业务的处理，包括凭证审核、业务数据录入，凭证盖章与凭证处理。

2.实践目标

掌握个人外币存款销户业务处理流程。

3.考核标准

能够快速、规范地完成个人外币存款销户业务处理，考核标准如下：

考核内容	评分标准	分值	学生得分	扣分说明
有效沟通（20分）	使用礼貌用语	5		
	给客户明确的引导	5		
	为客户推荐合适的产品	5		
	临时状况的应对	5		
业务办理（40分）	凭证审核	10		
	快速进入业务办理界面	10		
	信息录入准确	10		
	盖章准确清晰	10		

续表

考核内容	评分标准	分值	学生得分	扣分说明
操作规范（40分）	凭证管理规范	10		
	印章管理规范	10		
	手工点钞	10		
	现金管理规范	10		
得分合计		分		
教师评价				

任务二　个人外币兑换业务处理

【基本知识】

外汇买卖又称外汇交易，在国际金融市场上，是指两种可以自由兑换的货币之间的兑换，也就是按一定的汇率卖出一种货币或买入另一种货币的行为。

外汇汇率是指一国货币与另一国货币兑换的比率，是用一种货币表示另一种货币的价格，也称为外汇汇价。根据国际惯例，外汇汇价有两种表示方法：一种是直接标价法，是以一定单位的外国货币为标准来计算应付多少单位的本国货币；另一种是间接标价法，与直接标价法相反，是以一定单位的本国货币为标准来计算应付多少单位的外国货币。

外汇的买卖和兑换须按一定的牌价计算，汇率就是牌价的基础。我国人民币基准

汇率由中国人民银行制定，并授权中国外汇交易中心公布，经营外汇业务的银行据此调整挂牌外汇买卖价。现行各种外汇的牌价按规定有下列五种：外汇买入价，又称汇买价，是指银行买入外币现汇的价格；外汇卖出价，又称汇卖价，外钞卖出价，又称钞卖价，是指银行卖出外币现汇和外币现钞的价格；外钞买入价，又称钞买价，是指银行买入外币现钞的价格；外汇中间价，又称中间价，是指汇买价与汇卖价的平均价格，银行相互之间外汇买卖一般按中间价交易。银行在买卖外汇时，需要垫付资金并承担汇率涨跌的风险，所以银行在买卖外汇时要收取一定的费用，外汇买价与卖价之间的差价，即为银行买卖外汇的收益或收取的费用。

“外汇买卖”是实行外汇分账制而设立的一个专用会计科目，是在办理外汇买卖、兑换等业务中外币与人民币科目之间的桥梁。“外汇买卖”科目既反映外汇兑换、外汇套汇等业务引起的外汇增减变化，又反映这些业务所引起的人民币的增减变化。从资金性质上分类，该科目属于资产负债共同类。当买入外汇时，外币记本科目贷方，人民币记本科目借方；当卖出外汇时，外币记本科目借方，人民币记本科目贷方。外汇买卖科目的设立，对账务的处理起着联系和平衡的作用。

目前，中国银行可兑换的币种包括英镑、港元、美元、瑞士法郎、新加坡元、瑞典克朗、挪威克朗、日元、丹麦克朗、加拿大元、澳大利亚元、欧元、菲律宾比索、泰国铢、韩元、澳门元、新台币共计17种货币。

对个人结汇和境内个人购汇实行年度总额管理。年度总额分别为每人每年等值5万美元。国家外汇管理局可根据国际收支状况对年度总额进行调整。个人年度总额内的结汇和购汇，凭本人有效身份证件在银行办理。

活动1　个人购汇业务

【业务引入】

2023年3月10日，客户王聪持居民身份证（证件号码：2201051991091114××）来我行申请兑换500欧元。

【操作流程】

个人购汇业务操作流程如图6-5所示。

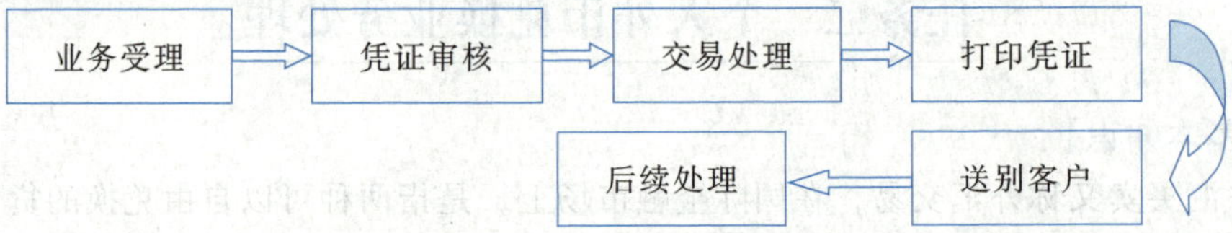

图6-5　个人购汇业务操作流程

【操作步骤】

1.业务受理

客户兑换外币时，需要出示本人有效身份证件，并填写个人购汇申请书（见表6-2）和个人结售汇业务申请书（见表6-3）。

表 6-2

个人购汇申请书

根据《中华人民共和国外汇管理条例》（国务院令 2008 年第 532 号）、《国际收支统计申报办法》（国务院令 2013 年第 642 号）、《个人外汇管理办法》（中国人民银行令〔2006〕第 3 号）、《个人外汇管理办法实施细则》（汇发〔2007〕1 号）等规定，个人购汇实行便利化额度（年度总额）管理，应当具有真实、合法的交易基础，如实申报购汇信息。

一、个人购汇基本信息：

购汇人姓名________________　购汇人身份证件号码________________

购汇币种/金额________________　人民币账号________________

外汇账号________________

代理人姓名________________　代理人身份证件号码________________

购汇人地址________________　联系电话________________

二、依据法律法规，境内个人办理购汇业务时：

1. 不得虚假申报个人购汇信息；

2. 不得提供不实的证明材料；

3. 不得出借本人便利化额度协助他人购汇；

4. 不得借用他人便利化额度实施分拆购汇；

5. 不得用于境外买房、证券投资、购买人寿保险和投资性返还分红类保险等尚未开放的资本项目；

6. 不得参与洗钱、逃税、地下钱庄交易等违法违规活动。

三、外汇管理机关依法对个人外汇业务进行监督检查。对于存在违规行为的个人，外汇管理机关依法列入“关注名单”管理。“关注名单”个人列入名单当年及之后两年不享有个人便利化额度，同时依法移送反洗钱调查。

对于违反规定办理个人购汇业务的，外汇管理机关将依据《中华人民共和国外汇管理条例》第三十九条、第四十条、第四十四条、第四十八条等予以行政处罚，相关信息依法纳入个人征信记录。

四、购汇用途（用汇时实际用途与原填写的《个人购汇申请书》不一致的应重新填写）：

预计用汇时间______年______月

□因私旅游　　预计境外停留期限________________　目的地国家/地区________________

旅行方式（○跟团　○自由行）

□境外留学　　学校名称________________　留学国家/地区________________

年学费币种/金额________________　年生活费币种/金额________________

续表

☐公务及商务出国	预计境外停留期限＿＿＿＿＿＿＿＿	目的地国家/地区＿＿＿＿＿＿＿＿
☐探亲	预计境外停留期限＿＿＿＿＿＿＿＿	目的地国家/地区＿＿＿＿＿＿＿＿
	境外亲属姓名＿＿＿＿＿＿＿＿	与境外亲属关系＿＿＿＿＿＿＿＿
☐境外就医	预计境外停留期限＿＿＿＿＿＿＿＿	目的地国家/地区＿＿＿＿＿＿＿＿
	境外医院名称＿＿＿＿＿＿＿＿	
☐货物贸易	交易对方名称＿＿＿＿＿＿＿＿	对方国家/地区＿＿＿＿＿＿＿＿
☐非投资类保险	保险机构名称＿＿＿＿＿＿＿＿	对方国家/地区＿＿＿＿＿＿＿＿
☐咨询服务	提供咨询方名称＿＿＿＿＿＿＿＿	对方国家/地区＿＿＿＿＿＿＿＿
☐其他	详细说明购汇事项（包括但不限于交易对方名称、具体购汇项目、交易所需金额/币种等） ＿＿＿＿＿＿＿＿＿＿＿＿ ＿＿＿＿＿＿＿＿＿＿＿＿ ＿＿＿＿＿＿＿＿＿＿＿＿	
银行打印		
本人已知晓上述内容，保证申报信息真实有效，愿意配合金融机构进行真实性、合规性审核，愿意配合外汇管理机关调查和监督检查，承担相应法律责任，并确认银行打印记录正确无误。 本人或代理人签字： 日期：		

柜台经办： 审查：

表6-3

个人结售汇业务申请书

<table>
<tr><td rowspan="9">客户填写
Customer's Details</td><td>申请人姓名
Applicant's Name</td><td></td><td>申请人身份
Nationality</td><td colspan="3">□境内个人　□境外个人（国籍：________）</td></tr>
<tr><td>身份证件种类
Type of ID.</td><td></td><td>身份证件号码
ID NO.</td><td colspan="3"></td></tr>
<tr><td>是否他人代办
Representative's Information</td><td colspan="5">□否　□是（代办人姓名：________ 身份证件种类：________
身份证件号码：________）</td></tr>
<tr><td>申请人地址
Applicant's address</td><td colspan="2"></td><td>联系电话
Telephone No.</td><td colspan="2"></td></tr>
<tr><td>业务种类 Business type</td><td>□购汇　□结汇</td><td>币种/Currency</td><td></td><td>金额/Amount</td><td></td></tr>
<tr><td>购汇资金属性
Purpose of Foreign Exchange Purchase</td><td colspan="2">□自费出境学习　□因私旅游
□公务及商务出国　□旅游项下其他
□境外个人原币兑回
□对境外证券投资　□证券投资撤出</td><td colspan="3">□货物贸易　□运输　□金融和保险服务
□专有权利使用费和特许费　□咨询服务
□其他服务　□职工报酬和赡家款
□投资收益　□其他经常转移　□资本账户</td></tr>
<tr><td>结汇资金属性
Source of Foreign Exchange</td><td colspan="2">□旅游
□对境外证券投资撤回
□证券筹资</td><td colspan="3">□投资资本金　□直接投资撤资　□房地产
□其他直接投资　□其他投资　□国内外汇贷款
□经批准的资本其他</td></tr>
<tr><td>购汇后外币支付方式
Payment of FX</td><td colspan="2">□提钞
□存入个人外汇账户</td><td colspan="3">□汇出资金（包括外汇票据）
□旅行支票</td></tr>
<tr><td colspan="6"></td></tr>
<tr><td>银行打印
Bank use Only</td><td colspan="6"></td></tr>
<tr><td colspan="7">本人已认真阅读本凭证背面“客户须知”，并确认银行打印记录正确无误。
I have read the “Notice” on the reverse side carefully , and confirm that the printed message in the above box is correct.</td></tr>
<tr><td colspan="2">申请人或代办人签章
Applicant's signature</td><td colspan="2"></td><td>日期
Date</td><td colspan="2"></td></tr>
</table>

柜台经办：　　　　审查：

第一联　银行留存

2.凭证审核

经办柜员按照规定审核客户提交的有效身份证件和购汇申请书。

3.交易处理

经办柜员进入外币结售汇现钞操作界面，按系统提示录入相关要素进行操作。打印结售汇单交客户确认签名。

其会计分录为：

借：现金　　CNY3 807.70

　贷：外汇买卖（钞卖价）　　CNY3 807.70

借：外汇买卖（钞卖价）　　EUR500.00

　贷：现金　　EUR500.00

4.打印凭证及送别客户

经办柜员账务记载成功后，根据外汇牌价计算人民币金额，清点核对人民币现金。按照核准的外币金额配款，核对无误后，在结售汇回单上加盖业务清讫章，打印相关凭证，然后连同身份证件、外币现钞、购汇申请书客户留存联一并交客户，送别客户。

5.后续处理

经办柜员在相关凭证上加盖业务清讫章与经办柜员名章，作为办理业务的凭证与其他凭证一起整理存放。

【知识链接 6-3】

小额账户管理费

2023年11月5日银行主要外汇牌价见表6-4。

表6-4　2023年11月5日银行主要外汇牌价

货币	汇买价	汇卖价	钞买价	钞卖价
美元	728.13	731.03	727.97	731.03
欧元	780.33	785.8	774.44	787.83
英镑	900.38	906.41	899.46	909.03
港币	93.06	93.42	93.04	93.42
新台币	—	—	21.92	23.16
日元	4.8682	4.9008	4.8681	4.9028
韩国元	0.555	0.5594	0.5512	0.5682
卢布	7.68	8	7.66	8.35
泰国铢	20.5	20.66	20.46	20.99
加拿大元	532.13	535.7	531.58	537.24
澳门元	90.38	90.74	89.58	91.67
林吉特	153.7	155.09	—	—
新西兰元	435.73	438.75	434.72	440.67
新加坡元	536.72	540.44	536.29	542
南非兰特	39.81	40.09	36.76	43.21
丹麦克朗	104.51	105.35	104.32	105.85
挪威克朗	65.85	66.37	65.73	66.69
瑞典克朗	66.77	67.31	66.65	67.63
瑞士法郎	808.62	814.3	807.97	816.57
印度尼西亚卢比	0.0462	0.0467	0.0448	0.0483
印度卢比	—	—	8.2462	9.299
土耳其里拉	25.59	25.79	24.33	29.62
沙特里亚尔	—	—	189.06	199.88
菲律宾比索	12.93	13.09	12.71	13.54
澳大利亚元	473.49	476.67	473.01	478.04
阿联酋迪拉姆	197.91	199.31	196.29	202.92

【实践操作】

1. 实践内容

模拟银行金专支行当日发生下列业务：

（1）客户张鹏申请兑换100美元。

（2）客户金倩申请兑换2 000欧元。

要求：以模拟银行金专支行柜员的身份进行相应的业务处理。

2. 实践目标

掌握个人购汇业务处理流程。

3. 考核标准

能够快速、规范地完成个人购汇业务处理，考核标准如下：

考核内容	评分标准	分值	学生得分	扣分说明
有效沟通（20分）	使用礼貌用语	5		
	给客户明确的引导	5		
	为客户推荐合适的产品	5		
	临时状况的应对	5		
业务办理（40分）	凭证审核	10		
	快速进入业务办理界面	10		
	信息录入准确	10		
	盖章准确清晰	10		
操作规范（40分）	凭证管理规范	10		
	印章管理规范	10		
	手工点钞	10		
	现金管理规范	10		
得分合计		分		
教师评价				

活动2　个人结汇业务

【业务引入】

2023年3月26日，客户王聪来行申请将100欧元兑换为人民币。

【操作流程】

个人结汇业务操作流程如图6-6所示。

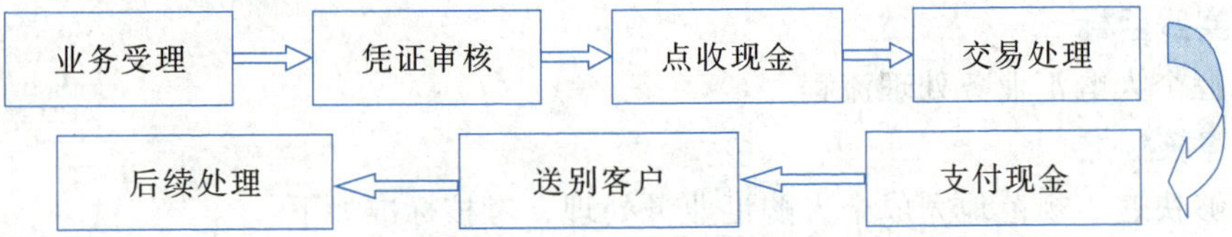

图6-6　个人结汇业务操作流程

【操作步骤】

1.业务受理

客户要将外币兑换成人民币，需要出示本人有效身份证件，并填写个人结售汇业务申请书。

2.凭证审核、点收现金

经办柜员按照规定审核客户提交的有效身份证件，清点外币现钞，并鉴别真伪。

3.交易处理

经办柜员进入外币结汇现钞操作界面，按画面提示录入相关要素进行系统操作。打印结售汇单交客户确认并签名。

会计分录为：

借：现金　　EUR100.00

　贷：外汇买卖（钞买价）　　EUR100.00

借：外汇买卖（钞买价）　　CNY731.76

　贷：现金　　CNY731.76

4.支付现金及送别客户

经办柜员业务处理完成后，根据打印的结售汇单金额配款，核对无误后，在回单上加盖业务清讫章，连同身份证件、人民币现金一并交与客户，送别客户。

5.后续处理

经办柜员在相关凭证上加盖业务清讫章与经办柜员名章，作为办理业务的凭证与其他业务凭证一起整理存放。

【实践操作】

1.实践内容

模拟银行金专支行当日发生下列业务：

（1）客户张鹏申请将150美元兑换成人民币。

（2）客户金倩申请将325欧元兑换成人民币。

要求：以模拟银行金专支行柜员的身份进行相应业务的处理。

2. 实践目标

掌握个结汇业务处理流程。

3. 考核标准

能够快速、规范地完成个人结汇业务处理，考核标准如下：

考核内容	评分标准	分值	学生得分	扣分说明
有效沟通（20分）	使用礼貌用语	5		
	给客户明确的引导	5		
	为客户推荐合适的产品	5		
	临时状况的应对	5		
业务办理（40分）	凭证审核	10		
	快速进入业务办理界面	10		
	信息录入准确	10		
	盖章准确清晰	10		
操作规范（40分）	凭证管理规范	10		
	印章管理规范	10		
	手工点钞	10		
	现金管理规范	10		
得分合计		分		
教师评价				

项目小结

外汇存款按存款对象，可分为单位外汇存款和个人外币储蓄存款；按存入资金形态，可分为现汇存款和现钞存款；按存款期限，可分为定期存款和活期存款。目前，外币储蓄存款的币种包括美元、港元、英镑、欧元、日元、加拿大元、澳大利亚元、

瑞士法郎和新加坡元等。银行办理外汇存款业务时，应采取外汇分账制，应按照存款种类的不同，分别处理相关业务。

项目训练

一、判断题

1. 外汇存款按存款对象，可分为单位外汇存款和个人外币储蓄存款。（ ）

2. 外币储蓄存款与人民币储蓄存款的存期是一样的。（ ）

3. 外币活期储蓄存款的结息日为每季末的20日。（ ）

4. 外币定期储蓄存款在存款期内利率不随着外汇市场变动。（ ）

5. 外钞买入价是指银行买入外币现钞的价格。（ ）

6. 我国的外汇汇价采用的是间接标价法。（ ）

7. 我国境内居民个人购汇实行年度总额管理，年度总额为每人每年等值5万美元。（ ）

8. 美元的货币符号为USY。（ ）

9. 外汇存款按资金形态可分为现汇存款和现钞存款。（ ）

二、选择题

1.以下不属于主要的外币储蓄存款种类的有（ ）。

A.美元　B.日元　C.泰铢　D.欧元

2.客户持外币现钞来兑换人民币时，银行应按照（ ）进行换算。

A.钞买价　B.汇买价　C.卖出价　D.中间价

3.客户持人民币来兑换外币现钞时，银行应按照（ ）进行换算。

A.钞买价　B.汇买价　C.卖出价　D.中间价

4.中国公民开立外币活期储蓄存款时，外币金额不得低于（ ）等值的人民币。

A.10元　B.20元　C.50元　D.100元

5.中国公民开立外币定期储蓄存款时，外币金额不得低于（ ）等值的人民币。

A.10元　B.20元　C.50元　D.100元

6.汇买价与汇卖价的平均价格是（ ）。

A.现钞买入价　B.现汇买入价　C.卖出价　D.中间价

7.以下货币符号正确的是（ ）。

A.欧元EUR　B.日元JPD　C.英镑GDP　D.港元HKY

8.以下不属于外币储蓄存款的形式有（ ）。

A.活期存款　B.定期存款　C.定活两便　D.通知存款

三、综合实训

实训平台：http：//www.zsyun.com.cn/

实训账号：s1144038836

实训密码：cjgz888888

【实训内容】

模拟银行金专支行发生下列业务：

1. 2023年4月20日，储户周儒申请开立外币活期存款账户，存入1 000加元。4月30日，储户周儒续存500加元。5月17日，储户周儒支取1 000加元。5月24日，储户周儒来银行，要求将其加元活期储蓄存款账户进行销户，并将本息兑换成人民币。

2. 2023年4月20日，储户王枫申请开立外币活期存款账户，存入5 000美元。4月30日，储户王枫续存500美元。5月17日，储户王枫支取3 000美元。5月24日，储户王枫来银行，要求将其美元活期储蓄存款账户进行销户，并将本息兑换成人民币。

3. 2023年4月20日，储户李博申请开立外币活期存款账户，存入100 000韩元。4月30日，储户李博续存50 000韩元。5月17日，储户李博支取30 000韩元。5月24日，储户李博来银行，要求将其韩元活期储蓄存款账户进行销户，并将本息兑换成人民币。

【实训目标】

1. 登录银行业务综合技能实训平台，熟练完成上述操作。

2. 正确打印凭证，加盖银行公章和私章；正确处理凭证。

【实训考核】

1. 平台操作准确率达到100%。

2. 凭证处理正确率达到100%。

项目七 智能化零售业务

学习目标

知识目标

•掌握银行各项智能化零售业务的规定。

能力目标

•能按照正确的业务规范办理账户管理、业务查询、便民服务等业务。

•能按照正确的业务规范进行理财业务、存取转账、电子银行及互联网业务、信用卡业务的智能处理。

素质目标

•培养学生爱岗敬业、诚实守信、遵纪守法等职业道德。

•培养学生的工匠精神。

•培养学生充分的职场安全意识与健康意识。

•培养学生金融科技应用技能。

任务一 智慧柜台业务处理

【基本知识】

1.智慧柜台业务的概念

智慧柜台是银行推出的一种全天候自助和提供远程人工服务模式的智慧型银行业务，是集成磁条读卡器、二代身份证识别仪、指纹仪、IC卡读卡器等模块，借助视频、影像等技术手段，实现客户自助办理业务的设备。通过智慧柜台不仅能实现传统自助银行的存款和转账功能，还能实现自助开户、自助申请储蓄卡、当场办卡和自助申请信用卡等功能。

2.智慧柜台业务的特点

（1）功能丰富：可办理开卡、签约、查询打印、账户管理、投资理财、贷款、现金、票据、外汇等业务。

（2）方便快捷：无须填写业务申请书，填写基本资料即可办理。

（3）一站式政务办理：可办理社保、公积金、税务、医保、民政等政务业务。

（4）提高效率：替代柜员人工办理转为客户自助办理，可让柜员专注营销，对交易流程进行整合，简化客户的操作。

3.智慧柜台业务的优势

（1）速度快：业务办理速度快，客户识别速度快。

（2）客户体验好：整合交易，减少录入要素，客户只签一次字；自助办理，灵活方便；客户分级，资费最优。

（3）省成本：节省人力成本，节省耗材成本，节省风险防范成本。

4.智慧柜台业务的基本原则

（1）合规性原则

智慧柜台开办的业务要符合中国人民银行、中国银行保险监督管理委员会等监管部门制度及办法规定。

（2）成本与效益原则

银行要充分论证智慧柜台业务的成本和收益，通过加强业务引导、绩效激励等措施提高设备利用率。

（3）业务真实性原则

自助服务业务经理要引导客户如实填写交易信息，认真核实客户身份信息，保证业务的真实性。

（4）以客户为中心原则

智慧柜台业务以客户自助办理为主，在统筹考虑业务功能、流程设计、系统风险基础上，充分考虑客户行为习惯，不断提升客户体验。

5.智慧柜台自助服务业务经理的工作内容

（1）负责迎候接待前往智能服务区的客户，在业务高峰时段维护秩序，做好智慧柜台资源调配和客户安抚工作。

（2）负责指导客户使用智慧柜台自主、自助办理业务。

（3）负责智慧柜台业务处理流程中的现场审核事项。

（4）负责网点销售产品的推荐、演示、咨询、销售、签约、激活或客户转介。

（5）负责受理、挖掘、跟踪、汇总客户需求与体验，处理客户现场疑难问题，挽留客户等。

（6）负责网点智能服务区域的日常管理，包括各类物品、宣传资料摆放整齐，并配合做好智慧柜台运行维护工作，发现问题及时报告。

学思践悟 7-1　　用金融科技助力智慧银行员工转型赋能

近年来，随着科技金融转型升级，当代银行业越发成为集专业、智能、资源为一体的行业。其中，高学历、高素质人才依旧是银行业最核心的资源，

成为影响新时代商业银行竞争与发展的决定性因素。工商银行北京金融街智慧银行旗舰店成为新时代银行人才队伍建设和转型赋能的典范。为将现代科技与暖心服务、跨界营销有机结合，实现“一点触达、全面响应”的场景化、社交化服务体验及高效合规的智慧化业务体验，工商银行北京金融街智慧银行旗舰店高度重视打造客服经理多岗位综合化。网点为员工配置智能腕表、平板电脑、自助设备、远程专家等智能助手，将智慧科技元素与银行工作人员的效能有机结合，实现客户到店识别及精准服务覆盖全部触点，进一步增强员工主动服务客户水平，提升员工综合化专业能力。

资料来源：佚名. 用金融科技助力智慧银行员工转型赋能［EB/OL］.［2020-05-21］. https：//bank.stockstar.com/JC2020052100000134.shtml.

启示：

探索人工智能充满未知的道路曲折起伏，沉浮60余载之后，迎来了爆发式增长的新高潮，并逐步成为助推各行各业转型升级的新引擎。《国务院关于印发新一代人工智能发展规划的通知》中也着重指出，应该“推动人工智能与各行业融合创新”。科技创新赋能金融转型发展既是全球性的挑战，同时也是中国数字金融领域实践和应用发展的机遇。

活动1 智慧柜台工作流程

【业务引入】

2023年3月26日，客户王聪来行办理业务，大堂经理张航鹏进行业务引导。

【操作流程】

智慧柜台工作流程如图7-1所示。

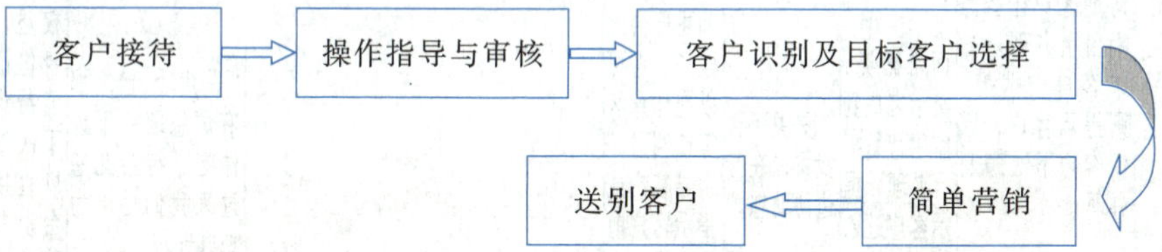

图7-1 智慧柜台工作流程

1.客户接待

对大堂分流或自己熟悉的客户，自助服务业务经理在智能服务区主动迎候客户，点头微笑示意并礼貌地使用相应称谓问候客户。对自行前往智能服务区的客户，当客户走近时，自助服务业务经理应点头微笑示意并礼貌问候客户。

询问客户办理业务的类型，判断是否属于智慧柜台办理的业务范围，引导客户到智慧柜台并提示客户自助进入相应的功能界面。否则，引导客户或指引客户前往相应区域办理业务。客户接待与问候典型场景及话术举例见表7-1。

表 7-1　**客户接待与问候典型场景及话术举例**

<table>
<tr><th>场景</th><th>关注点</th><th colspan="6">话术导引</th></tr>
<tr><td rowspan="4">客户到达智能服务区</td><td rowspan="4">面带微笑礼貌问候客户</td><td colspan="6">“您好，请问您办理什么业务/有什么可以帮到您?”</td></tr>
<tr><td colspan="6">“xx先生/女士，您好，请问您办理什么业务?”</td></tr>
<tr><td colspan="6">可通过智慧柜台办理</td></tr>
<tr><td colspan="6">“请您在这台智慧柜台上办理吧!”</td></tr>
<tr><td>客户办理手机银行、网上银行、短信银行等渠道签约业务时</td><td>面带微笑礼貌问候客户；指导客户在智慧柜台上办理业务</td><td colspan="6">“先生/女士，您好，您要办理的业务在智慧柜台上就可以自助办理，非常便捷，我可以协助您。”</td></tr>
<tr><td rowspan="3">客户咨询理财业务时</td><td rowspan="3">帮助客户解答疑惑，协助客户在智慧柜台上办理或者邀请客户前往客户经理室进一步洽谈</td><td colspan="6">“先生/女士，您好，我是产品经理xxx，最近我行有几款不错的理财产品，我可以分别给您介绍一下：这款产品的特点是……，亮点是……您如果购买的话可以获得……，您觉得这款理财产品可以吗?”</td></tr>
<tr><td colspan="3">同意购买</td><td>表示犹豫</td><td colspan="2">有综合金融规划需求</td></tr>
<tr><td colspan="3">自助服务业务经理协助客户在智慧柜台上办理</td><td>“先生/女士，很抱歉这几款理财产品不能满足您的需要，通过交谈我大概了解了您的需求，方便留下您的联系方式吗，一旦有合适的理财产品我会及时通知您。”</td><td colspan="2">“先生/女士，通过刚才的交谈，我觉得您对资金有更高的规划要求，我可以带您去我们客户经理那儿，让他给您制定一份专属于您的综合金融服务规划。”</td></tr>
<tr><td rowspan="5">客户需办理开户业务时</td><td rowspan="5">礼貌问候客户，与客户保持目光接触，面带微笑询问客户是否携带有效身份证件。如果携带了，则协助客户在智慧柜台上办理。如果客户未携带，则提示客户，以便客户下次顺利办理</td><td colspan="6">“先生/女士，您好，请问您带身份证了吗?”</td></tr>
<tr><td colspan="3">带了</td><td>带了身份证，但未满16岁</td><td colspan="2">没带</td></tr>
<tr><td colspan="3">“您要办理的开户/卡业务可以直接在智慧柜台上办理，非常简便易操作，请您这边办理。”</td><td rowspan="3">“您好，因为您未满16岁，此项业务需要到柜面办理，请您先取号，然后到休息区等候办理。”引导客户前往取号</td><td colspan="2">“先生/女士，抱歉，开户/卡需要携带您本人的有效身份证件才能办理，您家住在附近吗？如果方便的话您可以回家取一下，稍后再过来办理。”</td></tr>
<tr><td>同意</td><td>同意，但不会操作</td><td>明确表示不同意</td><td>同意</td><td>不同意</td></tr>
<tr><td>面带微笑，指示客户到空闲智慧柜台办理，提示客户进入相应菜单</td><td>“没关系，我可以在旁边协助您。”</td><td>“好的，先生/女士，那请您到柜面办理，等待时间可能会比较长，您可以在休息区等待叫号。”引导客户或指示客户前往取号，视情况在客户等候期间做好智慧柜台功能宣传介绍</td><td>“先生/女士，那麻烦您取一下证件吧，待会儿您过来我们马上为您办理。”</td><td>“先生/女士，非常抱歉，为了保护每一位客户的权益，没有有效身份证件我们不能帮您办理，您下次带上证件可以直接在智慧柜台上办理，非常简单、便捷。如果您不熟悉操作，可以随时找我们，我们非常乐意为您服务。”</td></tr>
<tr><td rowspan="3">办理卡密码挂失、修改密码、挂失补卡等特殊业务时</td><td rowspan="3">面带微笑礼貌问候客户</td><td colspan="6">“您好，先生/女士，这项业务可以在智慧柜台上操作办理，您这边请。”</td></tr>
<tr><td colspan="3">同意</td><td>同意，但不会操作</td><td colspan="2">明确表示不同意</td></tr>
<tr><td colspan="3">面带微笑，全掌指示客户到空闲智慧柜台办理</td><td>“没关系，我可以在旁协助您。”</td><td colspan="2">“好的，先生/女士，那请您先取号，然后在休息区稍候，等待叫号。”引导客户或全掌指示客户前往取号，视情况在客户等候期间做好智慧柜台功能宣传介绍</td></tr>
</table>

2. 操作指导与审核

为客户提供必要的协助。当客户咨询操作步骤时，自助服务业务经理应指导客户正确使用智慧柜台，但不能代替客户操作办理业务，对于客户的私密性较强的操作做到主动回避。

业务现场审核。对于需要现场审核的业务，自助服务业务经理根据业务管理规定及系统提示对客户身份信息、业务要素、签名等内容进行审核，客户联网核查结果应与身份信息、证件号码一致，且有联网核查照片。

在与客户互动的过程中，关注客户大额转账、销户、签约撤销等交易，及时对客户开展营销挽留。

当智能服务区业务繁忙，出现客户排队等待帮助或审核时，自助服务业务经理应及时沟通网点负责人或内勤主管，按照自助服务业务经理、内勤主管、网点负责人、柜员的优先级调配其他区域岗位人员到智能服务区临时补位，有条件的网点应明确1～2名相对固定的补位人员（补位人员须取得自助服务业务经理上岗证）。补位人员要做好客户操作指导和现场审核工作。客户业务操作指导与审核典型场景及话术举例见表7-2。

表7-2 客户业务操作指导与审核典型场景及话术举例

场景	关注点	话术导引
办理业务时，客户找不到摄像头	语气平和，全掌指示，提示客户摄像头的位置	“抱歉，摄像头的位置在设备上方，请您看这里。”
拍摄客户头像时间较长，系统迟迟没有反应	面带微笑，告知客户系统反应需要时间，拍照完成后会有操作提示	“抱歉，让您久等啦，系统反应需要一点时间，信息提取完毕后会有操作提示的。”
后面等候的客户站在黄线以内	提醒等候客户站到黄线以外，保护客户隐私，维持智能服务区秩序	“××先生／女士您好，麻烦您到黄线外等候，感谢您的配合。”
客户需输入密码时	全掌指示密码键盘，目光自觉回避	“请输入您的密码，按右下角绿色键确认。”
网络不通，机器反应缓慢	提示客户等待或双击左上方返回主页重新点击办理业务	“××先生／女士您好，今天网络较慢，机器反应需要一定时间，您可以稍做等待，或者尝试退出，再重新点击办理。”
客户要求代为操作时	面带微笑，表示歉意，告知不能代为操作	“××先生／女士对不起，我们不能代您操作，您不清楚的地方，我可以在旁边协助您。”

续表

场景	关注点	话术导引
明确不能办理的业务	未成年人、身份证消磁、非二代身份证办理业务对于需要身份证的业务提示客户需前往柜面办理	“您好，您的这项业务我们的设备暂不能办理，请您前往柜面，感谢您的配合，这边请。”
客户忘记取卡或者身份证时	提示客户办理完业务及时取卡及身份证，携带好自己的随身物品	“××先生／女士，请收好您的银行卡和身份证，携带好随身物品。请您慢走，欢迎下次光临。”（全掌指示取卡口，或者帮客户取卡并双手递交）
客户办理大额转账时	探询客户用途，若为客户到他行购买产品等，应积极尝试挽留，必要时请客户经理/内勤主管协助	“我看您这笔款项是转到其他行的，是买理财还是有其他用途呢?” “您想购买的这款产品，银行也有类似的，让我们客户经理给您介绍一下吧！”
客户销户时	探询客户销户原因，若客户对银行服务不满或距离远不方便等，积极尝试挽留	“对不起，您说的问题我们一定会及时向上级行反映，尽快帮您解决，希望能继续为您服务。” “您是我们的老客户了，我们会努力改进的，希望能继续为您服务。” “您可以通过手机银行或网上银行办理很多业务，手机银行转账免费，网银转账也有优惠，操作也很简单，您可以继续保留。”
客户取消签约时	探询客户原因，若为客户对银行服务不满或费用高等原因，积极尝试挽留	“对不起，您说的问题我们一定会及时反映，尽快帮您解决，希望您能继续使用。” “手机银行不收取任何费用并且转账都是免费的，建议您继续使用。” “现在银行卡盗刷比较普遍，建议您保留短信通知，这样可以及时知道您的资金变动情况。”

3. 客户识别及目标客户选择

在客户自助办理业务的同时，自助服务业务经理快速浏览对客户的识别信息，重点关注客户分级、持有产品及商机提示，初步判断客户的潜在营销机会和产品推荐策略。当有多个客户同时办理业务时，优先选择级别较高、潜在商机较多的客户作为目标客户开展针对性营销。

4. 简单营销

选定目标客户后，根据商机提示或经验判断，试探性地向客户宣传、推荐银行产品，对于有兴趣或意向的客户，进一步与客户深入沟通。若客户表示拒绝，向客户发放产品宣传资料，并礼貌送别客户。简单营销典型场景及话术举例见表7-3。

表 7-3 简单营销典型场景及话术举例

<table>
<tr><th>场景</th><th>关注点</th><th colspan="4">话术导引</th></tr>
<tr><td rowspan="5">客户办理转账、汇款业务后</td><td rowspan="5">面带微笑礼貌问候客户</td><td colspan="4">“先生/女士，您好。请问您有签约银行的手机银行/网上银行吗?”</td></tr>
<tr><td>回答：有</td><td colspan="3">回答：没有</td></tr>
<tr><td rowspan="3">“以后办理转账/汇款业务您不需要跑网点，可以直接通过我们的手机银行或者网上银行办理，手机银行转账免费（5万元以下），网银转账也有优惠，到账速度快，操作也很简单。”</td><td colspan="3">“我建议您可以办理一下我行的网上银行/手机银行，我行的网上银行/手机银行转账、汇款到账速度快，您开通以后就可以通过网上银行/手机银行直接办理，不需要再来网点排队了，您看是否帮您开通?”</td></tr>
<tr><td colspan="2">同意</td><td>不同意，或者赶时间</td></tr>
<tr><td colspan="2">协助客户在智慧柜台上办理</td><td>“那您下次有空再来办理吧，这样您以后足不出户就可以完成转账、汇款了。”</td></tr>
<tr><td rowspan="5">客户办理缴费业务且智能服务区繁忙时</td><td rowspan="5">面带微笑礼貌问候客户，了解客户情况与缴费业务种类</td><td colspan="4">“先生/女士，您好，请问您要缴什么费用呢?”得到答复后询问：“请问您有签约我行的手机银行/网上银行吗?”</td></tr>
<tr><td colspan="2">回答：有</td><td colspan="2">回答：没有</td></tr>
<tr><td colspan="2">“那您可以通过我行的手机银行或者网上银行来办理缴费，操作简单还不需要排队，您看可以吗?”</td><td colspan="2">“您的这笔缴费业务可以通过我行的网上银行或者手机银行办理，这样您以后足不出户就可以办理缴费了，您看要不要我帮您开通?”</td></tr>
<tr><td>同意</td><td>同意，但不会操作</td><td>同意</td><td>不同意，或者赶时间</td></tr>
<tr><td>全掌指示客户前往智能服务区办理</td><td>“没关系，手机银行/网上银行操作非常便捷，我可以陪您去智能服务区体验一下，您以后使用起来就非常方便了。”</td><td>协助客户在智慧柜台上开通手机银行/网上银行并办理缴费业务</td><td>“好的，先生/女士，您如果赶时间的话，可以先在智慧柜台上办理缴费。不过，建议您下次有空来我行办理一下网上银行/手机银行，这样您以后足不出户就可以办理缴费了。”</td></tr>
</table>

5.送别客户

客户准备离开智能服务区，当业务繁忙时，行点头示意礼或目光示意礼，面带微笑送别客户；当区域内客户较少时，将客户送至智能服务区外围处，面带微笑行欠身礼送别客户。

营业结束，智能服务区内仍有客户的情况下，自助服务业务经理应按照客户服务标准保持仪容仪表，继续做好客户服务工作，直至最后一位客户离开。送别客户典型场景及话术举例见表7-4。

表7-4 送别客户典型场景及话术举例

场景	关注点	话术导引
多位客户同时离开	主动向客户道别并鞠躬	“请慢走，欢迎下次光临。”
客户较多	主动与客户进行目光交流或者向客户道别	向客户点头示意“请慢走。”
相对空闲	将客户送至智能服务区外围处，主动向客户道别并鞠躬	“请慢走，欢迎下次光临。”
节假日	将客户送至智能服务区外围处，主动向客户道别并鞠躬	“请慢走，祝您周末/××节愉快！”
高价值客户业务办理完毕离开时	将客户送至智能服务区外围处，双手递上自己的名片，并鞠躬道别	“（××先生/女士）您的业务办好了吗？还有其他需求吗？我是本网点的自助服务业务经理×××，您可以叫我（小某）”主动递上名片，“您有什么需要可以随时联系我……请慢走，期待您下次光临。”
潜力客户离开时	主动送别，双手递上自己的名片，并鞠躬道别	“（××先生/女士）感谢您选择我们银行，我是本网点的自助服务业务经理×××，您可以叫我（小某）”主动递上名片“如果您有任何问题，欢迎随时拨打我的电话，我将为您及时解答，期待您再次光临，请慢走。”
陌生客户	将客户送至智能服务区外围处，主动向客户道别并鞠躬	“请慢走，欢迎下次光临。”
熟悉的客户	将客户送至智能服务区外围处，主动向客户道别并鞠躬	“（××先生/女士/某哥/某姐）您业务办好啦？请慢走。”
营业时间结束后	营业结束后关闭卷闸门，引导客户离开，礼貌送别客户	“请慢走，欢迎下次光临。”

【知识链接 7-1】

智慧柜台的业务管理

智慧柜台所属机构需设置设备管理岗、凭证管理岗、自助服务业务经理岗，各岗位配合协作，认真履行相关的岗位职责。其中凭证管理岗不得与自助服务业务经理岗兼职，各岗位职责：

1.设备管理岗

（1）由设备所属机构的运营主管或内勤负责人兼任。

（2）负责智慧柜台柜员指纹信息的审批及录入工作。

（3）负责智慧柜台运行状况的监控巡检工作。

（4）负责对凭证管理岗、自助服务业务经理岗的业务指导、工作监督。

（5）设备钥匙的保管。

2.凭证管理岗

（1）由设备所属机构出纳员兼职担任。

（2）负责每日向智慧柜台进行银行卡卡片与Key的添加和收回。

（3）负责监控、核对设备尾箱，发现差错及时查询、处理。

3.自助服务业务经理岗

（1）负责现场审核客户所办理的业务，并对所办理业务的合规性负责。

（2）为客户提供相关业务的咨询以及为客户提供设备操作指导工作。

（3）协助凭证管理岗为智慧柜台添加银行卡卡片、Key等。

（4）设备故障维修报修。

【实践操作】

1.实践内容

模拟银行金专之行柜员通过银行智慧柜台典型场景，并结合银行专业话术引导客户或指引客户前往相应区域办理业务。

2.实践目标

熟练掌握智慧柜台工作流程，准确进行业务引导。

3.考核标准

（1）将智慧柜台渠道营销服务协同的核心工作流程贯穿于客户到达智能服务区直至离开的全过程。

（2）整个流程“以客户为中心”，将客户需求挖掘、产品销售推荐有机地融入到客户在智能服务区办理业务的过程。

考核标准如下：

考核内容	评分标准	分值	学生得分	扣分说明
有效沟通（20分）	使用礼貌用语	5		
	给客户明确的引导	5		
	符合银行服务规范	5		
	产品推介详细	5		

续表

考核内容	评分标准	分值	学生得分	扣分说明
业务引导（40分）	智慧柜台有效分流	10		
	业务引导是否准确	10		
	业务处理迅速	10		
	产品需求匹配	10		
操作规范（40分）	业务引导规范	10		
	客户服务规范	10		
	风险识别规范	10		
	产品选择规范	10		
得分合计		分		
教师评价				

活动2 个人开卡

【业务引入】

2023年11月6日，客户张强（身份证号码为220104198110030026）携带本人身份证来银行办理个人开卡业务，并在银行智慧柜台进行业务处理。

【操作流程】

个人开卡业务操作流程见图7-2。

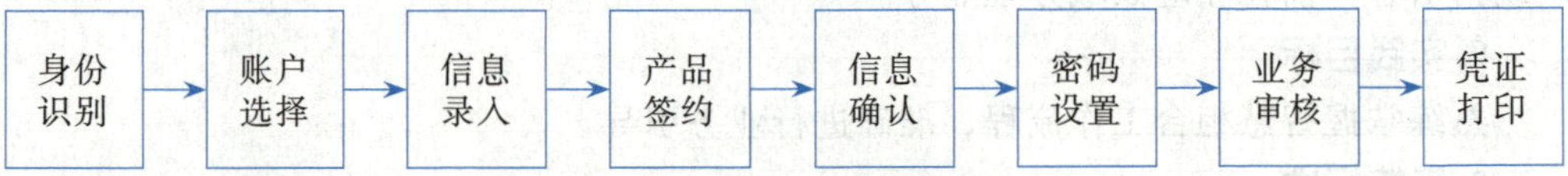

图7-2 个人开卡业务操作流程

【操作步骤】

1.身份识别

客户来银行办理个人开卡业务时，需要通过智慧柜员机读取本人有效身份证件。

2.账户选择

客户通过智慧柜员机识别本人信息后，选择要开立的Ⅰ类账户、Ⅱ类账户、Ⅲ类账户，此时银行将校验客户在银行开立的银行卡数量，如果账户数量超限，则相应类型按钮置灰，将无法选择。

3.信息录入

客户在智慧柜员机“信息录入”界面如实填写客户姓名、证件号码、出生日期、证件到期日、国籍、职业类别、职业子类、婚姻状况、发证机关所在地、健康状况、常用居住地、手机号码等信息。

4.产品签约

客户须选择是否开通短信提醒、手机银行、网上银行、电话银行等业务，并在对话框里进行勾选。

5.信息确认

由客户核对录入的客户信息及卡片信息，在智慧柜员机上签名进行信息确认。

6.密码设置

客户两次设置6位银行卡交易密码，若开通手机银行、网上银行和电话银行业务，则还需要两次设置该业务登录密码。为了方便客户操作，也可以点击银行卡密码按钮，则之前输入过的银行卡取款密码就会自动填充进去。

7.业务审核

客户通过智慧柜员机通过人脸识别进行影像资料留存，然后与录入的客户信息、卡片信息一并提交到银行后台进行审核。

8.凭证打印

业务审核通过后，智慧柜员机提示客户“是否打印回执”，若需要系统将打印含有交易名称、账号、客户名称、手机号码、卡片种类、账户类别等信息的智慧柜员机业务回执，由客户留存。若交易失败则会提示“开卡失败，请拿好您的身份证前往柜面办理，详情咨询大堂经理”等信息。

【知识链接 7-2】

智慧柜台开卡注意事项

1.在银行自助机办理借记卡，适合人群主要指年满16周岁以及以上的公民，未满16周岁公民不能在自助机开卡，只能到柜台由监护人代为办理卡种设置。

2.自助开卡不能代理，因为需要现场采集身份信息（拍照等），所以只能本人办理卡种设置。

3.需要准备的材料，包括有效身份证原件和本人手机。其中，有效证件仅限于身份证原件，户口本、临时身份证及其他证件因无法扫描而不能使用，只能在柜台办理，过期身份证更不行。携带手机，主要是需要接收验证码，开卡流程需要。

4.满16周岁，不满18周岁公民不能开通个人网银和手机银行等电子自助渠道业务，但可以开通短信服务卡种设置。18周岁及以上公民，可以开通所有业务。

【实践操作】

1.实践内容

模拟金专银行发生下列业务：

2023年11月7日上午，客户苏林持本人有效身份证件到银行办理I类账户开卡业

务。要求模拟引导该客户进行相应业务的处理。

2. 实践目标

熟练掌握智慧柜台开卡业务处理流程。

3. 考核标准

业务操作准确率达100%，考核标准如下：

考核内容	评分标准	分值	学生得分	扣分说明
有效沟通（20分）	使用礼貌用语	5		
	给客户明确的引导	5		
	产品推介合理	5		
	临时状况的应对	5		
业务办理（40分）	业务引导准确	10		
	业务处理迅速	10		
	业务流程完整	10		
	业务审核正确	10		
操作规范（40分）	系统指引规范	10		
	凭证管理规范	10		
	客户提示规范	10		
	业务授权规范	10		
得分合计		分		
教师评价				

活动3　转账汇款

【业务引入】

2023年11月7日，客户张强（身份证号码为220104198110030026）携带本人身

份证及银行卡来银行办理个人转账汇款业务，并通过银行智慧柜台进行业务处理。

【操作流程】

个人转账汇款业务操作流程见图7–3。

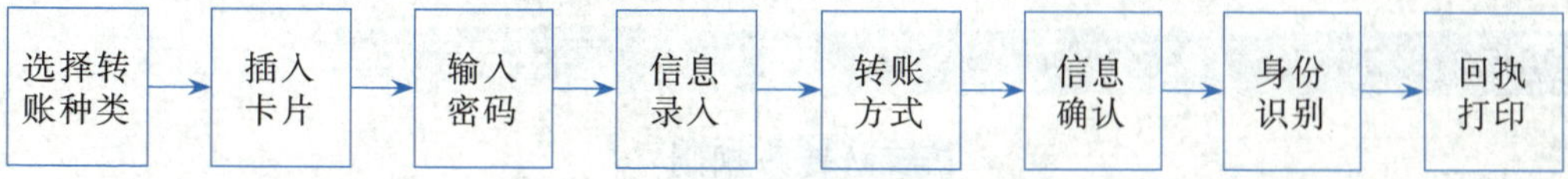

图7–3　个人转账汇款业务操作流程

【操作步骤】

1.选择转账种类

通过自动柜员机“转账汇款”界面选择行内转账、跨行汇款还是转账查询及撤销（转账撤销可以办理转账方式为次日到账的转账汇款业务）。

2.插入卡片

通过自动柜员机的插卡槽读取本人银行卡信息，如无介质账号也可以选择手工输入账号，若无介质账号忘记银行卡账号也可通过读取身份证来获取个人账户信息，然后在从系统中找到的账户信息中选择要使用的转出账号信息。

3.输入密码

客户须在自动柜员机中输入银行卡交易密码，获取并录入手机验证码。

4.信息录入

个人账户信息验证通过后，客户须在系统中确认本人转出账户的付款账号、户名等信息，然后录入收款账号、户名、付款金额、附加信息等收款人信息（汇款金额小于等于20万元的属于超级网银支付渠道，金额大于20万元的属于大额支付渠道）。另外，在输入收款人账户信息时，还可以选择“读取银行卡”“常用联系人”的方式获取收款人账户信息（常用联系人一般最多50人，支持通过姓名和账号模糊查询）。若收款人未在本行开户，则还需要输入收款银行、收款网点等信息。

5.转账方式

客户根据业务需求通过自动柜员机选择“实时转账”“普通转账”“次日转账”。系统可实现批量汇款，行内一次最多转账5笔，跨行一次最多转账2笔，若付款账号为存折号，则不需要选择转账方式，默认为实时到账，且不支持批量转账。

6.信息确认

客户在系统中认真核对收款账号、收款银行、收款人户名等信息，并确认是否为本人办理的该项业务，确认提交时系统将自动校验汇款金额与手续费总额是否大于账户可用余额，若大于账户可用余额，系统则提示客户“您的汇款金额超过账户余额，请点击修改按钮修改汇款金额”。

7.身份识别

通过自动柜员机读取客户二代身份证，并结合人脸识别系统拍照进行客户信息确认，提交到银行后台审核。

8.回执打印

通过自动柜员机查看交易状态，并打印转账汇款回执，若转账失败，系统将提示

失败原因信息（失败的原因主要有：取款方或收款方账户状态不正常；取款方或收款方为Ⅱ类账户、Ⅲ类账户，转账金额超累计限额；转账汇款收款方账号、户名、开户行信息填写错误；其他系统异常情况等）。

【知识链接 7-3】

ATM转账规则

自2018年年末，全国ATM数量达到了顶峰111.08万台后，随着近年来移动支付的兴起，大大冲击了ATM的取现需求，ATM数量逐渐缩减，截至2022年年末，全国ATM数量跌破90万台。ATM除了方便用户取现外，还有一个重要功能就是转账。

1.ATM转账限额是多少？

目前，所有银行对ATM转账都是有限额的。

一般而言，个人银行卡通过ATM转账的限额为单笔/日累计5万元。不过有的银行对于单位结算卡转账还有特别的限制，如中国银行对于单位结算卡ATM转账单日累计金额不超过100万元。

2. ATM转账多久到账？

个人银行卡通过ATM转账，因被转账银行卡不同，其到账时间也不同，一般有“实时到账”和“24小时转账”，具体情况如下：

（1）若向本人同行账户转账，系统默认为“实时到账”。

（2）若向非本人同行转账时，可选择“实时转账”或“24小时转账”，其中“24小时转账”需要24小时后才能到账，为此，24小时内是可以撤销转账的。

（3）若向他行账户转账时，仅能选择“24小时转账”。

3.ATM转账收不收手续费？

不同银行对于ATM本行转账一般是免手续费的，不同费用标准主要是跨行转账。以建设银行为例，个人银行卡通过ATM转账的收费情况具体如下：

ATM转账收费不区分同城还是异地：

（1）若是本行，则免收手续费。

（2）若是跨行，根据不同转账金额收取不同的费用。

例如，2 000元以下，2元/笔；1万元～5万元（含5万元），15元/笔。

【实践操作】

1.实践内容

模拟金专银行发生下列业务：

2023年11月8日上午，客户苏林携带本人身份证及银行卡来银行办理个人转账汇款业务，并通过银行智慧柜台进行业务处理。要求模拟引导该客户进行相应业务的处理。

2.实践目标

熟练掌握智慧柜台转账业务处理流程。

3.考核标准

业务操作准确率达100%，考核标准如下：

考核内容	评分标准	分值	学生得分	扣分说明
有效沟通（20分）	使用礼貌用语	5		
	给客户明确的引导	5		
	产品推介合理	5		
	临时状况的应对	5		
业务办理（40分）	业务引导准确	10		
	业务处理迅速	10		
	业务流程完整	10		
	业务审核正确	10		
操作规范（40分）	系统指引规范	10		
	凭证管理规范	10		
	客户提示规范	10		
	限额管理规范	10		
	得分合计		分	
教师评价				

活动4 电子银行签约

【业务引入】

2023年11月8日，客户张强（身份证号码为220104198110030026）携带本人身份证及银行卡来银行办理个人账户电子银行签约业务，并通过银行智慧柜台进行业务处理。

【操作流程】

电子银行签约业务操作流程见图7-4。

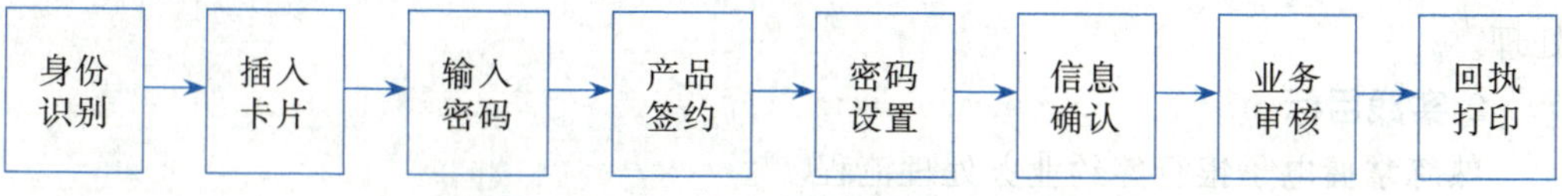

图7-4 电子银行签约业务操作流程

【操作步骤】

1.身份识别

通过自动柜员机进入“电子银行”——“电子银行签约”界面，将本人二代身份证放在自动柜员机上，进行身份读取与识别。

2.插入卡片

客户通过自动柜员机的插卡槽读取本人银行卡信息，如无介质账号也可以选择手工输入账号，若无介质账号忘记银行卡账号也可通过读取身份证来获取个人账户信息，然后从系统中找到本人名下开立的所有账户信息。

3.输入密码

选择要开立电子银行业务的账户，输入该账户的支付密码，并结合获取录入手机验证码进行身份信息核实。

4.产品签约

核实要开立电子银行业务的账号、户名等信息后，选择要开立的短信银行、手机银行、网上银行、电子银行等业务，并且在自动柜员机上勾选是否开通包月/包年短信提醒、是否开通短信动态口令版免费业务、是否开通蓝牙版/优盾版收费服务等。如果客户选择短信银行包年、蓝牙版/优盾版收费服务，系统会校验银行卡余额是否大于等于费用金额，若余额不足则提示客户“您的银行卡余额不足，不能办理短信银行包月/包年/蓝牙版/优盾版收费服务，详情咨询大堂经理”，如果开通成功，系统自动向银行卡收取费用。读取银行卡后，如果有签约的信息，签约信息置灰，显示已签约，不可点击。

5.密码设置

客户须在自动柜员机上为开立的短信银行、手机银行、网上银行、电子银行等业务设置密码，为了确保准确无误一般要求客户输入两次密码。

6.信息确认

客户须通过自动柜员机确认业务办理的账号、户名及要开立的电子银行具体业务。

7.业务审核

客户确认账户信息无误后，将信息提交到银行后台进行审核。

8.回执打印

通过自动柜员机查看电子银行业务开立状态，并打印电子银行业务处理回执。

【实践操作】

1.实践内容

模拟金专银行发生下列业务：

2023年11月9日上午，客户苏林携带本人身份证及银行卡来银行开通个人手机银行，并通过银行智慧柜台进行业务处理。要求模拟引导该客户进行相应业务的处理。

2.实践目标

熟练掌握电子银行签约业务处理流程。

3. 考核标准

业务操作准确率达100%，考核标准如下：

考核内容	评分标准	分值	学生得分	扣分说明
有效沟通（20分）	使用礼貌用语	5		
	给客户明确的引导	5		
	产品推介合理	5		
	临时状况的应对	5		
业务办理（40分）	业务引导准确	10		
	业务处理迅速	10		
	业务流程完整	10		
	业务审核正确	10		
操作规范（40分）	系统指引规范	10		
	凭证管理规范	10		
	客户提示规范	10		
	产品管理规范	10		
得分合计		分		
教师评价				

活动5 理财业务

【业务引入】

2023年11月9日，客户张强（身份证号码为220104198110030026）携带本人身份证及银行卡来银行购买理财产品，并通过银行智慧柜台进行业务处理。

【操作流程】

购买理财产品流程见图7–5。

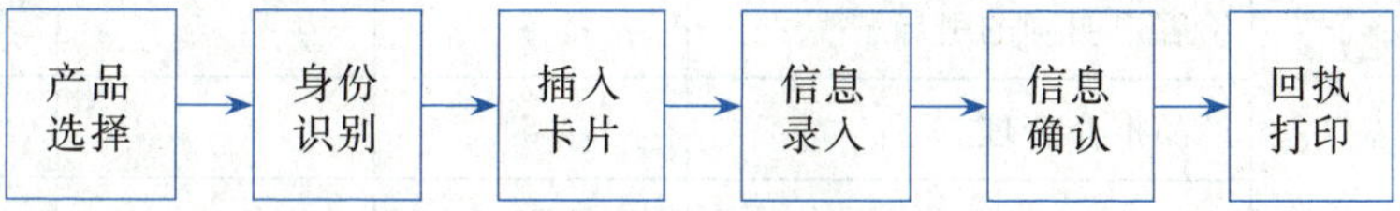

图7–5 购买理财产品操作流程

【操作步骤】

1.产品选择

客户通过自动柜员机进入“存款投资理财”——“个人理财”——“理财产品购买”界面，产品列表会显示银行的理财产品和代卖的理财产品，理财产品购买只支持I、II类有介质账户购买理财产品。客户可以在线查看每一种理财产品的详情，包括该产品的名称、产品期限、预期年化收益率、产品募集期、交易起始金额等，然后根据自己对理财产品的偏好进行选择，首次购买理财产品需要做风险评估，做完风险评估后，才可以在智慧柜台上购买理财产品。

2.身份识别

客户将本人二代身份证放在自动柜员机上，进行身份读取与识别。

3.插入卡片

客户通过自动柜员机的插卡槽读取本人银行卡信息，然后选择要购买理财产品的账户。

4.信息录入

客户须在自动柜员机上输入要认购的金额，并认真阅读《理财产品协议书》《人民币理财产品说明书》《风险提示书》《客户权益须知》等文件，并勾选“本人已阅读相关协议”。

5.信息确认

客户在自动柜员机上再次核实购买理财产品的客户姓名、付款账号、可用余额、理财产品名称、产品发行机构、产品认购金额、产品起息日期、产品到期日期、产品预期年化收益率等信息，确认无误后点击“下一步”。

6.回执打印

通过自动柜员机查看理财产品购买状态，并打印个人购买理财产品的回执。

【实践操作】

1.实践内容

模拟金专银行发生下列业务：

2023年11月10日上午，客户苏林携带本人身份证及银行卡来银行购买理财产品，并通过银行智慧柜台进行业务处理。要求模拟引导该客户进行相应业务的处理。

2.实践目标

熟练掌握智慧柜台理财产品代理业务处理流程。

3.考核标准

业务操作准确率达100%，考核标准如下：

考核内容	评分标准	分值	学生得分	扣分说明
有效沟通（20分）	使用礼貌用语	5		
	给客户明确的引导	5		
	产品推介合理	5		
	临时状况的应对	5		

续表

考核内容	评分标准	分值	学生得分	扣分说明
业务办理（40分）	业务引导准确	10		
	业务处理迅速	10		
	业务流程完整	10		
	业务审核正确	10		
操作规范（40分）	系统指引规范	10		
	凭证管理规范	10		
	客户提示规范	10		
	产品管理规范	10		
得分合计		分		
教师评价				

活动6　账户管理——修改密码

【业务引入】

2023年11月10日，客户张强（身份证号码为220104198110030026）携带本人身份证及银行卡来银行办理个人账户密码修改业务，并通过银行智慧柜台进行业务处理。

【操作流程】

修改密码业务操作流程见图7-6。

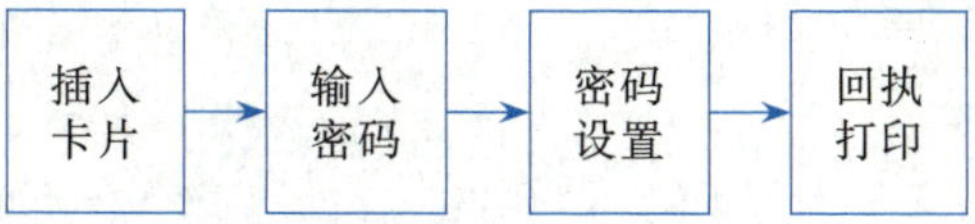

图7-6　修改密码业务操作流程

【操作步骤】

1. 插入卡片

客户通过自动柜员机的插卡槽读取本人银行卡信息。

2. 输入密码

选择要修改密码的账户，输入原密码进行信息确认。

3. 密码设置

客户需要两次设置新密码，确保密码的准确性。

4. 回执打印

客户通过自动柜员机查看密码修改状态，并打印密码修改回执。

【实践操作】

1. 实践内容

模拟金专银行发生下列业务：

2023年11月11日上午，客户苏林携带本人身份证及银行卡来银行办理个人密码修改业务，并通过银行智慧柜台进行业务处理。要求模拟引导该客户进行相应业务的处理。

2. 实践目标

熟练掌握密码修改业务处理流程。

3. 考核标准

业务操作准确率达100%，考核标准如下：

考核内容	评分标准	分值	学生得分	扣分说明
有效沟通（20分）	使用礼貌用语	5		
	给客户明确的引导	5		
	产品推介合理	5		
	临时状况的应对	5		
业务办理（40分）	业务引导准确	10		
	业务处理迅速	10		
	业务流程完整	10		
	业务审核正确	10		
操作规范（40分）	系统指引规范	10		
	凭证管理规范	10		
	客户提示规范	10		
	风险管理规范	10		
得分合计		分		
教师评价				

活动7 账户管理——个人信息维护

【业务引入】

2023年11月11日，客户张强（身份证号码为220104198110030026）携带本人身份证及银行卡来银行办理个人信息维护业务，想要修改其在银行预留的手机号，并通过银行智慧柜台进行业务处理。

【操作流程】

个人信息维护业务操作流程见图7-7。

图7-7 个人信息维护业务操作流程

【操作步骤】

1.读取身份证

进入“个人业务”——“个人信息维护”界面，选择“维护手机号码”，将本人二代身份证放在自动柜员机上，进行身份读取与识别。

2.拍照授权

客户通过自动柜员机的人脸识别系统刷脸并拍照进行授权确认。

3.维护手机号码

通过读取身份证与刷脸授权后，自动柜员机将从银行系统中查询到该客户开立的所有账户信息，客户选择其需要修改的账户信息，输入新手机号、获取验证码，进行个人信息的维护。通过维护手机号交易，客户可以对多个银行卡账户的手机号码进行维护。

4.业务审核

客户将修改后的手机号码等信息提交后，由银行后台进行审核。

5.回执打印

通过自动柜员机查看手机号码修改状态，并打印个人信息维护回执。

【实践操作】

1.实践内容

模拟金专银行发生下列业务：

2023年11月12日上午，客户苏林携带本人身份证及银行卡来银行办理个人手机号码修改业务，并通过银行智慧柜台进行业务处理。要求模拟引导该客户进行相应业务的处理。

2.实践目标

熟练掌握个人信息维护业务处理流程。

3.考核标准

业务操作准确率达100%，考核标准如下：

考核内容	评分标准	分值	学生得分	扣分说明
有效沟通（20分）	使用礼貌用语	5		
	给客户明确的引导	5		
	产品推介合理	5		
	临时状况的应对	5		
业务办理（40分）	业务引导准确	10		
	业务处理迅速	10		
	业务流程完整	10		
	业务审核正确	10		
操作规范（40分）	系统指引规范	10		
	凭证管理规范	10		
	客户提示规范	10		
	实名管理规范	10		
	得分合计		分	
教师评价				

活动8　账户管理——个人账户销户

【业务引入】

2023年11月12日，客户张强（身份证号码为220104198110030026）携带本人身份证及银行卡来银行办理个人账户销户业务，并通过银行智慧柜台进行业务处理。

【操作流程】

个人账户销户业务操作流程见图7-8。

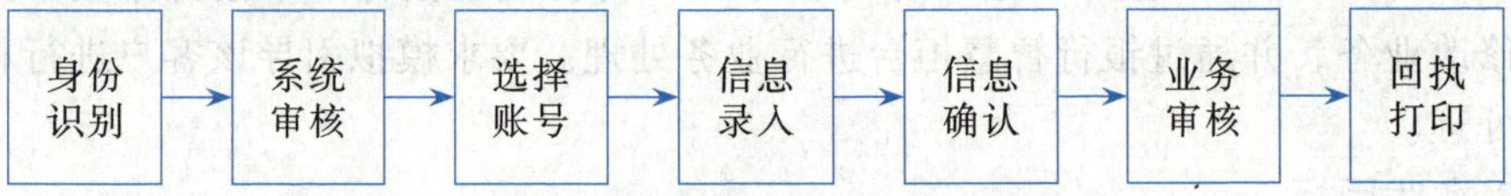

图7-8　个人账户销户业务操作流程

【操作步骤】

1. 身份识别

客户通过自动柜员机进入“销户”界面，将本人二代身份证放在自动柜员机上，进行身份读取与识别。

2.系统审核

客户通过自动柜员机的人脸识别系统刷脸并进行拍照，进一步识别客户身份信息，并提交给银行系统审核。

3.选择账号

通过读取身份证并经过刷脸授权后，自动柜员机将从银行系统中查询该客户开立的所有账户信息，客户选择其需要销户的账号信息（在自动柜员机上支持银行卡有卡销户、无介质销户等情况）。然后，通过自动柜员机卡槽插入要销户的银行卡并输入6位交易密码，进行系统识别确认。

4.信息录入

客户在自动柜员机上核实要销户的账号、户名及账户余额情况，如有余额还需输入转入账户的账号和转入户名，在此也可以通过刷卡的方式读取到转入账户的相关信息。自动柜员机只支持转账销户，不支持现金销户。若银行卡中存在定期分户、签约信息或绑定关系则系统会提示客户跳转办理相关交易。

5.信息确认

客户需在自动柜员机上确认要销户的账号、户名、账户余额以及要转入的账号、户名等信息，进行销户的信息确认工作。

6.业务审核

客户确认信息无误后，点击下一步，相关信息将会提交给银行后台进行审核。

7.回执打印

客户通过自动柜员机查看账户销户状态后，打印个人账户销户回执。

【实践操作】

1.实践内容

模拟金专银行发生下列业务：

2023年11月13日上午，客户苏林携带本人身份证及银行卡来银行办理个人账户销户业务，并通过银行智慧柜台进行业务处理。要求模拟引导该客户进行相应业务的处理。

2.实践目标

熟练掌握个人销户业务处理流程。

3.考核标准

业务操作准确率达100%，考核标准如下：

考核内容	评分标准	分值	学生得分	扣分说明
有效沟通（20分）	使用礼貌用语	5		
	给客户明确的引导	5		
	产品推介合理	5		
	临时状况的应对	5		

续表

考核内容	评分标准	分值	学生得分	扣分说明
业务办理（40分）	业务引导准确	10		
	业务处理迅速	10		
	业务流程完整	10		
	业务审核正确	10		
操作规范（40分）	系统指引规范	10		
	凭证管理规范	10		
	客户提示规范	10		
	实名管理规范	10		
得分合计		分		
教师评价				

任务二　电子银行业务处理

【基本知识】

1. 电子银行业务的概念

根据2006年3月1日施行的《电子银行业务管理办法》中的有关定义，电子银行业务是商业银行等银行业金融机构利用面向社会公众开放的通信通道或开放型公众网络，以及银行为特定自助服务设施或客户建立的专用网络，向客户提供的银行服务。

2. 电子银行业务的种类

电子银行业务包括利用计算机和互联网开展的银行业务（网上银行业务），利用电话等声讯设备和电信网络开展的银行业务（电话银行业务），利用移动电话和无线网络开展的银行业务（手机银行业务），以及其他利用电子服务设备和网络，由客户通过自助服务方式完成金融交易的银行业务。按照渠道的不同，银行的电子银行业务主要由网上银行（含网银专业版和大众版）、手机银行、Pad银行、自助银行、电话银行、微信银行以及其他离柜业务组成。

按照对象的不同，电子银行业务又分为零售电子银行和对公电子银行，在本项目中的电子银行均是指零售电子银行。

3. 电子银行业务范围

（1）账户管理

提供“账户查询”“交易明细”等诸多账户查询管理类功能，方便客户进行多账

户、多币种的余额、交易明细查询。

（2）信用卡服务

客户可以直接使用手机银行办理信用卡账单查询、信用卡还款、预约分期等业务。

（3）转账汇款

提供“行内汇款”“跨行汇款”“手机汇款”“微信汇款”等诸多汇款方式，满足客户日常资金往来需要。

（4）投资理财

提供理财产品、基金、保险等热销产品的查询和购买。

（5）缴费支付

客户可以直接使用手机来办理水费、电费、煤气费、手机费、电话费等银行代理的各项缴费业务。

（6）网点查询

发现身边的网点、自助设备等信息，提供预约取款、业务办理预约等服务。

（7）其他

电子银行还具有在线贷款、结汇购汇、黄金交易、证券期货等功能。

4. 电子银行业务的优势

（1）业务运营成本低

电子银行业务虽然在初始硬件设备购置、软件开发、中后期的系统维护以及人员培训和市场推广方面需要较大的投入，但是电子银行业务主要是由客户自助操作、计算机系统自动处理，不需要银行柜员介入操作，可以为银行节省大量人力成本。

（2）业务处理效率和服务质量高

由于电子银行业务消除了柜员和客户之间的物理距离，实现了数据资源的集中和共享，因此业务处理效率更高。与此同时，电子银行采用无纸化银行服务和电子化票据，实现了资金汇划的实时处理，从而使银行业务操作速度和操作水平得到不断的提升，进而使服务质量得到大幅度提升。

（3）产品创新能力强

通过电子银行服务渠道，银行不仅可以提供传统金融服务，如存贷款、投资理财等业务办理服务，而且代理各种公用事业及其他行业的缴费服务。此外，还可以在整合各类渠道销售产品的基础上，不断进行金融创新，提供原有网点资源下无法完成的服务。

（4）便于完善客户行为分析

电子银行提供了统一平台，为商业银行建立客户信息系统及客户关系管理系统创造了必要的条件。客户不再被动接受业务服务，可以在选择多元化服务中提出更广泛的需求。而商业银行在激烈的竞争中必须充分了解客户在各个层面上的诉求，只有通过完善的客户关系管理体系才能与客户建立高效的沟通渠道，不断挖掘客户的潜在需求，为他们提供更到位的服务，从而获得更高的回报。

5. 电子银行开办条件

金融机构开办以互联网为媒介的网上银行业务、手机银行业务等电子银行业务，应当具备下列条件：

（1）金融机构的经营活动正常，建立了较为完善的风险管理体系和内部控制制度，在申请开办电子银行业务的前一年内，金融机构的主要信息管理系统和业务处理系统没有发生过重大事故；

（2）已经制定了电子银行业务的总体发展战略、发展规划和电子银行安全策略，建立了电子银行业务风险管理的组织体系和制度体系；

（3）按照电子银行业务发展规划和安全策略要求，建立了电子银行业务运营的基础设施和系统，并对相关设施和系统进行了必要的安全检测和业务测试；

（4）对电子银行业务风险管理情况和业务运营设施与系统等，进行了符合监管要求的安全评估；

（5）已经建立了明确的电子银行业务管理部门，配备了合格的管理人员和技术人员；

（6）电子银行基础设施设备能够保障电子银行的正常运行；

（7）电子银行系统具备必要的业务处理能力，能够满足客户实时业务处理的需要；

（8）建立了有效的外部攻击侦测机制；

（9）中资银行业金融机构的电子银行业务运营系统和业务处理服务器设置在中华人民共和国境内；

（10）外资金融机构的电子银行业务运营系统和业务处理服务器可以设置在中华人民共和国境内或境外。设置在境外时，应在中华人民共和国境内设置可以记录和保存业务交易数据的设施设备，能够满足金融监管部门现场检查的要求，在出现法律纠纷时，能够满足中国司法机构调查取证的要求。

6.电子银行风险管理

金融机构应当保障电子银行运营设施设备，以及安全控制设施设备的安全，对电子银行的重要设施设备和数据，采取适当的保护措施。

（1）有形场所的物理安全控制，必须符合国家有关法律法规和安全标准的要求，对尚没有统一安全标准的有形场所的安全控制，金融机构应确保其制定的安全制度有效地覆盖可能面临的主要风险；

（2）以开放型网络为媒介的电子银行系统，应合理设置和使用防火墙、防病毒软件等安全产品与技术，确保电子银行有足够的反攻击能力、防病毒能力和入侵防护能力；

（3）对重要设施设备的接触、检查、维修和应急处理，应有明确的权限界定、责任划分和操作流程，并建立日志文件管理制度，如实记录并妥善保管相关记录；

（4）对重要技术参数，应严格控制接触权限，并建立相应的技术参数调整与变更机制，并保证在更换关键人员后，能够有效防止有关技术参数的泄漏；

（5）对电子银行管理的关键岗位和关键人员，应实行轮岗和强制性休假制度，建立严格的内部监督管理制度。

活动1 电子银行开户业务

客户只需拥有银行借记卡或存折、在申领借记卡或存折时使用有效身份证件、持本人名下的一部手机即可。

1.通过手机开通

通过手机银行客户端可自助开通手机银行。自助签约用户不可享受对外转账、支付等功能。如需使用对外转账、支付等功能，可通过网上银行、营业网点申请开通。具体操作流程见图7-9。

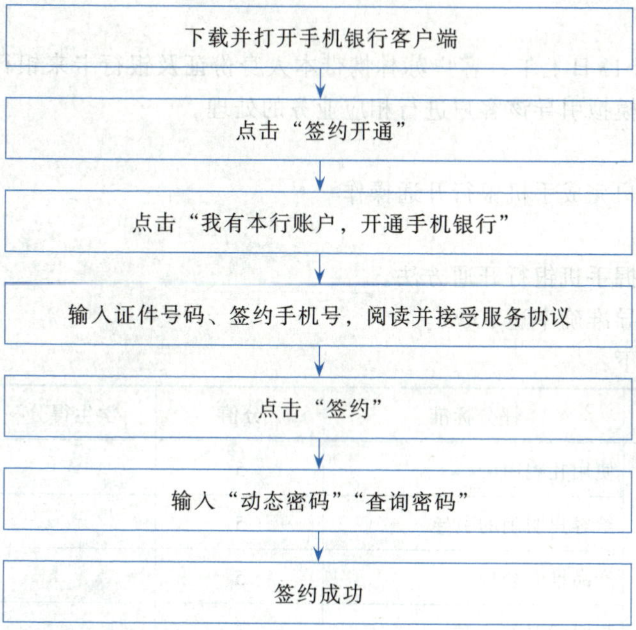

图7-9　通过手机开通手机银行操作流程

2.通过营业网点开通

可持本人有效身份证件及本人名下任意借记卡、信用卡、活期一本通，到银行任意营业网点开通手机银行。

3.通过网上银行开通

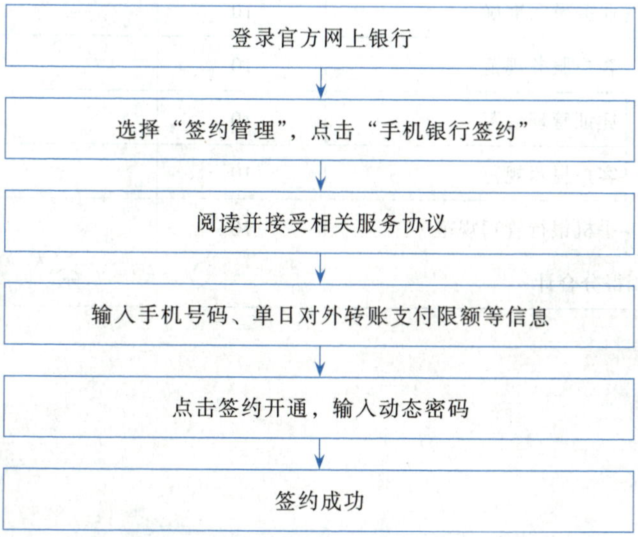

图7-10　通过网上银行开通手机银行操作流程

4.通过VTM开通

客户可持有本人二代身份证及本人名下借记卡，通过银行VTM自助开通手机银行。

【实践操作】

1.实践内容

2023年11月13日上午，客户苏林携带本人身份证及银行卡来银行办理手机银行开通业务。要求模拟引导该客户进行相应业务的处理。

2.实践目标

熟练指导客户完成手机银行开通操作。

3.考核标准

（1）准确掌握手机银行开通方法。

（2）业务引导准确率达100%。

考核标准如下：

考核内容	评分标准	分值	学生得分	扣分说明
有效沟通（20分）	使用礼貌用语	5		
	给客户明确的引导	5		
	产品推介合理	5		
	临时状况的应对	5		
业务办理（40分）	凭证审核正确	10		
	业务处理迅速	10		
	业务流程完整	10		
	业务录入准确	10		
操作规范（40分）	客户服务规范	10		
	凭证管理规范	10		
	客户提示规范	10		
	手机银行管理规范	10		
得分合计		分		
教师评价				

活动2 电子银行转账汇款业务

【知识链接 7-4】

一、电子银行转账汇款的概念

转账汇款是指客户开通该功能后，即可通过网上银行（含网银专业版和大众版）、手机银行、Pad银行等电子银行自助渠道进行关联账户转账、行内转账汇款、国内跨行汇款、手机号转账，办理新增、支取或续存定期存款，发起主动收款，对收款人、转账汇款和定期存款的预约指令以及交易限额进行管理。

二、电子银行转账汇款基本规定

转账汇款根据转账汇款的验证方式和转账限额的不同可以区分为五种类型，业务规则见表7-5所示。

三、电子银行转账汇款的功能

1.活期转账

（1）关联账户转账：客户可以通过电子银行进行关联借记卡、活期一本通和普通活期账户之间的转账汇款，还可进行关联借记卡、信用卡账户之间的转账。

（2）行内转账汇款：客户可以通过电子银行进行关联借记卡和信用卡向同在本行开户的本人或他人开立的借记卡、信用卡或系列信用卡进行转账，以及用关联的借记卡向全国范围内本人或他人开立在本行的普通活期、活期一本通账户的转账。

（3）国内跨行汇款：客户可以通过电子银行用本人借记卡向本人或他人开立在国内的其他银行账户进行转账。

（4）手机号转账：客户可以通过电子银行依托手机号进行行内转账汇款。

（5）定向转账汇款：客户可预先在柜台申请维护若干特定的转账收款人，然后通过电子银行向这些特定收款人做转账汇款交易。转账额度比普通非定向转账限额更高。

表7-5 电子银行转账汇款不同业务规定

类型	开通渠道	开通时允许设置的最高限额	转账渠道	转账验证方式
网银专业版转账	柜台、网银专业版、可视柜台（人工）	无限额	网银专业版	√专业版证书 √取款密码
短信验证码转账	柜台、网银专业版、可视柜台（人工）	20万元	手机银行 Pad银行 网银大众版 可视柜台（非人工）	√短信验证码 √取款密码 （可视柜台需刷卡）
USB Key码转账	柜台、网银专业版、可视柜台（人工）	50万元	手机银行 可视柜台（非人工）	√USB Key码转账 √取款密码 （可视柜台需刷卡）

续表

类型	开通渠道	开通时允许设置的最高限额	转账渠道	转账验证方式
自助设备转账	柜台、网银专业版 可视柜台（人工）	5万元	ATM 可视柜台（非人工）	√刷卡 √取款密码
POS终端转账	柜台、网银专业版、可视柜台（人工）	单笔5万元 单日50万元	本行POS终端	√刷卡（转出卡必须是POS结算卡，转入卡必须是银联卡） √取款密码

2.定期存款

（1）新增定期存款：客户可以通过电子银行在定期一本通中新增整存整取定期存款和定活两便存款。在选择好业务品种后，选择关联账户中的活期账户作为转出账户，定期账户作为转入账户，填写存款详情后，即可办理新增定期存款。支持多达9种货币各种期限的整存整取存款：英镑、美元、港币、瑞士法郎、日元、欧元、加拿大元、澳大利亚元、新加坡元。

（2）支取定期存款：客户可以通过电子银行支取整存整取、定活两便、存本取息等定期存款。选择定期账户作为转出账户、活期账户作为转入账户，选择存单序号，填写详情后，即可办理支取定期存款。

（3）定期存款续存：客户可以通过电子银行办理零存整取续存和教育储蓄续存等业务品种。在选择好业务品种后，选择关联账户中的活期账户作为转出账户，定期账户作为转入账户，填写存款详情后，即可办理定期存款续存。

3.通知存款

客户可以通过电子银行在定期一本通中新增一天通知存款、七天通知存款。

【业务引入】

2023年11月5日，赵倩通过手机银行想要转账3 000元给同在本行开户的客户张强。

【操作流程】

手机银行账户转账的操作流程见图7-11。

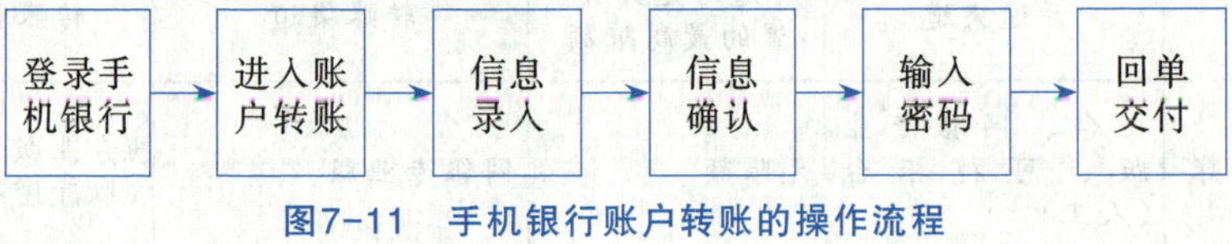

图7-11　手机银行账户转账的操作流程

【操作步骤】

1.登录手机银行

通过手机号码、银行卡号或身份证号等信息结合登录密码登录手机银行。

2.进入账户转账

通过手机银行首页找到“账户转账”，点击进入。

3. 信息录入

录入要转账的金额、收款人户名、收款人账号、收款人账户开户行、转账方式(实时到账、普通到账、次日到账)、附言、是否发送短信通知收款人等信息（客户也可以通过选择常用收款人方式录入收款人信息，若新的收款账号还可以通过拍照的方式将收款人卡号录入系统）。

4. 信息确认

客户通过手机银行确认转出账号、收款人户名、收款人账号、收款人开户行、转账方式等信息。

5. 输入密码

客户通过获取并输入手机验证码、输入支付密码等方式进行身份确认。

6. 回单交付

交易成功后，手机银行系统将显示交易成功的提示，并显示付款后账户可用余额、付款账户、收款人名称、收款账号、收款银行、转账方式、交易序列号等信息，并生成电子回单。

【知识链接 7–5】

手机号转账

手机号转账服务是指付款人直接填写收款人的手机号码、姓名、金额等信息即可转账，收款人可绑定手机号与银行卡进行收款。客户首次通过其“一卡通”使用手机号转账服务即表明客户自愿申请在该“一卡通”项下开通手机号转账服务。手机号转账业务规定见表 7–6。

如果收款人手机号码已绑定收款账户，款项将实时入账至收款人的绑定收款账户，否则款项将在付款人账户中进行冻结处理。若收款人未在银行规定的有效期内绑定收款账户，款项将自动在付款人账户中由冻结状态转为解冻状态，即该笔转账不成功。如转出款项未实时入账至收款人绑定收款账户，客户可在款项入账至收款人绑定账户前撤销该笔转账。

表 7–6 手机号转账业务规定

受理范围	银行任一网点
受理渠道	柜台、网上银行、手机银行、PAD 银行、手机银行（短信）
岗位权限	个人银行业务柜面岗、个人银行业务主管岗、低柜理财专员岗
业务系统	核心系统
业务办理菜单	个人电子银行协议转账
客户提供资料	个人有效身份证件及一卡通办理
可否代办	否

网银专业版渠道，手机号转账付款每日累计交易限额由系统进行参数控制，目前为不超过人民币50 000元；网银大众版、手机银行、PAD银行渠道，手机号转账付款每日累计交易限额由系统进行参数控制，目前为合计不超过人民币5 000元；单笔限额由系统参数化控制，目前为不超过人民币5 000元。

【实践操作】

1.实践内容

模拟金专银行发生下列业务：

2023年11月6日上午，客户苏林通过手机银行想要转账5 000元给同在本行开户的张强。

2.实践目标

熟练指导客户完成手机银行转账操作。

3.考核标准

（1）准确掌握手机银行转账方法。

（2）业务引导准确率达100%。

考核标准如下：

考核内容	评分标准	分值	学生得分	扣分说明
有效沟通（20分）	使用礼貌用语	5		
	给客户明确的引导	5		
	产品推介合理	5		
	临时状况的应对	5		
业务办理（40分）	业务指引正确	10		
	业务处理迅速	10		
	业务流程完整	10		
	业务信息准确	10		
操作规范（40分）	客户服务规范	10		
	凭证管理规范	10		
	客户提示规范	10		
	限额管理规范	10		
得分合计		分		
教师评价				

活动3 电子银行自助缴费业务

【知识链接 7-6】

自助缴费业务

一、自助缴费业务的概念

自助缴费业务是指客户可通过手机银行向银行的特约商户自助缴纳多种费用，诸如自助为本人或他人缴纳手机/固话费、水电燃气费、交通罚款、学校学杂费、上网/电视费、党团工会费、税费等各种费用。自助缴费可以分为签约型账单缴付和非签约型账单缴付。签约型账单缴付是指客户需要事先申请，将缴费项目的唯一标识（如手机号）与借记卡建立自助缴费对应关系，然后通过手机银行完成查询、缴费。非签约型账单缴付是指不需要事先申请，即可在手机银行完成查询、缴费。

二、自助缴费业务的功能

1.缴纳通信费、水费、电费等多种日常费用；

2.查询一年内的缴费记录，每次查询跨度一般为3个月；

3.保存常用缴费项目，将客户缴费的商户信息自动保存为常用缴费项目；

4.向银行多种类型的预付卡充值，并查询预付卡充值结果及账户余额。

三、自助缴费业务的办理条件

1.客户只要注册成为个人网上银行客户，便可使用网上银行自助缴费。

2.客户可注册成为电话银行客户，进行自助缴费。如客户尚未注册电话银行，也可使用银行活期存折进行缴费。

3.客户只要注册手机银行（短信）服务，轻松发送短信即可完成本人或他人电话费和手机话费的缴纳。目前已有部分地区的客户可享受此项服务，其他地区将陆续开通，具体开通情况请咨询当地银行。

4.客户只要注册手机银行服务，即可通过手机缴纳各类费用。

四、自助缴费业务的开通流程

客户可以持本人有效身份证件及银行卡到银行营业网点，填写××银行电子银行个人客户注册申请表，注册个人网上银行、电话银行、手机银行（短信）、手机银行，开通缴费功能即可。客户也可以登录银行官方网站自助注册个人网上银行、手机银行（短信）、手机银行，拨打银行官方客服电话自助注册电话银行。

【业务引入】

2023年11月6日，赵倩想要通过手机银行自助缴纳水费70元。

【操作流程】

手机银行自助缴费的操作流程见图7-12。

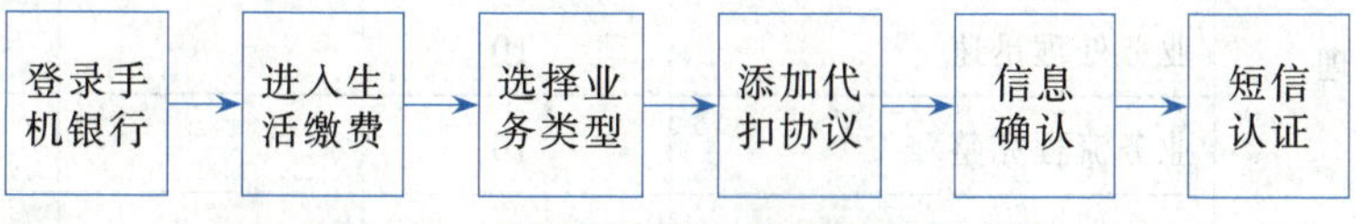

图7-12 手机银行自助缴费的操作流程

【操作步骤】

1.登录手机银行

通过手机号码、银行卡号或身份证号等信息结合登录密码登录手机银行。

2.进入生活缴费

通过手机银行首页找到“生活缴费”，点击进入。

3.选择业务类型

在“生活缴费”界面可以看到缴纳手机费、宽带固话费、水费、电费、燃气费、交通罚款、电视费等按钮，客户选择缴纳“水费”选项。

4.添加代扣协议

点击“添加新代扣”，找到当地的自来水集团水费选项，点击“去开通”。

5.信息确认

客户在手机银行端核对缴费项目、缴费机构、用户编号、绑定的付款账号、手机号码、协议终止日期、单笔限额、日累计限额等信息，阅读“缴费项目委托代扣协议”，点击“我已阅读并接受”按钮，确认协议相关信息。

6.短信认证

通过手机银行获取并输入短信验证码，签约成功。

【实践操作】

1.实践内容

模拟金专银行发生下列业务：

2023年11月7日上午，客户苏林想通过手机银行开通电费代扣业务。

2.实践目标

熟练指导客户完成手机银行自助缴费业务操作。

3.考核标准

（1）准确掌握手机银行自助缴费方法。

（2）业务引导准确率达100%。

考核标准如下：

考核内容	评分标准	分值	学生得分	扣分说明
有效沟通（20分）	使用礼貌用语	5		
	给客户明确的引导	5		
	产品推介合理	5		
	临时状况的应对	5		
业务办理（40分）	业务指引正确	10		
	业务处理迅速	10		
	业务流程完整	10		
	业务信息准确	10		

续表

考核内容	评分标准	分值	学生得分	扣分说明
操作规范（40分）	客户服务规范	10		
	凭证管理规范	10		
	客户提示规范	10		
	系统管理规范	10		
得分合计		分		
教师评价				

活动4 电子银行投资理财业务

【知识链接 7-7】

一、投资理财业务的概念

银行理财产品是指银行根据目标客户的需求，有针对性地研发设计出符合目标受众利益要求的资金投资和管理方案及计划。电子银行可以提供外汇、纸黄金、基金、保险、国债、第三方存管、银证转账、银期转账、理财产品等丰富的投资理财业务。

二、投资理财业务的功能

1.外汇

客户可以进行外汇交易账户设定、外汇买卖、外汇交易账户信息查询、汇率查询、汇率定制和外汇交易状况查询等外汇交易及其他辅助操作。

2.账户贵金属

客户可选择人民币、美元两种结算货币进行黄金、白银买卖，并可进行贵金属交易账户设定、交易信息查询等操作。查询并撤销手机银行发起的委托交易，查询当日及12个月内的账户贵金属买卖成交状况。

3.基金

客户可办理开放式基金交易账户开户、基金认购、申购、赎回、定投、转换、基金分红方式变更、指定日期交易、定期定额赎回、基金定投申请修改、浮动盈亏试算、基金信息及交易查询等业务。支持7×24小时挂单撤单（定期定额申购除外），以及7×24小时基金持仓信息、交易和分红记录查询。

4.保险

客户可通过电子银行查询在售保险产品、在线投保、缴纳保费，还可查询已持有

的保单和历史交易记录，并对满足条件的保单进行续保、撤保、退保。

5.国债

客户可办理记账式国债托管账户登记、开立、注销、国债申购、买入、卖出、全天候交易查询等业务。

6.第三方存管

客户可通过电子银行实现资金在银行结算账户与证券保证金账户之间的划转，查询证券保证金账户信息、交易历史信息等。

7.银证转账

客户在进行证券买卖时，可以通过电子银行进行资金账户与证券保证金账户之间的实时转账，以及进行银行资金账户、保证金账户的信息查询。

8.银期转账

客户可以通过电子银行自助签约，绑定银行结算账户和期货保证金账户，实现银行结算账户和期货保证金账户之间的资金互转，并可查询期货保证金账户的余额和转账交易信息。

三、投资理财业务的开办条件

客户须为年满18周岁（含）以上的中华人民共和国公民，签约电子银行业务，使用合法收入，根据自身风险承受能力情况，通过电子银行进行理财产品投资，申办渠道包括银行任意营业网点柜台。根据监管要求，购买理财产品前，客户须到银行网点签约理财业务，并进行风险承受能力评测。已在网点签约并开通理财产品网银交易渠道的客户，可以直接在电子银行界面中进行理财产品交易。

【业务引入】

2023年11月8日，赵倩想要通过手机银行购买理财产品。

【操作流程】

手机银行购买理财产品的操作流程见图7-13。

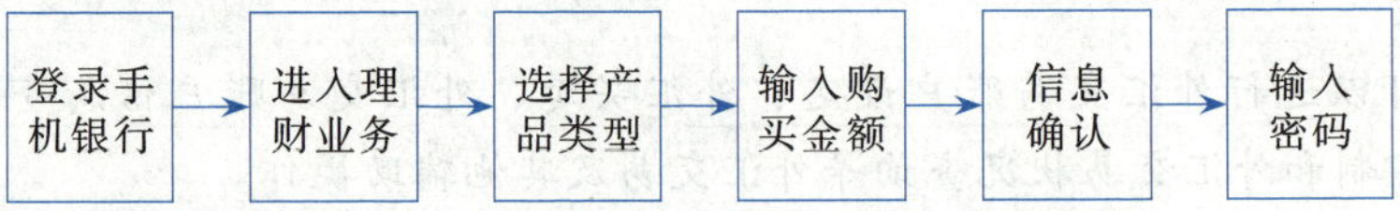

图7-13　手机银行购买理财产品的操作流程

【操作步骤】

1.登录手机银行

通过手机号码、银行卡号或身份证号等信息结合登录密码登录手机银行。

2.进入理财业务

通过手机银行首页找到“理财业务”，点击进入。

3.选择产品类别

电子银行中的理财产品包括现金类、稳健类、进阶类等，客户结合不同产品的期限、起点金额、年化收益率、风险程度进行理财产品选择。

4.输入购买金额

客户在电子银行系统中输入购买金额、客户经理信息，确认扣款日期、风险评估

结果符合产品风险等级，阅读“客户权益须知”“风险揭示书”“理财产品说明书”“产品协议书”后，勾选“我已阅读并同意”，点击进行“下一步”，输入密码后完成操作。

5.信息确认

客户通过电子银行系统确认购买金额、购买日期、到期日、年化收益率等信息。

6.输入密码

客户通过获取并输入手机验证码、支付密码等方式进行身份确认，系统提示购买成功信息。

【知识链接 7-8】

“资管新规”落地，银行理财发生新变革

2019年1月1日《资管新规》(全称《关于规范金融机构资产管理业务的指导意见》)实施，央行要求银行发行和销售资产管理产品“打破刚性兑付”，银行理财产品正式进入“不保本”时代。面对种类繁多的净值型理财产品，吉林银保监局提示客户，在选购理财产品时，可以遵循以下“三要”“五不要”原则。

一要充分认识自身风险承受水平。消费者在购买理财产品前，应配合银行理财经理如实进行风险测评工作，测评个人风险承受能力等级，再选择购买与自身风险承受能力相匹配的理财产品。

二要全面了解理财产品。理财产品属于投资类金融产品，不属于银行存款，金融机构宣传的业绩比较基准等数据不代表未来固定收益。消费者在购买理财产品前，应认真阅读和研究产品条款，对产品类型、风险等级、适合投资者类型、投资范围、盈亏规则等进行充分了解。建议投资者亲自阅读理财合同，不懂就问，做到心中有数，遇事不慌。

三要打破思维惯性。资管新规实施后，消费者应尽快树立风险意识。建议消费者正确认识金融机构理财产品各类宣传资料，客观分析，理性判断，仔细甄别，审慎独立做出投资决定，警惕“安全”“保证”“承诺”“保险”“避险”“有保障”“高收益”“无风险”等与产品风险收益特性不匹配的各类不当表述，避免偏听偏信。

一不要购买非正规渠道产品。选购理财产品时，不要与个人或非正规机构签订投资理财协议，应通过银行等正规渠道购买，保障自身合法权益。

二不要一味追求“高收益”。选择与自身风险承受能力相匹配的理财产品，不要一味追求“高收益”而陷入“高风险”的漩涡。

三不要把“鸡蛋”放在一个篮子里。消费者要做好投资策略选择，遵循合理分配原则，以便分散理财风险。

四不要相信“保本”产品。资管新规实施后，不要相信存在“保本保息”或“零风险”的理财产品。

五不要相信收益率过高的产品。谨防收益率远超正常水平的理财产品，以免掉入非法集资骗局，造成财产损失。

【实践操作】

1.实践内容

模拟金专银行发生下列业务：

2023年11月9日上午，客户苏林想要通过手机银行购买理财产品。

2.实践目标

熟练指导客户完成手机银行投资理财业务操作。

3.考核标准

（1）准确掌握手机银行投资理财方法。

（2）业务引导准确率达100%。

考核标准如下：

考核内容	评分标准	分值	学生得分	扣分说明
有效沟通（20分）	使用礼貌用语	5		
	给客户明确的引导	5		
	理财产品推介详细	5		
	风险提示明确	5		
业务办理（40分）	投资渠道合理	10		
	业务指导准确	10		
	业务处理迅速	10		
	风险产品匹配	10		
操作规范（40分）	渠道选择规范	10		
	系统操作规范	10		
	风险识别规范	10		
	产品选择规范	10		
得分合计		分		
教师评价				

【知识链接 7-9】

手机银行安全指引

手机银行是近年来随着移动通信的蓬勃发展而兴起的新型电子银行业务。手机银

行的显著特点是能够在任何时间、任何地点为客户提供简便、易用、快捷的金融服务，因而被广大客户迅速接受。但是，当客户通过移动通信网络享受便捷的手机银行服务时，若没有全面妥善的安全保护，就有可能将手机银行服务中某些薄弱环节暴露在移动通信网络或移动互联网上，给犯罪分子留下可乘之机。为了保护账户和网上交易的安全，提出以下建议：

一、妥善保管好手机和密码

手机的客户身份识别卡（SIM卡或UIM卡），以及银行卡密码（含查询密码和交易密码）是登录手机银行，进行相关金融业务交易的依据和安全保障，请务必妥善保管。建议客户将查询密码和交易密码设置为不同的密码值。

二、设置合理的转账支付限额

客户通过个人网银（数字证书、动态密码版）设置合理的手机银行单日转账支付交易限额，但最高不得超过人民币200 000元（含）。若预期在一段较长时期内不进行对外转账或支付，建议将“单日转账支付限额”设置成一个较小的金额，更好地保障资金安全。

三、开通短信通知服务

为银行卡开通短信通知服务，有助于客户及时了解账户资金变动情况，增强手机银行对外转账或支付交易的安全强度。

四、提高警惕，谨防欺诈

1.提防虚假WAP网址和网络钓鱼

尽管由于移动通信网络的封闭性，通过手机进行网络钓鱼的风险大大降低，但还是会存在。不法分子可能采用建立虚假WAP网站，发送短信（含彩信）等方式诱使客户访问其预先设定的虚假WAP网址并输入卡号、密码等信息，以达到窃取您重要敏感信息的目的。所以，在访问前一定要分辨清楚所访问的WAP地址是否为银行公布的合法手机银行地址。为了资金账户的安全和以后使用的方便，建议客户通过官方渠道下载最新版手机银行客户端。

2.认清短信客服号码，关注短信动账通知

一定要认清银行官方客服号码，谨防不法分子借用银行名义进行短信欺诈。手机银行客户在进行对外转账、支付等关键交易时，要留意交易过程中收到的账户资金变动短信，请检查短信中的收款账号、交易金额等提示信息是否与实际操作相符。

3.妥善保护个人敏感机密信息

银行工作人员不会以任何形式询问客户密码。当其他人以任何借口索取密码时，都不要提供，谨防上当受骗。

五、关注手机的安全性

1.使用完手机银行后，应及时退出手机银行。

2.不要随意开启不明来历的短信或彩信，对可疑短信或彩信应立即删除。

3.不要随意点击或扫描不明来历的链接地址、二维码等下载访问手机银行客户端。

4.不要随意通过未知或不可信任的Wi-Fi登录或使用手机银行服务。

5.若手机使用智能操作系统，建议安装手机安全软件（如卡巴斯基手机安全软

件），并养成定期更新安全软件的习惯。

六、养成良好的安全习惯

1.不要在浏览WAP网站时，随意点击貌似手机银行的地址链接，防止他人窃取您的卡号和密码等敏感信息。

2.每次使用完手机银行后，应及时退出手机银行。

3.通过其他渠道（如ATM取款、自助终端登录）进行交易时，应注意交易密码输入的保护措施，防止他人通过录像等方式窃取到卡号和交易密码。

4.切勿向他人透露您的账号、客户号、查询密码、交易记录、证件号码等个人身份识别资料。

5.不要将银行卡号、密码、证件号码保存在电脑或电子邮箱中，以免被木马程序盗取。

6.在银行使用的密码，尽量不要与在其他网站使用的密码相同。

7.不要使用自己及亲友的生日、电话号码、身份证号码中的数字作为密码，以增强密码安全度。

8.查询密码、交易密码应设置为不同的密码值，增强密码安全性。

项目小结

受经济环境和金融发展的影响，银行业务趋于同质化，难以形成独特优势在市场竞争中脱颖而出。银行智能化零售业务是商业银行利用人工智能、云计算、区块链等新技术，开发新的业务模式、开辟新的业务渠道，依托网上银行、手机银行、微信银行等开展的相关零售业务，主要包括智慧柜台业务和电子银行业务两种。

智慧柜台业务是银行推出的一种全天候自助和提供远程人工服务模式的智慧型银行业务，是集成磁条读卡器、二代身份证识别仪、指纹仪、IC卡读卡器等模块，借助视频、影像等技术手段，实现客户自助办理业务的设备。通过智慧柜台不仅能实现传统自助银行的存款和转账功能，还能实现自助开户、自助申请储蓄卡、当场办卡和自助申请信用卡等功能。电子银行业务包括利用计算机和互联网开展的银行业务（网上银行业务），利用电话等声讯设备和电信网络开展的银行业务（电话银行业务），利用移动电话和无线网络开展的银行业务（手机银行业务），以及其他利用电子服务设备和网络，由客户通过自助服务方式完成金融交易的银行业务。

对银行来说，智能化营销业务是当下的主流业务，具有业务覆盖面广、客户群体多等特点，是商业银行提高竞争力、扩大市场占有率的重要业务。在银行具体业务办理过程中，一定要加强业务监管，防范并化解相关风险。

项目训练

一、判断题

1.银行智慧柜台可办理开卡、签约、查询打印、账户管理、投资理财、贷款、现

金、票据、外汇等业务。（ ）

2. 智慧柜台业务由必须客户填写业务申请书才可以进行业务办理。（ ）

3. 智慧柜台业务经理负责指导客户使用智慧柜台自主、自助办理业务。（ ）

4. 智慧柜台渠道营销服务协同的核心工作流程贯穿于客户到达智能服务区直至离开的全过程，整个流程“以利益为中心”，将客户需求挖掘、产品销售推荐有机地融入客户在智能服务区办理业务的过程中。（ ）

5. 银行的电子银行业务主要由网上银行、手机银行、Pad银行、自助银行、电话银行、微信银行以及其他离柜业务组成。（ ）

6. 电子银行业务在初始硬件设备购置、软件开发、中后期的系统维护以及人员培训和市场推广方面不需要较大的投入。（ ）

7. 开通电子银行业务的客户只需拥有银行借记卡或存折、在申领借记卡或存折时使用有效的身份证件即可。（ ）

8. 客户须为年满16周岁（含）以上的中华人民共和国公民签约电子银行业务，使用合法收入，根据自身风险承受能力情况，通过电子银行进行理财产品投资。

（ ）

二、选择题

1. 智慧柜台业务是银行推出的一种全天候自助和提供远程人工服务模式的智慧型银行业务，是集成磁条读卡器、（ ）识别仪、指纹仪、IC卡读卡器等模块，借助视频、影像等技术手段，实现客户自助办理业务的设备。

A. 银行卡　　B. 二代身份证　　C.POS机　　D. 刷脸

2. 智慧柜台业务整合交易，减少录入要素，业务办理时客户需要签（ ）次字。

A.1　　B.2　　C.3　　D.4

3. 在银行自助机办理借记卡，适合人群主要指年满（ ）周岁以及以上公民。

A.12　　B.14　　C.16　　D.18

4. 理财产品购买不支持（ ）类有介质账户购买理财产品。

A.I　　B.II　　C.Ⅲ　　D. 以上均是

5. 电子银行系统可实现批量汇款，行内一次最多转账（ ）笔，跨行一次最多转账（ ）笔。

A.5，2　　B.2，5　　C.4，3　　D.3，4

三、综合实训

实训平台：http：//www.zsyun.com.cn/

实训账号：s001

实训密码：888888

【实训内容】

2023年6月22日，客户苏娜，其身份证号为305230198603212031，来银行办理业务，银行大堂经理指导客户在智慧柜台完成操作：

1. 办理个人I类账户开卡业务。

2. 办理电子银行签约业务。

3. 客户在智慧柜台选择购买理财产品。

4. 引导客户在VTM机开通手机银行。

要求：以模拟银行金专支行柜员的身份进行相应业务引导的处理。

【实训目标】

登录智慧柜台，引导客户熟练完成上述操作。

【实训考核】

平台引导操作准确率达到100%。

项目八 银行网点安全管理

学习目标

知识目标

- 掌握银行网点安全管理规定。
- 掌握银行柜面突发事件的应急处理方式规定。

能力目标

- 能按照正确的业务规范处理各项紧急情况。
- 能按照正确的业务规范防范金融风险。

素质目标

- 培养学生爱岗敬业、诚实守信、遵纪守法等职业道德。
- 培养学生充分的职场安全意识与金融风险防范意识。
- 培养学生求实的科学态度、积极的生活态度。

任务一　银行网点安全管理制度

活动1　银行网点安全保卫工作内容

【基本知识】

银行网点安全保卫工作主要包括金库守护制度、押运制度、枪支防卫器具管理使用制度及营业场所安全管理制度等。

（1）安全工作责任制。营业网点设专职或兼职安全员，负责网点的安全管理和日常安全防范工作。

（2）营业期间现金安全制度。在营业期间，营业网点备用金和收入的大宗现金，不得放置在桌面等明处，必须锁入保险柜或现金箱内。

（3）接送款制度。营业网点每天安排人员接送款，营业前负责将款项接到营业柜台内，营业终了负责将现金送上运钞车。

（4）进入营业室登记制度。非营业室工作人员，不得随意进入营业室内。因公需进入营业室的，必须经过批准，进行登记后方可进入。上级行检查人员，须由本行有关人员陪同，持介绍信和本人身份证件，登记后方可进入检查。

（5）通勤门管理制度。营业期间要加强通勤门的管理，营业室工作人员进出时，随开随锁。钥匙或密码指定专人保管，钥匙营业期间不得带出营业室。

（6）电视监控管理制度。营业场所的电视监控按照安全保卫相关规定实行营业期间全过程录像。营业场所的录像资料保存期为至少30天。

（7）应急报警按钮使用规定。营业网点安装的应急报警按钮，在发生盗窃、抢劫等外部侵害等紧急情况时方可使用。除上述情况外，任何人都不得随意触动应急报警按钮。应急报警按钮设施应定期检测，保持良好状态。

（8）防盗报警的使用规定。每天营业结束清场后，必须开启防盗报警进行布防。每天上班时，首先撤防，然后方可进入网点。对于每天布防和撤防时间，银行安全员要逐日进行登记。

（9）配备防卫器具规定。营业场所应按照安全保卫相关规定配备防卫器具。

（10）防火安全管理制度。营业场所要制定防火安全制度，建立义务消防队，担负火灾扑救和抢救人员、疏散物资等任务。按照规定配置消防器材，经常进行检查，确保使用。

（11）应急预案。营业网点对抢劫、诈骗、挤兑、火灾等重大突发事件，应制定切实可行的应急预案，一旦发生突发事件，立即按应急预案处置。

（12）营业终了检查制度。营业终了，要进行全面检查。首先，检查现金、章、证、押是否入库保管，然后进行清场检查，确定无异常情况后，关闭水、电、门、窗，布防完毕方可撤离。

【实践操作】

1. 实践内容

2人一组，模拟银行安全员，按银行网点工作场景梳理安全保卫制度，并提交实践报告。

2. 实践目标

掌握银行网点安全保卫制度基本内容。

3. 考核标准

能够正确梳理银行网点安全保卫制度，考核标准如下：

考核过程	评分标准	分值	学生得分	扣分说明
实践报告（100分）	小组是否及时提交实践报告	10		
	小组成员分工是否合理	10		
	报告要素是否齐全	10		
	安全保卫制度是否齐全	10		

续表

考核过程	评分标准	分值	学生得分	扣分说明
实践报告（100分）	安全保卫工作场景是否完整	10		
	制度与工作场景是否匹配	20		
	安全保卫制度是否具体可行	10		
	安全保卫制度是否有创新之处	10		
	安全保卫制度是否能解决实际问题	10		
得分合计		分		
教师评价				

活动2 银行网点安全保卫工作原则

【基本知识】

熟悉银行网点安全保卫工作的基本原则，并能运用到实际工作中。

1.营业前

（1）开启营业室大门或通勤门，同时用锁固定，并将拉门挂钩放回柜内，锁好边门。

（2）检查营业场所有无不安全迹象，检查“110”报警器、应急报警器、电视监控系统是否处于正常工作状态。

（3）检查自卫器械是否到位，取用是否顺手。

2.营业期间

（1）营业场所必须两人以上在岗，时刻保持高度警惕。

（2）现金及重要凭证要及时入柜，不准放置在桌面上，钞箱必须放在隐蔽处。

（3）营业人员临时离岗前，现金、印章、密押重要凭证必须入柜加锁，计算机终端必须退出操作界面。

（4）严禁无关人员进入柜台内，营业人员因事出入边门时，必须在确认安全的情况下即开即锁。

（5）营业人员不准做与业务无关的事，不准接受他人分送的药物、香烟、食品、饮料等物品，以防不测。

（6）接受检查时，临柜人员在确认检查人员所持证件是否齐全真实，并有银行领

导或保卫干部陪同后，方可同意进入柜台内检查。检查完毕，要做好记录，并由网点负责人签字，对查出的问题在限期内整改落实。

3.营业终了

（1）必须将印章、密押、重要凭证、磁盘等核定无误后放入保险柜。必须切断电、火、水源，开启联网报警装置，锁好营业室门、窗，并与守护人员办理交接后方可离开。

（2）严禁在柜台外携钞箱候车，接送钞箱时，先观察周围有无异常情况，在确认无误后，集体护送钞箱上车。

4.检查五双制度

双人临柜、双人碰库、双人管库、双人守库、双人押运。

5.坚持四不走制度

账款未结平不走；账、款、印、押未入箱（柜）不走；保险柜门、营业室门未锁定不走；钞箱未上车不走。

6.坚持三不留制度

营业终了，营业室内不留人、不留款、不留印章和重要凭证。

7.三知两会制度

知道网点的安全制度规定，知道自己器材的数量、位置，知道营业网点紧急情况处理预案。会使用防卫器材，熟悉并掌握报警方法，可以处理各种紧急情况。

【实践操作】

1.实践内容

模拟银行安全员，进行银行网点安全保卫工作，并提交实践报告。

2.实践目标

掌握银行网点安全保卫具体工作流程。

3.考核标准

能够正确进行银行网点安全保卫，考核标准如下：

考核过程	评分标准	分值	学生得分	扣分说明
操作过程（60分）	安全保卫工作是否完整	10		
	安全保卫动作是否规范	10		
	语言话术是否准确	10		
	安全保卫登记是否清晰	10		
	团队协作是否充分	10		
	安全保卫工作是否规范有序	10		
实践报告（40分）	小组是否及时提交实践报告	5		
	报告要素是否齐全（时间、地点、过程等）	5		
	是否准确总结了操作的优点和不足	10		
	是否提出了改进措施	10		
	改进方法能否落地实施	10		
得分合计		分		

续表

教师评价

活动3 银行柜面主要风险点及控制方法

【基本知识】

1. 银行柜面工作主要风险点

银行柜面日常工作的风险时刻都存在，主要风险点有：

（1）存款结算业务风险点

现金收入业务未做到先收款后记账，现金付出业务未做到先记账后付款；受理存单折挂失业务时，未核实客户身份信息或未及时发起挂失交易，极易造成客户资金转入不法分子控制的账户，引起损失风险；客户撤销银行结算账户，未将重要空白凭证上交开户网点且未出具证明，可能给不法分子签发使用，盗取存款人账户资金或进行诈骗；办理客户申请的转账汇划或现金支取业务未核对、虚假核对预留印鉴，或先支付后核对，将给客户账户资金带来被盗用的风险；办理银行票据承兑业务时，未仔细进行票据真伪鉴别导致办理贴现、质押业务时误收变造、伪造票据。

（2）银行卡业务风险点

短期内同一代理人突然代办多张银行卡且相隔时间短暂、无法说明正常原因的，或由他人带领前来办卡且所留手机号码等均为同一号码或空号，这些行为可能涉嫌洗钱或非法买卖银行卡；犯罪分子拾获客户的银行卡后冒名挂失，将客户密码重新设置后直接将钱转走；犯罪分子通过盗窃或网上购买等方式获得身份证后，用与身份证照片上长相相似的人员冒充本人在柜面开卡并开通电子银行转账功能；犯罪分子借用非本人的身份证件虚假申请信用卡并冒领冒用；犯罪分子利用各种手段非法获得了卡主的信用卡，然后伪造相关的身份证件，到银行柜面成功激活信用卡。

（3）理财与代理业务风险点

银行人员未能将理财产品的投资标的物、投资期限、预期收益及风险等级等情况

如实告知客户，使得客户在没有充分了解理财产品的情况下投资该产品；银行人员在向客户推荐理财产品时出于某种目的夸大了收益或误导客户购买超过其风险承受能力的产品；柜员在为客户办理理财产品购买过程中，由于与客户沟通不够而出现与客户意愿不符的错误期限、错误金额或错误购买；客户多次在某银行网点购买理财后，就与该网点人员建立了信任的关系，从而形成代客交易。

学思践悟 8-1　　为客户把好资金安全关，守好客户“钱袋子”

一天上午，客户农女士来到凭祥市夏石镇支行网点开通手机银行，随后又到网点要求将手机银行转账额度提高到单笔20万元。网点大堂经理李素贞通过ATM查看该客户账户信息，发现该客户卡为Ⅰ类账户，且平时手机银行转账流水较少，便拒绝了为客户办理提高手机银行转账额度。下午该客户又来到网点要求提高手机银行转账额度，理由是有人给她转账20万元转不进来，大堂经理李素贞询问具体转账原因，客户支吾未答。随后营业主管黄云莺发现该客户在网点外面不停打电话，形迹可疑，立即将该情况告知支行行长李家玲，并表示该客户可能正在遭遇电信诈骗。李家玲通过本地方言尝试与客户进行进一步的沟通，客户才放下防备心，声称是通过快手在网上购买东西，现在对方要给她退款，因为手机银行转账限额对方要求她提高额度。通过支行行长、营业主管、大堂经理一致耐心细致的劝说，客户终于意识到是碰上了电信诈骗。

资料来源：根据相关资料编写所得。

启示：

近年来，针对电信诈骗活动高发态势，商业银行柜员应按照监管单位和上级要求，不断强化柜员防范电信诈骗知识，增强员工对电信诈骗的识别能力，积极落实柜面告知与提醒义务，有效发挥银行防范电信诈骗的防线作用。

（4）员工行为管理风险点

员工在相关银行业务操作中存在违规问题，或涉及民间融资、非法集资相关行为被判定为职务行为，则易导致民间融资、非法集资关系人向银行转嫁风险；银行员工由于受利益驱使，私自销售非本行发行、代销的投资理财类产品，当理财收益没有达到预期甚至出现亏损时，将造成客户的资金损失；员工与外部人员勾结欺诈客户，以高息揽储的方式诱骗不明真相的客户，使其认为该项存款业务是银行推出或合作的业务，通过前期支付大额利息，将客户资金存入其指定的账户并迅速划走，给客户造成巨额损失；银行员工在股市、楼市大热时也跟风涌入，当出现亏损时，为了偿还欠债，他们极易铤而走险，挪用银行或客户的资金填补漏洞。

（5）营业场所管理风险点

柜面人员没有按照银行内部重要空白凭证管理规定将重要空白凭证放置在保险柜（箱）等其他安全设备中，在日常使用及交接盘点时极易丢失，被不法分子获得时只要加盖真假难辨的公章就可以轻易骗取到客户资金；柜员没有按照银行内部管理规定将印章、U-key等重要物品放置妥当，容易被不法分子用来实施犯罪行为；犯罪分子

假扮银行工作人员在营业场所内寻找目标，假意为其推荐高利率银行理财产品；高科技犯罪分子通过改装自助设备读卡口或加装以假乱真的读卡设备，骗取客户银行卡内磁条信息，再通过复制卡片，在异地盗刷客户资金；网点遇到突发的紧急事件时，极易造成营业场所无人指挥、互相扯皮等情况，使得紧急事件的发展脱离银行控制，给银行带来极大的不良社会影响。

2. 银行柜面风险点的控制方法

为预防和最大程度地减少风险损失事件和案件的发生，维护商业银行平安稳健发展，商业银行应在以下几个方面加强控制：

（1）完善柜面操作风险管理体系

一是商业银行应完善本行风险管理体系，与时俱进，适应不断发展的银行业务和扩大的银行规模，制定适用于全辖范围的管理政策，建立分工合理、职责明确的管理架构。二是商业银行应定期评估、修订和完善风险管理体系。根据监管要求，结合日常监测、检查等情况，查找问题、督促整改、总结经验、研究措施，完善风险管理体系、流程、制度等，实现经营过程、产品创设、操作流程全覆盖，保证内部控制制度的完整性和适用性，使制度能有效约束各类决策程序、各项经营活动、各个操作环节和各级管理人员及基层员工。三是商业银行还要加强外部审计和内部审计，针对审计出来的问题落实整改，加大责任追究的力度和深度，充分发挥内部审计部门的监督纠偏作用。

（2）加强内部控制建设

一是落实风险管理责任。商业银行各分支行应将主要负责人作为本机构风险管理的第一责任人，要切实履行“一岗双责”，一级抓一级，层层抓落实；二是落实条线管理责任，加大条线管理力度，强化日常监测预警和专项排查，围绕制度有效性开展专业检查与指导，及时发现风险隐患和风险问题；三是落实监督纠偏责任，定期评估风险管理体系的健全性和适用性，完善风险管控机制、流程、系统等；四是强化飞行检查制度，建立和完善飞行检查制度，按业务条线建立飞行检查队伍；五是重视内部控制案防工作，加强案防薄弱环节的风险排查，对当前案件风险隐患较大的重点业务、重点人员、重点部门进行排查，落实好关键岗位轮换和强制休假制度等。

（3）优化柜面业务流程

一方面，商业银行应升级改造柜面业务处理系统，配置柜面业务客户交互终端，通过系统设定和提示，让客户实时准确地知晓每一次输入密码时所办理的具体业务，在交互系统中进行签字确认；另一方面，商业银行还需加快推行重点业务、关键环节集中作业模式，通过建立集中授权中心和集中复核中心，将授权和复核的权力从下级网点上收至总行的方式促使操作风险从分散制约向集中管控转变，从而增强对柜面操作人员的制衡约束。

（4）规范柜面操作行为

遵循“相互分离、岗位制衡”原则，加强业务流程控制，强化客户告知、换人复核、分级授权、事后监督、客户回访等关键环节管理；按照“一对一、面对面、不间

断、交本人”的操作要求，规范现金存取、密码挂失、网银开通等重要柜面业务，加强代理存取款操作管理，采取有效手段甄别代理人身份、确认被代理人真实意愿；重点治理内外勾结盗取客户资金、监守自盗、虚存虚取，以及代客保管重要凭证、印章和U-key等违规行为；严格审核开户申请资料，异常、异地客户应加强审核，确保审核程序到位、手续完备，审慎办理批量代理开户，防止利用银行过错转嫁损失。

（5）加强营业和办公场所管理

结合本行实际，加强网点安保知识培训，全方位加强场所管理。强化营业和办公场所的监控和巡查，落实相关人员的管理责任，确保营业场所监控无死角、办公场所出入有登记或门禁，关注场所内外部人员长时间逗留、搭讪客户等异常行为。重点防范外部人员假冒银行员工在营业、办公场所进行非法行为。此外，网点还需强化日常监测预警和专项排查，围绕制度有效性开展专业检查与指导，及时发现操作风险隐患和风险问题。

【实践操作】

1.实践内容

2人为一组，梳理银行日常工作存在的主要风险点及解决方法，并提交实践报告。

2.实践目标

掌握银行网点柜面风险点及风险防范方法。

3.考核标准

能够正确识别银行柜面业务风险，考核标准如下：

考核过程	评分标准	分值	学生得分	扣分说明
实践报告（100分）	小组是否及时提交实践报告	10		
	报告要素是否齐全	10		
	小组成员分工是否合理	10		
	银行网点风险要素是否齐全	20		
	风险点是否具体清晰	10		
	风险管理方法是否具体可行	20		
	风险管理方法是否能解决实际问题	20		
得分合计			分	
教师评价				

活动4 银行网点服务应急预案

【基本知识】

1. 银行网点服务应急预案

为确保向客户提供优质、高效金融服务的能力，完善突发事件应对机制，为网点及时采取措施提供有力保障，需要制定网点服务应急预案，以快速应对网点突发事件，提高金融服务能力及处置能力。

（1）适用范围

网点服务应急预案适用于营业网点出现客户投诉、自然灾害、群体性事件等突发事件的应急处理，对影响营业网点正常营业或在网点发生的可能影响银行声誉的突发事件的组织管理、处置流程及操作要点等方面提供指导。

（2）工作原则

① 加强预警、防患于未然。事先制定相应的应急方案、应急策略、预警标准，并将应急预案下发、到各网点进行培训，以及时、有序地应对突发事件，达到缓释风险的目标。

② 明确责任、协同配合。实行首问责任制，明确各级机构、部门和岗位职责，相关职能部门各负其责、协同配合，及时横向沟通，以保障突发事件的妥善处理。

③ 划分等级、分类应对。根据不同事件的严重程度将其划分为不同等级，并据此分别制定报告、决策和处置流程，保证重大事件信息传递和决策的时效性。

④ 报告及时、响应迅速。建立自下而上明确的报告路线和自上而下顺畅的决策流程，同时根据故障当天的实际情况，及时沟通联系，争取最大支援，以便快速响应，最大程度地降低风险、减少损失。

⑤ 动态维护、及时完善。应急处理方案不是一成不变的，要定期演练、查找问题、及时完善，保证应急处理方案的时效性，有效指导应急处理工作。

（3）网点工作职责

① 熟悉、演练网点服务应急预案。

② 负责组织实施网点职责范围内的应急处理工作。

③ 负责履行报告职责。

④ 完成时间问题的职责内整改工作。

（4）应急报告及处理流程

在紧急事件应急响应及处置流程中，为保证信息传递的准确、快速，报告应以事实清楚、简明扼要为基本要求，使信息传递到相关部门及联系人。如具备条件，应辅以简单的事件情况报告表。

①报告原则。

A. 及时：网点遇到无法解决的突发事件时，应在第一时间上报情况。

B. 准确：报告内容应客观真实，不得主观臆断。

C. 完整：报告内容应尽可能地翔实，便于领导小组研究决策。

②报告方式。

根据以下顺序选择紧急报告工具，即办公室电话、手机、短信、电子邮件。

③报告内容。

A.发生突发事件的机构名称、地点、时间。

B.突发事件性质：诈骗、抢劫、客户重大投诉、语言沟通障碍、自然灾害或突发公共安全事件等。

C.影响程度：突发事件发生后对正常营业或声誉造成的影响程度、影响范围等。

D.影响人力资源情况：突发事件对人员造成的伤害情况；受灾情况、采取的救助和防护措施、岗位接替等情况。

E.原因分析、判断。

F.已采取的措施和应急处置建议。

④报告流程。

网点所有人员要保持高度的警觉性，当突发事件发生时，不能相互推诿，应立即开始对突发事件的监测和评估，对其级别作出初步判断，在按照自下而上的程序报告的同时，应采取应急处理措施，尽量稳定局势。

2.自卫武器使用管理制度

（1）各单位配置的自卫武器是专为临柜、守库、押运时作防范之用，任何单位和个人无权调用、借用和挪作他用，除执行押运任务外，不准带出网点外。

（2）对自卫武器的使用进行严格管理，要有专人负责，实行“谁使用、谁管理”的原则，落实责任，并办理领用、交接手续。

（3）寄库的网点，营业结束后，必须妥善保管好自卫武器，防止丢失、被盗。

（4）临柜、守库、押运人员在遇到下列情况之一时，可以使用自卫武器：

① 遇到犯罪分子袭击，非使用自卫武器不能制止时。

② 国家和集体财产遭到暴力威胁，非使用自卫武器不能制止时。

③ 为保护国家和集体财产与犯罪分子搏斗时。

④ 依法协助公安机关抓捕或制服犯罪分子时。

（5）在使用自卫武器制止犯罪行为时，应当以制服对方为限度，当对方的犯罪行为得到制止时，应当立即停止使用。

（6）对非法和私自使用自卫武器，造成严重后果的，要给予从重处理，情节严重的要依法追究刑事责任。

（7）加强对自卫武器的管理。单位领导要经常性地对自卫武器的使用、管理情况进行检查，发现问题及时处理。

【实践操作】

1.实践内容

2人一组，梳理银行网点自卫武器使用管理制度，并提交实践报告。

2.实践目标

掌握银行自卫武器使用管理制度。

3.考核标准

掌握银行网点自卫武器使用管理制度，考核标准如下：

考核过程	评分标准	分值	学生得分	扣分说明
实践报告（100分）	小组是否及时提交实践报告	10		
	小组成员分工是否合理	10		
	报告要素是否齐全	10		
	银行自卫武器制度是否齐全	10		
	银行自卫武器制度适用场景是否完整	10		
	制度与工作场景是否匹配	20		
	银行自卫武器制度是否具体可行	10		
	银行自卫武器制度是否有创新之处	10		
	银行自卫武器制度是否能解决实际问题	10		
得分合计		分		
教师评价				

任务二 银行网点突发事件应急处理

【能力目标】

熟悉银行网点突发事件的种类，掌握银行网点不同突发事件的应急处理方法，能在日常营业活动中按相关方法进行应急处理。

活动1 银行网点突发事件概述

【基本知识】

1.银行网点突发事件的概念

银行网点突发事件是商业银行营业网点日常运营过程中事前无法准确预测，与客户服务密切相关，影响营业网点正常营业秩序，危及银行信誉、资产安全，甚至危及客户和员工生命安全的各种事件，需立即处置的事件。

2.银行网点突发事件的种类

《中国银行业营业网点服务突发事件应急处理工作指引》提出，银行网点服务突发事件种类主要有：

（1）营业网点挤兑；
（2）营业网点业务系统故障；
（3）抢劫客户财产；
（4）自然灾害；
（5）客户突发疾病；
（6）客户人身伤害；
（7）寻衅滋事；
（8）营业网点客流激增；
（9）不合理占用银行服务资源；
（10）重大失实信息传播；
（11）其他影响营业网点正常服务的事件。

银行服务过程中所出现的客户不满、投诉以及业务纠纷不在《中国银行业营业网点服务突发事件应急处理工作指引》的服务突发事件范畴之列。

3. 银行网点突发事件的基本特征

银行网点突发事件的基本特征是偶然性和必然性。偶然性是指突发事件发生的可能性及由于各种因素的影响导致事件发生过程中的偏离性、高度不确定性及危害的不确定性。必然性是指突发事件是各种内外因素发展的必然结果，体现了事物发展的必然规律。

银行网点突发事件的具体特征是：
（1）信息不完全。
（2）突发性、高度不确定。
（3）后果的严重性、广泛性、连锁性和持久性。

4. 银行网点突发事件应急处理原则

（1）坚持快速有效的原则；
（2）坚持及时报告的原则；
（3）坚持积极稳妥的原则；
（4）坚持保护客户和员工生命财产安全的原则；
（5）坚持系统内上下联动、系统外横向联动的原则；
（6）坚持保守银行和客户秘密的原则。

活动2　抢劫事件应急处理

【基本知识】

1. 银行抢劫事件的概念

银行抢劫事件是作案人员对银行财物的所有人、保管人、看护人或者持有人当场使用暴力、胁迫或者其他方法，迫使其立即交出财物或者立即将财物抢走的行为，这类行为的发生对客户和银行的危害性巨大。

2. 银行抢劫事件的特点

（1）犯罪嫌疑人在抢劫前，基本上都要进行踩点。

（2）案犯多在午间休息、刚上班或快下班等人少时作案。

（3）案犯多使用偷来的或假牌照汽车，在行抢时将发动着的汽车停放在作案现场附近，车内留有司机，开着车门，抢劫后立即逃跑。

（4）案犯作案时多戴墨镜或蒙面，使人难以辨认。

（5）案犯进入银行后，首先设法破坏电话报警设备及自动报警系统，使银行员工无法向公安机关报警。

（6）抢劫银行的案犯都带有凶器，不少情况下还带有真枪，必要时杀害或捆绑银行员工，以便顺利作案。

（7）抢劫银行几乎都是团伙作案，有预谋、有计划、有组织地实施犯罪。

微课 8-1

抢劫事件应急处理

3. 银行抢劫事件的应急处理

（1）基本原则。营业期间遇到抢劫事件时，应区别情况，沉着应对。如果危害员工生命安全，应贯彻“先藏身，后报警，再反击”的原则。

（2）发生持枪抢劫情况。首先应选择合适的位置迅速隐蔽，立即报警，力争外援，沉着机智，记住歹徒的体貌特征及交通工具，并保护好现场。

（3）发生持刀（械）抢劫情况。在及时报警的同时，出纳人员及时护卫现金及印章，会计人员及时护卫好印章、密押等，向出纳人员靠拢，其余人员控制住二道门。如歹徒闯入柜台内抢劫，在报警的同时，全体人员应携带自卫武器或办公用具及消防器材等投入应急自卫，呼叫四邻和街上的人缉拿犯罪分子。

（4）犯罪分子逃跑。要坚守阵地，不要冒险追击，应及时向救援人员提供罪犯体貌特征和逃跑方向，力争抓获犯罪分子。

【案例分析 8-1】 “3·21”大连邮政储蓄银行抢劫案

2017年3月21日16时42分在邮政储蓄银行大连迎客路支行，一名身穿黑色上衣、头戴棒球帽和口罩的男子来到银行大厅。他突然从兜里掏出了一把手枪，劫持了大堂经理，来到柜台前，企图抢劫50万元现金。

犯罪嫌疑人：快点别动！快点！拿钱！快点拿钱！

工作人员：冷静点。

犯罪嫌疑人：别乱动！打电话是吧，打电话我杀了她！

男子向银行柜员索要50万元人民币，并不时敲打柜台的玻璃，几名银行柜员与男子周旋。男子十分激动，大声叫嚷。

犯罪嫌疑人：快点，快点往里装！快点装！

工作人员：马上给你装，现在给你装。

犯罪嫌疑人：快点装！快点快点，你快点的！快点拿钱！

当时银行内没有其他客户，劫匪挟持大堂经理后，几位工作人员故意将钱掉到地上，以此拖延时间，并多次跟歹徒周旋，安慰他，让他冷静，以保证大堂经理人身不受伤害。主管主要负责周旋，第一时间跑到电话跟前拨打了110报警，并通知了在办公室内办公的行长。

随后，银行行长刘某赶到了大厅。行长看周围没有群众，面对歹徒大喝一声，紧接着告诉歹徒："我有钱，我给你钱。"这时候行长就奔歹徒去了。银行保安宋宝军看到行长冲向劫匪，他也紧跟着冲了上去。此时，劫匪见状有些慌乱，行长和这名保安一起冲上前，将劫匪当场制服。

民警随后也赶到现场，将劫匪带走调查。据了解，这名犯罪嫌疑人是内蒙古通辽人，所持枪械为仿真枪，身上还带着一把匕首。依据我国《刑法》，抢劫银行或者其他金融机构的，处十年以上有期徒刑、无期徒刑或者死刑。

1.案例分析：在这个案件中，劫匪持枪选择银行下班人少的时间作案，是银行抢劫事件较为突出的特点。银行工作人员能够临危不惧，冷静机智地与劫匪周旋，采取措施确保人质及资金安全，并能够及时报警，请求外援，在安全的前提下及时反击，制服劫匪。

2.案例启示：银行业机构应以防盗窃、防抢劫、防破坏、防火灾为目的，制定针对各种突发情况的应急预案，并定期开展演练，使员工在遇到突发情况时能够从容不迫，有效应对。特别是对于节假日、双休日、上下班、接送款等关键但易放松的时点，务必明确各层级的管理职责，强化序时和提前相结合、重点和全面相结合、自查和上级抽查相结合的监督管控，及时发现和解决隐患。

【实践操作】

1.实践内容

5人为一组，撰写银行网点抢劫事件应急预案，并在模拟银行实训中心大堂开展银行网点抢劫事件应急处理演练，提交实践报告。

2.实践目标

掌握银行网点抢劫事件处理流程。

3.考核标准

能够按照银行网点标准规范进行抢劫事件应急处理，考核标准如下：

考核过程	评分标准	分值	学生得分	扣分说明
演练方案（30分）	方案要素是否齐全	5		
	组织机构设置是否合理	5		
	人员分配是否合理	5		
	职责分工是否清晰	5		
	演练步骤是否完整	5		
	方案是否可操作性强	5		
演练过程（40分）	演练工具是否齐全	5		
	人员处理速度是否及时	5		
	人员分工是否明确	10		
	团队协作是否充分	5		
	演练流程是否完整	10		
	演练过程是否规范有序	5		

续表

考核过程	评分标准	分值	学生得分	扣分说明
实践报告（30分）	小组是否及时提交实践报告	5		
	报告要素是否齐全（时间、地点、过程等）	5		
	是否准确总结了演练的优点和不足	10		
	是否提出了改进措施	5		
	改进方法能否落地实施	5		
得分合计		分		
教师评价				

活动3 诈骗事件应急处理

【基本知识】

1.金融诈骗案的概念

金融诈骗案，是指以非法占有为目的，采用虚构事实或者隐瞒事实真相的方法，骗取公私财物或者金融机构信用，破坏金融管理秩序的行为。

2.金融诈骗案的种类

（1）票据诈骗

票据诈骗是指以非法占有为目的，明知是伪造、变造、作废的票据而使用，或冒用他人的票据，或签发空头支票、签发无资金保证的汇票、本票，或捏造其他票据事实，利用金融票据进行诈骗活动，骗取财物数额较大的行为。

票据诈骗行为具体包括：

① 明知是伪造、变造的汇票、本票、支票而使用的；

② 明知是作废的汇票、本票、支票而使用的；

③ 冒用他人的汇票、本票、支票的；

④ 签发空头支票或者与其预留印鉴不符的支票，骗取财物的；

⑤ 汇票、本票的出票人签发无资金保证的汇票、本票，或者在出票时作虚假记载，骗取财物的。

《中华人民共和国刑法》（以下简称《刑法》）规定，有以上情形之一进行金融票

据诈骗活动，数额较大的，处五年以下有期徒刑或者拘役，并处二万元以上二十万元以下罚金；数额巨大或者有其他严重情节的，处五年以上十年以下有期徒刑，并处五万元以上五十万元以下罚金；数额特别巨大或者有其他特别严重情节的，处十年以上有期徒刑或者无期徒刑，并处五万元以上五十万元以下罚金或者没收财产。

（2）信用证诈骗

信用证是指银行应申请人的请求开出的，在符合信用证条款规定的情况下无条件承兑的一项承诺。信用证诈骗，是指以非法占有为目的，利用信用证进行诈骗活动的行为。信用证诈骗罪在客观方面，表现为用虚构事实或者隐瞒真相的方法，利用信用证骗取货物或者银行款项的行为。《刑法》规定了四种信用证诈骗行为：

① 使用伪造、变造的信用证或者附随单据、文件的。这是指使用伪造、变造的信用证或者使用伪造、变造的附随提单等单据骗取财物的行为。

② 使用作废的信用证的。这是指使用过期、已挂失等无效的信用证骗取财物的行为。

③ 骗取信用证的。这是指虚构事实或者隐瞒真相骗取银行出具信用证，并以之骗取财物的行为。

④ 以其他方法进行信用证诈骗活动的行为。

《刑法》第一百九十五条规定，有以上情形之一，进行信用证诈骗活动的，处五年以下有期徒刑或者拘役，并处二万元以上二十万元以下罚金；数额巨大或者有其他严重情节的，处五年以上十年以下有期徒刑，并处五万元以上五十万元以下罚金；数额特别巨大或者有其他特别严重情节的，处十年以上有期徒刑或者无期徒刑，并处五万元以上五十万元以下罚金或者没收财产。

（3）银行卡诈骗

银行卡（包括信用卡和银行卡）是指银行向个人和单位发行的，凭以向特约单位购物、消费和向银行存取现金的特制载体卡片。银行卡诈骗，是指用虚构事实或者隐瞒真相的方法，利用银行卡进行诈骗，骗取财物数额较大的行为。银行卡诈骗罪在客观方面，表现为用虚构事实或者隐瞒真相的方法，利用银行卡骗取财物或银行款项，数额较大的行为。

《刑法》规定了四种银行卡诈骗行为：

① 使用伪造的银行卡。这是指行为人以伪造的银行卡购买商品或在银行自动柜员机上支取现金，进行支付结算以骗取财物的行为。

② 使用已作废的银行卡。这主要是指行为人用作废的银行卡，辅之以其他手段骗取财物的行为。

③ 冒用他人的银行卡。这是指行为人未经合法持卡人同意而以其名义使用银行卡骗取财物的行为。合法持卡人包括银行卡所有人或经所有人授权使用银行卡的人，如亲属、子女等。

④ 恶意透支。这是指持卡人以非法占有为目的，超过规定限额或者规定的期限透支使用信用卡，经发卡银行催取后仍不归还透支款项的行为。

《刑法》第一百九十六条规定，有以上情形之一，进行银行卡诈骗活动，数额较

大的，处五年以下有期徒刑或者拘役，并处二万元以上二十万元以下罚金；数额巨大或者有其他严重情节的，处五年以上十年以下有期徒刑，并处五万元以上五十万元以下罚金；数额特别巨大或者有其他特别严重情节的，处十年以上有期徒刑或者无期徒刑，并处五万元以上五十万元以下罚金或者没收财产。

（4）贷款诈骗

《刑法》第一百九十三条规定，贷款诈骗罪是指以非法占有为目的，用虚构事实或者隐瞒真相的方法，骗取银行或者其他金融机构的贷款，数额较大的行为。贷款诈骗犯罪主体限于自然人，单位实施的即使以占有为目的、骗取银行贷款也不构成贷款诈骗罪。然而，现实中常有个人以公司名义进行贷款诈骗，公司独立法人人格成为一些人逃避法律制裁的工具，最典型的是使用虚报注册资本等欺诈手段骗取公司注册登记后，又用该公司名义进行贷款诈骗。

贷款诈骗的构成：

① 贷款诈骗侵犯的客体是双重客体，既侵犯了银行或者其他金融机构对贷款的所有权，又侵犯了国家金融管理制度。犯罪对象是银行或者其他金融机构的贷款。

② 贷款诈骗在客观方面表现为采用虚构事实、隐瞒真相的方法诈骗银行或者其他金融机构的贷款，数额较大的行为。

《刑法》规定了几种贷款诈骗行为：

① 编造引进资金、项目等虚假理由的；

② 使用虚假的经济合同的；

③ 使用虚假的证明文件的；

④ 使用虚假的产权证明作担保或者超出抵押物价值重复担保的；

⑤ 以其他方法诈骗贷款的。

《刑法》第一百九十三条规定，有以上情形之一，以非法占有为目的，诈骗银行或者其他金融机构的贷款，数额较大的，处五年以下有期徒刑或者拘役，并处二万元以上二十万元以下罚金；数额巨大或者有其他严重情节的，处五年以上十年以下有期徒刑，并处五万元以上五十万元以下罚金；数额特别巨大或者有其他特别严重情节的，处十年以上有期徒刑或者无期徒刑，并处五万元以上五十万元以下罚金或者没收财产。

（5）网上银行诈骗

近年来，一些不法分子将目光盯向个人网上银行客户，窃取客户资料，欺诈客户资金。目前，网上银行客户诈骗主要原因有：

① 弱密码。部分客户设置的密码为弱密码，由于密码过于简单，没有真正起到保护的作用，容易被不法分子试出并通过自助注册方式办理网上银行业务。

② 密码泄露。部分客户网银密码设置不安全。例如，一些客户将自己网银密码设置为与其他网站相同的密码，而其他网站由于缺乏严密安全控制机制，密码数据库容易被攻破或泄密并殃及网银密码。

③ 网络钓鱼。不法分子通过假网站、假电子商务支付页面等“网络钓鱼”形式，利用部分客户安全意识薄弱骗取客户网银密码。

④ 木马套密。不法分子利用电子邮件群发木马病毒，客户在计算机中毒的情况

下登录网上银行，其账号和网银密码大多会被不法分子获取。

（6）假币诈骗

近几年来，国内外不法分子相互勾结，制造贩卖假币十分猖獗，其制造手段由过去的手工描绘发展到机制胶印，电子分色制版印刷，刻版套印，多数假币非常逼真，欺骗性强，不易辨认。当前我国假币违法犯罪活动的特点主要表现为：假币大案时有发生，收缴数量增长较猛；制假手段翻新，假币种类增多；假币犯罪活动危害面广，具有国际性。

3.金融诈骗案的特点

（1）发生的频率高。商业银行柜面业务笔数多、金额大，每笔业务，每一个操作环节，每一个岗位，都是一个潜在风险点，随时都有可能发生柜面操作人员误操作或违规操作，同时，内部及外部人员诈骗现金的可能性始终存在，金融诈骗发生的频率很高。

（2）欺诈手段更具多样化，且不断翻新。最初的金融诈骗还只是在存折、票据上做手脚，现在已经由手工作案发展到计算机网络诈骗与传统诈骗并存。从已发生的内外部欺诈案件看，犯罪分子作案手段各种各样，不断翻新，把矛头指向银行业务的每个环节。

（3）作案工具更具隐蔽性，防范难度较大。金融诈骗是一种新型犯罪，属于高智能化犯罪，诈骗分子大多具有良好的专业技术背景。伪造、变造的票据、凭证、存折等，除少数由于犯罪分子伪造技术粗糙、容易识别外，大多数较逼真，难以辨别真伪，个人票据甚至经当地人民银行鉴定都未能识别，这无疑增加了银行工作人员的防范难度。

微课8-2

金融诈骗事件应急处理

（4）作案诱饵更具有迷惑性。犯罪分子抓住银行同业竞争激烈，急于发展业务的心理，在诈骗前往往放风说将有一大笔资金用于归还银行贷款或存款，骗取银行信任，使银行放松警惕。

（5）内外勾结，集体作案呈上升趋势，从已经暴露出来的金融诈骗大案看，大多为由基层营业网点主任、监督人员、经办人员参与的“窝案”。由于是内部人作案，其作案手段更狡猾，更不易被发现，危害性比外部犯罪更大。

（6）作案金额巨大，造成银行损失较大。

4.金融诈骗案的应急处理

（1）发现诈骗首先用暗语联系，迅速报告，拖延时间，稳住犯罪分子，人赃俱获，制服犯罪分子。

（2）如犯罪分子作案未遂逃跑的，记住犯罪分子的体貌特征和交通工具，寻求支援，力争抓获犯罪分子。

【知识链接 8-1】

假签名、假印章和假证件的识别

银行柜台业务中常见的金融诈骗通常是用假签名、假印章和假证件来实现的，这些方面真假的辨别是识别金融诈骗的关键。

1.笔迹检验

笔迹检验的对象是各种书写文件的笔迹。它是通过对两部分笔迹进行比较鉴别，从而确定是否为同一人笔迹的一项专门技术。笔迹鉴定不仅可以排除嫌疑人，而且能够认定书写人，非正常笔迹是指在不同于正常的主观或客观条件下形成的笔迹。

笔迹检验内容具体包括：

（1）伪装笔迹。伪装笔迹分为一般伪装和变换手书写伪装。一般伪装是指作案人凭自己的主观意念，不借助某种特殊手段，也不追求某种固定形式随意改变的笔迹。变换手书写的伪装是指书写人妄图掩盖其真实笔迹，而故意换变手书写的字迹。

（2）摹仿笔迹。摹仿笔迹是指作案人仿照他人笔迹写成的字。摹仿笔迹可分为临摹笔迹、套摹笔迹和记忆摹仿笔迹三种。它们共同的特点是：形快实慢、中途停顿、修饰重描、抖动弯曲；套摹笔迹有时还有布局失调、文理不通、原样重复，或有套摹痕迹；记忆摹仿笔迹一般用于摹仿签名、收据等少量字迹。

（3）书写速度变化笔迹。书写速度变化笔迹是笔迹变化的最普遍、最基本的因素。书写速度变化的一般规律是：连笔增多、顿压消失、笔画省略、字形简化、运笔变异、真草变化等。有的时候，超常速的强化加速书写，是作案人内心仓皇的表现或伪装笔迹的一种手法。强行加快书写会出现连笔异常、运笔紊乱、顺势环绕等显著特点。

2.伪造印章、印文的鉴别

印文是印章的印迹，是文件真实性的凭证。可疑印文与样本印文的比较鉴别，可采用如下方法：

（1）测量比较法。用精密的刻度尺，直接测量印文的纵径和横径，方形印文可测边长与两对角线长，记录数据并比较异同。

（2）拼接比较法。首先，取可疑印文与样本印文的同倍放大照片（或复印件）各一张；然后，将其中通过文字线条较多的部分直接剪断，试与另一张照片印文的文字线对接，观察印文线条能否完全接合；最后，将相拼接的照片粘贴固定，并标明互相接合或不能接合的主要线条，以判别真假。

（3）面线比较法。取可疑印文与样本印文的同倍放大照片（或复印件）各一张，分别在两张照片上选定若干同位点，再通过文字较多的两点连成二重四条同位线，分别比较两个印文上的各条同位线笔画线条相交的位置是否相同。

（4）重合比较法。如果可疑印文或样本印文纸张较薄时，可将相比较的印文互相重叠，在透光下观察两个印文是否能够重合。但因细节形态分辨不清，此法只能比较印文的形态、大小及文字线条的大体轮廓与布局是否相同。

（5）细节特征对照法。借助放大镜或投影比对仪，仔细观察对比两个印文上的每个文字线条，注意它们的长短、粗细、倾斜、转角折角度、线端形态、缺损断线以及笔画线条之间的高低、远近等位置关系是否相同，将对比观察发现的异同逐一标绘在印文照片上，以辨别其真假。

3.身份证真伪鉴别

第二代身份证采用防伪膜和多种印刷技术。防伪码采用具有自主知识产权的定向

光变色膜等技术，印刷防伪技术包括底纹精细、缩微、彩虹印刷、荧光印刷等。对于以上各项防伪措施，直接用肉眼或借助专用仪器即可观察到，具体防伪特征如下：

（1）在性别项目的位置，查看定向光变学变色的长城图案，在自然光条件下，垂直观察看不到图案，和法线（垂直于图案平面的直线）成较大夹角时，在正常位置观察，图案反射光颜色为橘红色；当图案绕法线方向顺时针或逆时针旋转30至50度时，图案反射光颜色为绿色；当旋转70至90度时，图案反射光为紫色。

（2）在相片下可以观察到光变光存储的“中国CHINA”字样，字符串周围有新变花纹，外延呈椭圆形。

【案例分析 8-2】　银行票据承兑诈骗案

2011年6月及2012年4月，上海某金属材料有限公司及上海某钢铁发展有限公司分别从银行获得审批总额为7 200万元及7 000万元的授信额度。

2012年4月至2012年6月间，上述两家公司股东及实际负责人孙某通过提供小额保证金担保，持伪造的钢材购销合同及仓储单作为质押等方式，骗取银行先后开具4张票面金额共计6 332万元的银行承兑汇票。之后，孙某通过他人贴现用于公司经营，至票据到期日止无法补足票据金额，造成银行2 607万元的巨额损失。2018年8月16日，市检察院第二分院提起公诉。最终，被告人孙某因骗取票据承兑罪被判处有期徒刑5年，并处罚金人民币50万元。

1. 案例分析：银行票据业务相较于应收账款抵押、保理等业务，具有权属清晰、流转规范、交易公开透明等优点。而票据授信审核不严等问题的存在，也导致行为人通过伪造合同及提供虚假担保等方式骗取票据承兑的案件屡屡发生。本案行为人利用钢贸行业仓储货物并不实际转移，仅以仓单作为货权移转证明的特征，通过与仓储单位人员勾结，开具虚假仓单作为银行票据承兑质押、骗取银行票据承兑的行为，暴露出部分银行在票据业务授信环节存在一些问题，需要引起重视。

2. 案例启示：

（1）通过审查基础交易的商业目的和交易的合理性，确保还款来源的真实性；

（2）关注贸易及担保货物的真实性，确保掌握货权；

（3）注意对融资企业资金用途的监测，防止套取资金用于偿债等非经营用途。

【实践操作】

1. 实践内容

5人为一组，撰写银行网点诈骗事件应急预案，并在模拟银行实训中心大堂开展银行网点诈骗事件应急处理演练，提交实践报告。

2. 实践目标

掌握银行网点金融诈骗事件处理流程。

3. 考核标准

能够按照银行网点标准规范进行诈骗事件应急处理，考核标准如下：

考核过程	评分标准	分值	学生得分	扣分说明
演练方案（30分）	方案要素是否齐全	5		
	组织机构设置是否合理	5		
	人员分配是否合理	5		
	职责分工是否清晰	5		
	演练步骤是否完整	5		
	方案是否可操作性强	5		
演练过程（40分）	人员处理速度是否及时	5		
	人员分工是否明确	10		
	团队协作是否充分	10		
	演练流程是否完整	10		
	演练过程是否规范有序	5		
实践报告（30分）	小组是否及时提交实践报告	5		
	报告要素是否齐全（时间、地点、过程等）	5		
	是否准确总结了演练的优点和不足	10		
	是否提出了改进措施	5		
	改进方法能否落地实施	5		
得分合计		分		
教师评价				

活动4　火灾事件应急处理

【基本知识】

1. 火灾事件的概念

火灾是指在时间或空间上失去控制的灾害性燃烧现象。在各种灾害中，火灾是最经常、最普遍的威胁公众安全和社会发展的主要灾害之一。对于银行来说，一旦发生

火灾事件，损失将无法估量。

2. 火灾的种类及补救原则

《火灾分类》(GB/T 4968—2008，2008年11月4日发布，2009年4月1日实施）火灾根据可燃物的类型和燃烧特性，分为A、B、C、D、E、F六大类。

（1）A类火灾：指固体物质火灾。这种物质通常具有有机物质性质，一般在燃烧时能产生灼热的余烬，如木材、干草、煤炭、棉、毛、麻、纸张、塑料（燃烧后有灰烬）等火灾。扑救时可选择水型灭火器、泡沫灭火器、磷酸铵盐干粉灭火器、卤代烷灭火器。

（2）B类火灾：指液体或可熔化的固体物质火灾，如煤油、柴油、原油、甲醇、乙醇、沥青、石蜡等火灾。扑救时可选择泡沫灭火器（化学泡沫灭火器只限于扑灭非极性溶剂)、干粉灭火器、卤代烷灭火器、二氧化碳灭火器。

（3）C类火灾：指气体火灾，如煤气、天然气、甲烷、乙烷、丙烷、氢气等火灾。扑救时可选用干粉、水、七氟丙烷灭火剂。

（4）D类火灾：指金属火灾，如钾、钠、镁、钛、锆、锂、铝镁合金等火灾。扑救时可选择粉状石墨灭火器、专用干粉灭火器，也可用干砂或铸铁屑末代替。

（5）E类火灾：指带电火灾，物体带电燃烧的火灾。扑救时可选择干粉灭火器、卤代烷灭火器、二氧化碳灭火器等。带电火灾包括家用电器、电子元件、电气设备（计算机、复印机、打印机、传真机、发电机、电动机、变压器等）以及电线电缆等燃烧时仍带电的火灾，而顶挂、壁挂的日常照明灯具及起火后可自行切断电源的设备所发生的火灾则不应列入带电火灾范围。

（6）F类火灾：指烹饪器具内的烹饪物（如动植物油脂）火灾。扑救时可选择干粉灭火器。

【知识链接 8-2】

灭火器的正确使用

1. 手提式灭火器

这类灭火器包括清水灭火器、空气泡沫灭火器、二氧化碳灭火器、卤代烷灭火器和干粉灭火器。使用这类灭火器灭火时，可手提灭火器的提把或提圈，迅速奔至距燃烧处5米左右（清水灭火器10米）放下灭火器，拔出保险销，一手握住灭火器的开启压把，另一只手握住喷射软管前端的喷嘴处（二氧化碳灭火器应握住手柄）或灭火器底圈，对准火焰根部，用力压下开启压把，并压紧不松开，这时灭火器内的物质即喷出，操作者由近而远左右扫射，直至将火焰全部扑灭。清水灭火器的开启方式有所不同的是，它是用手掌拍击开启杆顶端，刺破二氧化碳贮气瓶的密封片，灭火器随之开启。

2. 推车式灭火器

推车式灭火器一般需要有两个人配合操作。发生火灾时，快速将灭火器推至距燃烧处10米左右；一人迅速展开软管并握紧喷枪对准燃烧物做好喷射准备，另一人开启灭火器，并将手轮开至最大部位。灭火方式也是由近而远，左右扫射，首先对准燃

烧最猛烈处，并根据火情调整位置，确保将火焰彻底扑灭，使其不能复燃。

3.背负式干粉灭火器

使用背负式干粉灭火器时，先撕去铅封，拉保险销，然后背起灭火器，手持喷枪，迅速奔到燃烧现场，在距燃烧处5米处即可喷粉。当第一组灭火器筒内干粉喷完后，快速将喷枪扳机左侧的凸出轴向右推动8毫米左右，然后再钩动扳机，第二组灭火器即可喷粉。

3.银行营业期间发生火灾的应急处理

（1）营业期间发生火灾，应及时切断电源，打119报警。出纳、记账人员要全力保护和转移现金、账册、重要空白凭证等资料，其他人员应及时使用消防器材进行扑救，如有外来人员进入柜台进行扑救，应安排人员加强现场警戒，防止趁火打劫。火情消除后，立即封锁现场，协助公安、消防、保险和上级主管部门勘查现场，查找原因，检查和整理可能遗漏在现场的物品，清点损失。

微课8-3

火灾事件
应急处理

（2）营业场所周边发生大灾，应及时拨打119报警。如可能危及营业场所或情况比较紧急的，按营业期间发生大灾情况处理。

（3）办公楼发生火灾，应及时切断电源并报警，利用消防栓和灭火器进行自救，同时做好工作人员的疏散和逃生工作，做好重要资料和设备的转移工作，确保人员安全，减少财产损失。

4.银行营业网点火灾事件应急演练方案

为加强银行网点员工的消防安全意识，提高员工应对和处理火灾隐患的能力，真正落实“预防为主，防消结合”的方针，保障银行网点安全运营，故定期开展消防演练活动，具体实施方案如下：

（1）消防演练的内容

① 报警与接警；

② 初期火灾的扑救；

③ 人员的逃生、自救、疏散和重要物品的转移；

④ 火灾现场的安全保卫工作。

（2）消防演练的阶段划分

① 消防知识学习。组织银行网点员工学习《中华人民共和国消防法》《中国人民银行突发事件应急预案管理办法》，提高员工消防安全意识。

② 成立消防演练领导组织机构，明确责任，严格组织实施演练活动，确保演练活动顺利完成，达到预期效果（如指挥组、灭火组、接水组、抢救组、警戒组、保障组等）。

③ 组织演练。银行网点真实的消防演练要在公安和消防队的指导下进行，全体人员都要参加，把演练当成实战，认真对待；担任警戒任务的员工要提高警惕，防止在演练当中不法分子趁火打劫。

④ 总结汇报。演练结束后，各部门要对演练进行总结，针对演练中发现的问题及时上报并进行整改，总结情况按要求上报支行办公室，办公室整理后上报分行安全保卫部。

（3）演练要求

① 加强领导，确保演练工作达到预期目的。在支行的统一部署下，全行人员要高度重视，提高认识，积极参与，确保演练效果。

② 各部门调整好工作，确保全员参加。全体员工要积极参与演练的学习，增强自己处理火灾隐患、躲避火灾危险的能力等消防技能。

③ 完善规章制度，强化责任制的落实。演练结束后，要及时进行演练活动的总结，针对演练中出现的问题要及时进行整改，制度不完善的立即着手完善，消防安全责任制要再次加以明确和落实。

【案例分析 8-3】　安庆怀宁一家银行火灾事件

2018年12月29日，早上7点钟左右，安庆怀宁县石镜乡的一家银行突然失火，火势迅速蔓延，两个小时，银行一楼的大厅和柜台，都化为了灰烬。

着火的是怀宁农村商业银行石镜支行，位于318省道旁边。据怀宁农村商业银行资产管理部副经理潘敏介绍，当时银行的员工刚刚来开门上班，开灯之后就出现了火情。因为火势发展得较快，在场的员工也没有办法扑灭。

接到火情后，当地消防也赶到了现场。虽然大火很快被扑灭了，但银行一层的大厅和柜台里的物品全部被烧毁。潘敏说，人员方面没有伤亡，由于银行的现金和重要的凭证都是单独保管，现金都随押运的车辆上交到总部，所以这些物品没有损失。

在银行方面后续也全力恢复临时业务功能，存单、账款都是录入了电脑综合业务系统的，主机也都是在外地备存的，所以账务信息都不会损坏。采访中，怀宁农村商业银行方面表示，虽然火灾没有烧毁现金和凭证，却给国家财产造成了较大损失。当地消防部门还在调查这起事故的原因，如果火灾是因为支行方面管理不善导致的，他们将追究相关人员的责任。

1.案例分析：在这个案例中，虽然火灾没有烧毁银行的现金和业务凭证，但失火原因不明，扑救不及时，银行一楼的大厅和柜台全部被烧毁，给国家财产造成了较大损失。

2.案例启示：

（1）银行机构应深刻认识安全生产的重要性，进一步增强“火患猛于虎”“防患火灾、人人有责”的责任意识；

（2）应加强对场所消防薄弱区域的整改和维护，真正做到防患于未然，切实保护好员工和客户的人身财产安全。

【实践操作】

1.实践内容

5人为一组，撰写银行网点火灾事件应急预案，并在模拟银行实训中心大堂开展银行网点火灾事件应急处理演练，提交实践报告。

2. 实践目标

掌握银行网点火灾事件处理方法。

3. 考核标准

能够按照银行网点标准规范进行火灾事件应急处理，考核标准如下：

考核过程	评分标准	分值	学生得分	扣分说明
应急预案（30分）	方案要素是否齐全	5		
	组织机构设置是否合理	5		
	人员分配是否合理	5		
	职责分工是否清晰	5		
	演练步骤是否完整	5		
	方案是否可操作性强	5		
演练过程（40分）	演练工具是否齐全	5		
	消防设备使用是否规范正确	5		
	人员处理速度是否及时	5		
	人员分工是否明确	5		
	团队协作是否充分	5		
	演练流程是否完整	10		
	演练过程是否规范有序	5		
实践报告（30分）	小组是否及时提交实践报告	5		
	报告要素是否齐全（时间、地点、过程等）	5		
	是否准确总结了演练的优点和不足	10		
	是否提出了改进措施	5		
	改进方法能否落地实施	5		
得分合计			分	
教师评价				

活动5 其他突发事件应急处理

【基本知识】

1.客户投诉事件的处理

（1）一般投诉

当营业网点发生服务纠纷，客户出现不满情绪时，柜员应立即向客户道歉，进行安抚。客户仍不满意，或提出其他要求时，柜员应立即将客户转交给大堂经理或当班负责人，将客户带至理财室或其他安静场所，安抚客户情绪，耐心解释，并协助客户业务的办理。如无效，则请客户留下联系方式，即刻向有关负责人报告，并复制保留监控录像备查。

银行接到网点报告或客户服务中心转来的电话投诉后，应立即委派专人到现场调查处理，并将事件调查经过和处理结果形成文字材料存档备案。同时与客户联系，进一步作出解释和安抚，直至客户无异议。

（2）升级诉求及二次投诉

如客户对银行的投诉处理结果有异议，应在有效控制事态的同时，立即向上级行客户服务主管部门报告，并留存相关资料。上级行客户服务主管部门应迅速安排专人进行调查处理，并将事件调查经过和处理结果形成文字材料存档备案。同时与客户联系，进一步作出解释和安抚，直至客户无异议。

（3）重大投诉

如客户对投诉处理结果仍有异议或无法控制事态发展，客户服务主管部门应尽量稳定客户情绪，避免其向社会媒体或政府机关投诉，并迅速向总行联系人报告。总行各相关部门应协同研究解决措施，尽快解决客户反映的问题。

此外，和客户沟通要有耐心，特别要注意语言文明，并通过耐心细致的讲解、真诚的语言、可亲的笑容感染客户，使客户感到理亏和难为情，同时也达到教育其他客户的目的。对正在气头上、火气特别大的客户，要采取冷处理的方式；面对客户，脸带笑容，让客户把话说完，尽量平息客户的怒气，然后再耐心解释。所主任和值班主任应主动前来劝解。对个别客户的不理解、责怪甚至谩骂，要保持冷静的头脑，委曲求全，平和应对。

说话之前先要考虑一下这句话该不该说，会不会伤害客户，会不会被客户抓住把柄。绝对不能说损害客户自尊心的话，也不说火上浇油的话，更不能同客户争吵，要向客户多说“对不起”“抱歉”等。

2.遇到假币的处理

在确定是假币的情况下，首先应告知客户：“对不起，这张是假币，按照国家有关规定应予以没收，请您配合。”并按假币没收规程处理。

如果客户不相信，要求递给他看，应告知客户：“对不起，我们有规定，假币不可以递出柜台，但我可以在柜台内告诉您假币的特征，以免您以后再上当。”然后用假币进行现场检验，并解释没收假币的依据。

如遇客户吵闹，应礼貌劝说。如果客户继续吵闹，可提交所主任（柜组长）或二

线人员处理，避免在营业场所吵闹，影响不好。

假币没收后应告知客户，如果对没收的货币真伪有异议的可以在3天内向中国人民银行或人民银行授权的鉴定机构申请鉴定。

在假币处理过程中，首先，自身形象要正，处理必须果断，态度不能暧昧，不能让客户存有通过吵闹就可索回的侥幸心理。其次，必须措辞得当，有礼有节，自始至终使用文明用语，如果能获取柜外其他客户的舆论支持更好。最后，假币不能出柜，以防止客户不交还，形成尴尬场面。

3. 办理业务中客户缺少证件的处理

如储户带着非有效证件或超过有效期的证件来办理业务，临柜人员应主动向这位客户解释："您提交的证件是非有效证件或超过有效期，请您去换证或把户籍证明带来再办理此业务，您再来若还要排队，我们可为您优先办理。"

如代理他人办理业务缺少双证时，应主动向代办人讲清业务规定。请他带齐证件，再来办理业务。不能用生硬的口气回答客户，要向客户讲清规章制度要求这样做，温馨提示是为了从保护客户的利益出发，确保客户的存款安全。客户办理业务所需证件，资料要交代清楚，避免客户多次往返。

4. 电脑发生故障的处理

柜员应在柜台上放置"机器故障，请稍等"的告示牌，柜员应站立服务，做好柜台解释说明工作。尽快与机房取得联系，如果机房告知时间不长就可以排除故障，则告诉客户："此时机器正出故障，时间不会太长，请谅解。"若电脑故障不能在短期内修复，应告诉客户："对不起，我们电脑可能在短期内修复不了，如果您不急，可留下电话号码。等故障排除后再通知您，给您造成不便，我们深表歉意。"

尽量让客户感到你也很着急，在紧张地打电话联系；还可趁机和客户聊聊新金融产品等话题，以化解客户等待时的不满。若是全辖电脑线路故障，应向客户说明："电脑是联网的，其他网点也一样。"以免客户因不明情况而跑冤枉路，再次引起客户的不满。

当电脑系统发生故障时，不能只对顾客说："机器故障，请稍等"，自顾自办理其他事情，也不能给客户乱表态，如"过半个小时再来"等。另外，要做柜面解释工作，态度要诚恳和蔼，面带笑容，因不能为客户办理业务，更应注意自己的服务态度，以防发生服务投诉事件，影响银行形象。在客户有急事而不能等且符合办理应急取款处理的手续时，应主动给客户办理应急付款业务，不能因为怕麻烦而不给客户办理。

5. 群体性突发事件的处理

群体性突发事件是指聚众恶意挤兑、聚众围堵营业场所等扰乱社会秩序、危害公共安全的行为事件。应急处理原则包括以下几点：

（1）网点负责人应立即向上级行报告情况，并根据实际情况及时向地方政府、公安机关及银行监督部门报告情况。发生重大群体性事件，一级分行应在24小时内向总行报告。重大紧急情况可以先电话报告，随后再补送书面报告。

微课8-4 群体性突发事件应急处理

（2）群体性事件发生后，要指定专人担任处置工作的负责人，统一指挥，协调处置工作。特殊情况下，也可由上级行指定负责人。发生重大群体性事件，上级行委派人迅速赶赴事件现场，组织开展各项处置工作。相关部门、人员要服从统一指挥，及时到达指定位置开展工作。

（3）经上级行主管部门同意，网点负责人应立即组织员工采取保护或疏散现金、业务档案、重要凭证、设备及其他必要的防范措施，做好现场录像和资料的保管工作，确保设备、设施的正常运行。

（4）在处置群体性事件的过程中，网点员工要加强自身安全的防范，坚持对外营业；确实无法正常营业的，必须报请当地银行监管部门同意，并上报至总行备案。上级主管部门要密切关注事态发展，加强监督、管理和指导工作。

（5）事件处置完毕后，网点负责人应及时组织人员清理现场，发现有价单证、重要空白凭证、印章、密押器等重要物品丢失要立即上报；发生营业设备损毁、丢失等问题要立即上报，申请维修和补充，确保正常营业的基本条件。

6.自然灾害事件的处理

如当地发布自然灾害的紧急通告，网点负责人应立即安排人员对网点环境及各项防备设施进行检查，对于检查发现的隐患要立即修复，同时向上级行报告相关情况。

如存在自然灾害无法抗拒的可能，经上级行主管部门同意，网点负责人应立即组织员工将档案、凭证等转移至临时保管区，并确保安全措施到位。主管部门应密切关注自然灾害的动态和网点的实际情况，并告知相关部门，随时准备采取应急措施。

【实践操作】

1.实践内容

5人为一组，撰写银行网点挤兑事件应急预案，并在模拟银行实训中心大堂开展银行网点挤兑事件应急处理演练，提交实践报告。

2.实践目标

掌握银行网点挤兑事件处理流程。

3.考核标准

能够按照银行网点标准规范进行挤兑事件应急处理，考核标准如下：

考核过程	评分标准	分值	学生得分	扣分说明
演练方案（30分）	方案要素是否齐全	5		
	组织机构设置是否合理	5		
	人员分配是否合理	5		
	职责分工是否清晰	5		
	演练步骤是否完整	5		
	方案是否可操作性强	5		

续表

考核过程	评分标准	分值	学生得分	扣分说明
演练过程（40分）	人员处理速度是否及时	5		
	人员分工是否明确	10		
	团队协作是否充分	10		
	演练流程是否完整	10		
	演练过程是否规范有序	5		
实践报告（30分）	小组是否及时提交实践报告	5		
	报告要素是否齐全（时间、地点、过程等）	5		
	是否准确总结了演练的优点和不足	10		
	是否提出了改进措施	5		
	改进方法能否落地实施	5		
得分合计		分		
教师评价				

项目小结

银行网点突发事件是商业银行营业网点日常运营过程中事前无法准确预测，与客户服务密切相关，影响营业网点正常营业秩序，危及银行信誉、资产安全，甚至危及客户和员工生命安全而需立即处置的事件。在日常营业活动中主要的突发事件有银行抢劫事件、金融诈骗事件、火灾事件、其他突发事件，其一旦发生对银行来说毁灭性极强，所以在工作中，柜员应该时刻遵守银行网点的安全管理和制度，对于金库收付、押运、枪支防卫器具管理使用、营业场所安全管理制度都要严格按照银行的规定来执行，在营业前、营业期间、营业结束都要遵循银行网点安全保卫工作守则，特殊时刻还要正确、适当地使用自卫武器进行自我安全保护。

项目训练

一、判断题

1.案犯抢劫银行时为了让同伙更好认出，一般不蒙面。 (　　)

2. 抢劫银行一般是单独作案，有预谋、有计划、有组织地实施犯罪。（　　）

3. 假币违法犯罪现在制假手段翻新，但是也只危害到了国内。（　　）

4. 网上银行客户被欺诈的原因包括使用弱密码、登录假网站上当受骗、被木马病毒盗取密码等。（　　）

5. 办公大楼发生火灾时，首先利用消防栓和灭火器自救，再报警求救。（　　）

6. 电视机起火时，应该立即用水浇灭火苗，在切断电源后用棉被从正面靠近电视机进行盖灭。（　　）

7. 当银行营业网点发生重大紧急情况时，应先电话报告，再补送书面报告。（　　）

8. 在处置群体性突发事件过程中，一定要停止对外营业。（　　）

二、选择题

1.银行抢劫事件如果危害到员工生命安全的，应贯彻（　　）的原则。

A.先报警、后藏身、再反击　　B.先反击、后报警、再反击

C.先报警、后反击、再藏身　　D.先藏身、后报警、再反击

2.在银行抢劫事件发生时，犯罪分子逃跑的情况下，银行工作人员应该（　　）。

A.独自上前追捕　　B.不要冒险追击

C.呼叫四邻追击　　D.与客户一起追击

3.不法分子通过窃取客户卡号和密码，伪制出卡片，再利用伪卡消费或取现的行为叫作（　　）。

A.假币诈骗　　B.假票据诈骗　　C.克隆卡欺诈　　D.网上银行诈骗

4.如果犯罪分子作案未遂逃跑，银行工作人员应该（　　）。

A. 独自一人上前追击

B. 先记住犯罪分子的体貌特征和交通工具，再寻求支援

C. 与其他人员一同上前追击

D. 继续办理业务

5. A类火灾指的是（　　）。

A.固体物质火灾　　B.液体火灾

C.气体火灾　　D.金属火灾

6.家具、被褥等起火一般用（　　）灭火。

A.棉被　　B.水　　C.衣物　　D.锅盖

7.发生重大群体性事件，一级分行应在（　　）小时内向总行报告。

A.6　　B.9　　C.12　　D.24

8.聚众恶意挤兑、聚众围堵营业场所等扰乱社会秩序、危害公共安全的行为事件是（　　）。

A.火灾事件　　B.金融诈骗事件

C.金融抢劫事件　　D.群体性突发事件

主要参考文献

［1］杨则文．商业银行综合柜台业务［M］．3版．北京：中国财政经济出版社，2019.

［2］施晓春．商业银行会计［M］．2版．北京：中国财政经济出版社，2018.

［3］刘双红，王珺勤．商业银行综合柜台业务实训［M］．3版．北京：经济科学出版社，2018.

［4］胡增芳，胡艳，靳少华．商业银行综合柜台业务［M］．北京：高等教育出版社，2018.

［5］刘国强．2017年中国人民银行规章及重要规范性文件解读［M］．北京：中国金融出版社，2018.

［6］董雷光，董建忠．商业银行综合柜台业务规范与实训［M］．北京：人民邮电出版社，2016.

［7］董瑞丽．商业银行综合柜台业务［M］．3版．北京：中国金融出版社，2016.